Zur analogen Anwendung des § 988 BGB beim rechtsgrundlosen Besitzerwerb

Europäische Hochschulschriften

European University Studies

Publications Universitaires Européennes

Reihe II **Rechtswissenschaft**

Series II Law

Série II Droit

Band/Volume **5414**

Tobias Preuß

Zur analogen Anwendung des § 988 BGB beim rechtsgrundlosen Besitzerwerb

PL ACADEMIC RESEARCH

Bibliografische Information der Deutschen Nationalbibliothek
Die Deutsche Nationalbibliothek verzeichnet diese Publikation in der Deutschen Nationalbibliografie; detaillierte bibliografische Daten sind im Internet über http://dnb.d-nb.de abrufbar.

Zugl.: Greifswald, Univ., Diss., 2012

Gedruckt auf alterungsbeständigem,
säurefreiem Papier.

9
ISSN 0531-7312
ISBN 978-3-631-62548-4

www.peterlang.de

Inhaltsübersicht

Inhaltsverzeichnis

Abkürzungsverzeichnis

a.E.	am Ende
a.F.	alte Fassung
Abs.	Absatz
AcP	Archiv für die civilistische Praxis
Alt.	Alternative
Art.	Artikel
AT	Allgemeiner Teil
Az.	Aktenzeichen
BAG	Bundesarbeitsgericht
BB	Der Betriebs-Berater
Bd.	Band
BGB	Bürgerliches Gesetzbuch
BGH	Bundesgerichtshof
BGHZ	Entscheidung des BGH in Zivilsachen
BKR	Bank- und Kapitalmarktrecht
Bsp.	Beispiel
BT	Besonderer Teil
BTDrucks	Drucksache des Deutschen Bundestages
BVerfG	Bundesverfassungsgericht
BVerfGE	Entscheidungen des Bundesverfassungsgerichts
bzw.	Beziehungsweise
ca.	Circa
DB	Der Betrieb
d.h.	das heißt
ders.	Derselbe
EBV	Eigentümer-Besitzer-Verhältnis
EuGH	Europäischer Gerichtshof
f.	folgende Seite

FamRZ	Zeitschrift für das gesamte Familienrecht
ff.	folgende Seiten
FG	Festgabe
Fn	Fußnote
FS	Festschrift
GG	Grundgesetz f. d. Bundesrepublik Deutschland
HS	Halbsatz
i.V.m.	in Verbindung mit
InsO	Insolvenzordnung
JA	Juristische Arbeitsblätter
JherJb	Jherings Jahrbücher für die Dogmatik des bürgerlichen Rechts
JR	Juristische Rundschau
Jura	Juristische Ausbildung
JuS	Juristische Schulung
JW	Juristische Wochenschrift
JZ	Juristenzeitung
LG	Landgericht
lit.	littera (Buchstabe)
MDR	Monatsschrift für Deutsches Recht
n.d.Z.	nach der Zeitenwende
NJW	Neue Juristische Wochenschrift
NJW-RR	NJW – Rechtsprechungsreport Zivilrecht
Nr.	Nummer
OLG	Oberlandesgericht
OLGR	OLG-Report: Zivilrechtsprechung der Oberlandesgerichte
Pkw	Personenkraftwagen
RG	Reichsgericht
RGRK	BGB-Kommentar von Reichsgerichtsräten und Bundes-

	richtern
RGZ	Entscheidungen des Reichsgerichts in Zivilsachen
Rn.	Randnummer
S.	Satz/ Seite
Slg.	Sammlung
u.ä.	und ähnlich
v.d.Z.	vor der Zeitenwende
VersR	Versicherungsrecht
vgl.	Vergleiche
WM	Wertpapier-Mitteilungen
z.B.	zum Beispiel
ZGS	Zeitschrift für das gesamte Schuldrecht
ZPO	Zivilprozessordnung

§ 1 Einleitung

A. Problem- und Zielstellung

Das Verhältnis zwischen den §§ 987 ff. BGB und den §§ 812 ff. BGB gilt seit Bestehen dieser Normenkomplexe als ein äußerst schwieriges und heftig umstrittenes (insbesondere dann), wenn es um die folgende Fallkonstellation geht:

A verkauft (§ 433 BGB) und übereignet (§ 929 S. 1 BGB) seinen Pkw an B. Nach einem halben Jahr stellt sich heraus, dass A sowohl bei der Vornahme des Verpflichtungs-, als auch des Verfügungsgeschäftes geschäftsunfähig (§§ 104, 105 BGB) war, weshalb sowohl der Kaufvertrag, als auch die dingliche Einigung und mithin die Übereignung nichtig sind. B wusste von der Geschäftsunfähigkeit des A nichts.

Unstreitig ist, dass A die Herausgabe des Pkws gemäß § 985 BGB verlangen kann. Nicht so eindeutig ist hingegen, ob B dazu verpflichtet werden kann, dem A Nutzungsersatz zu leisten für die Zeit des Gebrauchs des Pkws. A ist wegen des Scheiterns der dinglichen Einigung Eigentümer des Pkws geblieben. B hatte die tatsächliche Gewalt über den Pkw und war somit für diesen Zeitraum gemäß § 854 BGB dessen unmittelbarer Besitzer.[1] Allerdings hatte B zu keinem Zeitpunkt ein Recht zum Besitz, da auch der Kaufvertrag von Anfang an nichtig war. Es liegt daher eine Vindikationslage[2] vor. Deshalb müssen zunächst einmal die Vorschriften des Eigentümer-Besitzer-Verhältnisses betrachtet werden. Danach haftet der redliche und unverklagte unrechtmäßige Besitzer jedoch nur für gezogene Nutzungen, wenn er den Besitz unentgeltlich erlangt (§ 988 BGB)[3] oder wenn er übermäßig Früchte gezogen hat (§ 993 Abs. 1 HS 1 BGB). Im Ausgangsfall hat B den Besitz am Auto aufgrund eines Kaufvertrages erlangt, mithin entgeltlich. Damit scheint § 988 BGB, der einen unentgeltlichen Besitzerwerb voraussetzt, als taugliche Anspruchsgrundlage auszuscheiden.[4] Dasselbe gilt für § 993 Abs. 1 HS 1 BGB, da B keine Übermaßfrüchte gezogen hat. Somit

---

1 Unter Besitz ist die vom Verkehr anerkannte tatsächliche Herrschaft einer Person über eine Sache zu verstehen (vgl. Palandt/ *Bassenge*, BGB, Überblick v § 854 Rn. 1; Jauernig/ *Berger*, BGB, § 854 Rn. 1).

2 Zum grundsätzlichen Erfordernis einer Vindikationslage (d.h. eines Eigentumsherausgabeanspruches (vgl. *Creifelds*, Rechtswörterbuch, Stichwort Vindikation)) als Voraussetzung für die Geltendmachung von Ansprüchen aus den §§ 987 ff. BGB sowie zu den hierzu diskutierten Ausnahmen genauer bei § 2 C.

3 Zum Anwendungsbereich des § 988 BGB in direkter Form genauer bei § 5 A. I. 1. a).

4 Vornehmlich die Rechtsprechung sieht dies allerdings anders und löst den Ausgangsfall mit Hilfe des § 988 BGB. Dazu genauer bei § 5 A.

wäre die grundsätzliche Haftungsfreistellung des redlichen und unverklagten unrechtmäßigen Besitzers auch nicht durch eine der beiden Ausnahmeregelungen aufgehoben.[5] Ein Rückgriff auf Vorschriften außerhalb des Eigentümer-Besitzer-Verhältnisses ist möglicherweise wegen § 993 Abs. 1 HS 2 BGB ebenfalls ausgeschlossen („im Übrigen ist er weder zur Herausgabe von Nutzungen noch zum Schadensersatz verpflichtet").[6] Daher scheint der redliche und unverklagte unrechtmäßige Besitzer mangels einschlägiger Normen aus dem Eigentümer-Besitzer-Verhältnis und wegen der Sperrwirkung des § 993 Abs. 1 HS 2 BGB die gezogenen Nutzungen behalten zu dürfen. B bräuchte demzufolge keinen Nutzungsersatz zu leisten für die sechs Monate, in denen er den Pkw in Gebrauch hatte. Dieses Ergebnis verwundert allerdings dann, wenn man den Ausgangsfall ein wenig abändert und dann das Ergebnis dieser Fallvariation vergleichend heranzieht:

Wiederum verkauft (§ 433 BGB) und übereignet (§ 929 S. 1 BGB) A seinen Pkw an B. Dieses Mal stellt sich nach einem halben Jahr heraus, dass A lediglich bei der Vornahme des Verpflichtungsgeschäftes geschäftsunfähig (§§ 104, 105 BGB) war, mithin nur der Kaufvertrag nichtig ist. Die Übereignung (§ 929 S. 1 BGB) hingegen ist wirksam.

Im Unterschied zum Ausgangsfall ist B hier Eigentümer des Pkws geworden. Dieses Mal steht allerdings nicht nur fest, dass A gemäß § 985 BGB das Auto heraus verlangen kann, sondern es ist auch nahezu unstreitig, dass ihm gegenüber B ein Nutzungsersatzanspruch nach den §§ 812, 818 Abs. 1 Fall 1 BGB zusteht.[7] Verglichen mit dem Ausgangsfall bedeutet das, dass A nur dann, wenn

---

5 Zur grundsätzlichen Haftungsfreistellung des redlichen und unverklagten unrechtmäßigen Besitzers sowie zu den hierzu diskutierten Ausnahmen genauer bei § 2 B.

6 Je nachdem wie mit dem Wortlaut des § 993 Abs. 1 HS 2 BGB umzugehen ist, sind die allgemeinen Regelungen – insbesondere die des Bereicherungsrechts – entweder anwendbar oder nicht. Dabei wird im Schrifttum teilweise trotz des Wortlauts des § 993 Abs. 1 HS 2 BGB die Anwendbarkeit bereicherungsrechtlicher Vorschriften gefordert (dazu genauer bei § 5 B.), teilweise sogar Anspruchskonkurrenz zwischen den §§ 987 ff. BGB und den §§ 812 ff., 823 ff. BGB angenommen (dazu genauer bei § 2 D. III.). Dies ist schon deshalb interessant, weil mit Ausnahme der letztgenannten Literaturansicht auch die anderen Vertreter des Schrifttums aus dem Wortlaut des § 993 Abs. 1 HS 2 BGB schlussfolgern, dass die §§ 987 ff. BGB grundsätzlich eine abschließende Sonderregelung der Ansprüche des Eigentümers gegen den unberechtigten Besitzer auf Herausgabe der Nutzungen und auf Schadenersatz enthalten. § 993 Abs. 1 HS 2 BGB soll demnach auch nach dieser Meinung die Anwendung der allgemeinen Vorschriften grundsätzlich ausschließen. Dazu und zur Bedeutung des Wortlauts des § 993 Abs. 1 HS 2 BGB genauer bei § 2 D. III. sowie § 5 B. II. 1. a).

7 Vgl. MünchKomm/ *Schwab*, BGB, § 818 Rn. 8; Palandt/ *Sprau*, BGB, § 818 Rn. 9; *Kropholler*, BGB, § 818 Rn. 3. Sämtliche Meinungen orientieren sich dabei am Wort-

er sein Eigentum verliert, Nutzungsersatz verlangen kann. Scheitert hingegen die Übereignung, bleibt A also Eigentümer, dann soll er keinen Nutzungsersatz verlangen können. Aus der Sicht des B heißt das, dass er nur dann die Nutzungen behalten darf, wenn er nicht Eigentümer wird. Im Ergebnis steht also derjenige, der Eigentümer wird bzw. bleibt, schlechter da, als derjenige, der nur den Besitz an der Sache, hier dem Auto, erlangt hat. Damit ist der Eigentümer, der gemäß § 903 S. 1 BGB mit der Sache grundsätzlich nach Belieben verfahren kann und mithin Inhaber der stärkeren Rechtsposition ist, gegenüber dem nur Besitzenden benachteiligt. Dies stellt nach allgemeiner Ansicht[8] einen Wertungswiderspruch, also eine – wie es *Waltjen* formuliert – „unterschiedliche Bewertung der Sache nach gleich liegenden Tatbeständen durch dieselbe Rechtsordnung“[9], dar.

Dies gilt selbstverständlich nur unter der Voraussetzung, dass die §§ 987 ff. BGB überhaupt auf den Sachverhalt Anwendung finden. Ist dies der Fall, dann kommt es auf die Sperrwirkung des § 993 Abs. 1 HS 2 BGB an. Gehen jedoch die Regeln der bereicherungsrechtlichen Abwicklungsordnung den Regelungen des Eigentümer-Besitzer-Verhältnisses vor, ist bereits der normative Zugang zu § 993 Abs. 1 HS 2 BGB versperrt. In diesem Fall kommt es nicht auf die Überwindung des in dieser Norm Geregelten an.

Fraglich ist deshalb, ob das Bereicherungsrecht beim doppelnichtigen Leistungsgeschäft die §§ 987 ff. BGB verdrängt. Tatsächlich wird im Schrifttum teilweise die Ansicht vertreten, die Leistungskondiktion des Eigentümers verdrängt die Nebenfolgen der Vindikation insgesamt und damit auch die Nutzungsherausgaberegelung der §§ 987 ff. BGB.[10] Die Begründungen für die Spezialität der kondiktionsrechtlichen Abwicklungsmodalitäten gehen dabei jedoch auseinander. *V. Caemmerer* begründete seine Ansicht im Wesentlichen mit einem Vergleich zu den vertraglichen Abwicklungsverhältnissen. Wenn jene den allgemeinen Vorschriften der §§ 987 ff. BGB vorgehen, dann müsste gleiches auch für die Leistungskondiktion gelten, weil sie den vertraglichen Rückabwick-

---

laut des § 818 Abs. 1 BGB, in dem es unter anderem heißt: „Die Verpflichtung zur Herausgabe erstreckt sich auch auf die gezogenen Nutzungen ...“ Eine andere Auffassung vertritt insoweit nur *Wieling*, der den Wertungswiderspruch durch eine Angleichung des Bereicherungsrechts an das Vindikationsrecht beheben und dem rechtsgrundlosen Eigentümer die Nutzungen belassen möchte. Dazu genauer bei § 5 C.

8 Vgl. *Roth*, JuS 1997, 897, 899; *Hönn*, JA 1988, 529, 534; *Schiemann*, Jura 1981, 631, 635 f.; Soergel/ *Stadler*, BGB, Vor § 987 Rn. 27; MünchKomm/ *Baldus*, BGB, § 988 Rn. 7; Staudinger/ *Gursky*, BGB, Vorbem zu §§ 987-993 Rn. 44.

9 *Waltjen*, AcP 175, 109, 114.

10 Vgl. *von Caemmerer*, FS Boehmer, S. 145, 154 Fn. 42; *Kohler*, Rückabwicklung, S. 439 ff.; *Michalik*, FS Gitter, S. 577, 589 ff.; *Waltjen*, AcP 175, 109 ff.

lungsformen gleichzustellen sei.[11] Dagegen spricht, dass sich die bereicherungsrechtliche Abwicklungsordnung maßgeblich von der vertraglichen Abwicklung unterscheidet. Erstere ist durch die Unwirksamkeit des Vertragsverhältnisses entscheidend geprägt, die die Vernichtung der schuldrechtlichen Regelung impliziert.[12] Nach anderer Ansicht ist allein die bereicherungsrechtliche Abwicklungsordnung einschlägig, weil das Bereicherungsrecht zur Reaktion auf die Unwirksamkeit des Verpflichtungsgeschäftes eigens bestimmt ist. Dabei könne es keinen Unterschied machen, ob das Verfügungsgeschäft nichtig ist oder nicht. Es kommt vielmehr darauf an, dass eine Leistungsbeziehung zwischen den Beteiligten vorliegt.[13] Nach letzterer Ansicht ist das Bereicherungsrecht der Normenkomplex, der ausdrücklich auf eine Konstellation, so wie sie sich im Ausgangsfall darstellt, zugeschnitten ist. Die Folgerelungen des Eigentümer-Besitzer-Verhältnisses seien eben doch mehr mit der Eingriffskondiktion vergleichbar. Gescheiterte Leistungsbeziehungen hingegen sollten in diesem Normenkomplex nicht geregelt werden.

Beide Begründungen machen aber dann keinen Sinn, wenn die §§ 987 ff. BGB auch auf vertragliche Verhältnisse zwischen Eigentümer und Besitzer zugeschnitten sind.[14] Das ist jedoch der Fall. Gegen den Vorrang der Leistungskondiktion insgesamt spricht bereits der Gesetzeswortlaut des § 991 Abs. 2 BGB. Nach dieser Norm wird eine Schadenersatzpflicht des gutgläubigen Besitzmittlers gegenüber dem Eigentümer insoweit begründet, als er dem mittelbaren Besitzer verantwortlich ist. Das Gesetz geht also offensichtlich von einer vertraglichen Vereinbarung zwischen Besitzer und Drittem aus. Zwar liegt im Ausgangsfall eine Zwei-Personen-Konstellation vor, an der Anwendbarkeit der §§ 987 ff. BGB auch für die hier diskutierte Fallkonstellation ändert das jedoch nichts. Dass der Anwendungsbereich der 987 ff. BGB nicht ausschließlich auf Drei-Personen-Verhältnisse zugeschnitten ist, sondern auch Zwei-Personen-Verhältnisse umfasst sein sollen, ergibt sich insbesondere aus den §§ 994 ff. BGB. Diese Normen zielen in erster Linie auf Zwei-Personen-Verhältnisse ab. Zudem spricht die Gesetzesterminologie für die Einbeziehung der Fremdbesitzer in den Regelungsbereich des Eigentümer-Besitzer-Verhältnisses. *Gursky* führt insoweit richtigerweise an: „Besitzer ist der Fremdbesitzer genauso wie der Eigenbesitzer.“[15] Die §§ 987 ff. BGB finden daher auf den Ausgangsfall Anwen-

---

11 Vgl. *von Caemmerer*, FS Boehmer, S. 145, 154 Fn 42.

12 Vgl. *Kohler*, Rückabwicklung, S. 439, 443.

13 Vgl. *Kohler*, Rückabwicklung, S. 439, 442.

14 So in der Tat *von Caemmerer*, FS Boehmer, S. 145, 154, Fn. 42. Dort heißt es: „Die Sonderregelung der §§ 987 ff. BGB hat ein vertragloses Verhältnis zwischen Eigentümer und Besitzer vor Augen.“.

15 Staudinger/ *Gursky*, Vorbem zu §§ 987-993 Rn. 28.

dung. Es kommt daher entscheidend auf § 993 Abs. 1 HS 2 BGB an. Es ist daher von einem Wertungswiderspruch auszugehen.

Seit Erkennen dieses Wertungswiderspruches zwischen Bereicherungs- und Vindikationsrecht haben sowohl die Rechtsprechung,[16] als auch die Vertreter des Schrifttums[17] die unterschiedlichsten Versuche unternommen, dieses „unerwünschte" Ergebnis zu vermeiden. Da die Vorschriften des Bereicherungsrechts für die Lösung der Fallvariation eine eindeutige Regelung zu enthalten scheinen, reduzierte sich in Rechtsprechung und Schrifttum die Suche nach einer angemessenen Lösung für die Überwindung des Wertungswiderspruches weitestgehend auf eine Auseinandersetzung mit dem Ausgangsfall, was letzten Endes immer auf die Beantwortung einer einzigen Frage hinaus lief:

Muss auch der redliche und unverklagte unrechtmäßige Besitzer trotz seiner grundsätzlichen Haftungsfreistellung die Nutzungen herausgeben?

---

16 Zu den unterschiedlichsten Lösungsansätzen der Rechtsprechung seit Erkennen des Wertungswiderspruches genauer bei § 4.

17 Dazu genauer bei § 5 B., C. und § 2 D. III.

B. Wissenschaftliche Fragestellungen und Arbeitshypothesen

So verschieden die Ansichten auch sind, die sich um einen sachgerechten Umgang mit dem Wertungswiderspruch bemüht haben, so sehr gleichen sie sich doch darin, dass sie sich allesamt mit dem Sinn und Zweck des Eigentümer-Besitzer-Verhältnisses und dessen effektiver Durchsetzung auseinander zu setzen hatten. Der Regelungszweck der §§ 987 ff. BGB ist nicht nur Ausgangspunkt des Problems, sondern steht im Zentrum zu dessen Lösung. Deshalb ist es zwingend notwendig, sich zunächst mit dem Eigentümer-Besitzer-Verhältnis näher zu beschäftigen. Nur wenn man den Regelungszweck und die Systematik der §§ 987 ff. BGB verstanden hat, ist man in der Lage, mit diesem Wertungswiderspruch sachgerecht umzugehen. Fraglich ist daher:

Welche Rolle spielt das Eigentümer-Besitzer-Verhältnis im Anspruchssystem des Bürgerlichen Gesetzbuches und wie wirkt es sich auf die Lösung des Ausgangsfalles aus?

Die §§ 985-1003 BGB knüpfen ausschließlich an die Trennung von Eigentum und Besitz und gewähren dem Eigentümer Schadens- und Nutzungsersatzansprüche gegen den Besitzer (§§ 987-993 BGB) und dem Besitzer Verwendungsersatzansprüche gegen den Eigentümer (§§ 994-1003 BGB). Dabei besteht ein jeweiliger Anspruch immer nur dann, wenn eine Vindikationslage vorliegt.[18] Diese klare Struktur macht diesen Normenkomplex sehr gut greifbar. Es ist also zu vermuten, dass sich Ansprüche innerhalb der §§ 987 ff. BGB entweder sehr leicht bejahen oder aber sehr leicht verneinen lassen. Gleichzeitig sind aber gerade deshalb auch Konflikte zu anderen Regelungen innerhalb des Bürgerlichen Gesetzbuches zu erwarten. Es liegt auf der Hand, dass sich ein Normenkomplex, dessen Anknüpfungspunkt ausschließlich die rigorose Unterscheidung von Eigentum und Besitz ist, nicht ohne weiteres mit anderen Regelungsbereichen harmonisieren lässt. Eine derartige Disharmonie wird insbesondere immer dann deutlich, wenn die Vorschriften des Eigentümer-Besitzer-Verhältnisses Anwendung finden, gleichzeitig die Anwendung der allgemeinen Vorschriften ausgeschlossen ist und eben dieser Ausschluss zu einem Ergebnis führt, das im Widerspruch zu dem Ergebnis ähnlich gelagerter Fallkonstellationen steht.[19] Um

---

18 Dies gilt zumindest im Grundsatz. Gleichwohl werden zahlreiche Ausnahmen zum Erfordernis einer Vindikationslage diskutiert. Hierzu sowie zu den dahinter steckenden Beweggründen genauer bei § 2 C.

19 Daraus wird deutlich, dass der in den Ausgangsfällen aufgezeigte Wertungswiderspruch nicht der einzige ist, den die konsequente Anwendung der §§ 987 ff. BGB mit sich

unerwünschte Ergebnisse zu vermeiden, werden darum sowohl in der Rechtsprechung, als auch im Schrifttum zahlreiche Ausnahmen diskutiert für die Fälle, in denen die konsequente Anwendung der Normen des Eigentümer-Besitzer-Verhältnisses im Widerspruch zu den allgemeinen Vorschriften steht.

Diese „Sonderfälle“ finden sich auf allen Ebenen wieder. So werden beispielsweise neben den Ausnahmen vom Erfordernis einer Vindikationslage auch Ausnahmen beim Haftungsgefälle[20] diskutiert. Darüber hinaus ist das Verhältnis des Eigentümer-Besitzer-Verhältnisses zu anderen Normenkomplexen in bestimmten Fallkonstellationen umstritten, wie beispielsweise zum Delikts- und Bereicherungsrecht in den beiden Fällen des so genannten Fremdbesitzerexzesses.[21] Insbesondere das Verhältnis des Eigentümer-Besitzer-Verhältnisses zum Bereicherungsrecht[22] ist von Bedeutung, da der im Ausgangsfall dargestellte Wertungswiderspruch nach verschiedenen Ansichten dadurch aufgehoben werden soll, dass das Bereicherungsrecht – je nach Ansicht in unterschiedlichem Umfang – Anwendung findet. Um das Verhältnis dieser beiden Normenkomplexe besser zu verstehen, ist es daher ebenfalls unerlässlich, sich auch mit dem Bereicherungsrecht näher zu beschäftigen. Fraglich ist daher auch:

Welche Rolle spielt das Bereicherungsrecht im Anspruchssystem des Bürgerlichen Gesetzbuches und wie wirkt es sich auf die Lösung des Ausgangsfalles aus?

Das Bereicherungsrecht mit seinen wenigen Vorschriften (§§ 812-823 BGB) ist – anders als das Eigentümer-Besitzer-Verhältnis – sehr knapp und abstrakt formuliert, weil es größtenteils auf römisch-rechtliche Normen zurückgeht.[23] Diese abstrakten Formulierungen sind in der Vergangenheit gerade im Schrifttum der Ausgangspunkt zahlreicher Streitigkeiten gewesen.[24] Dabei kam es auch immer wieder zu Konflikten mit dem Eigentümer-Besitzer-Verhältnis. Es war daher von Anfang an die Auseinandersetzung mit einem in sich umstrittenen Normenkomplex zu erwarten, dessen Streitpotential auch und gerade das Verhältnis zu anderen Normenkomplexen umfasst, also auch den Konflikt zu den §§ 987 ff. BGB.

---

bringt. „Ähnliche“ Probleme werden beispielsweise in den beiden Fällen des so genannten Fremdbesitzerexzesses diskutiert. Dazu genauer bei § 2 E. II.

20 Zur Darstellung des Haftungsgefälles und dessen Erreichung im Eigentümer-Besitzer-Verhältnis insgesamt sowie zu den hierzu diskutierten Ausnahmen genauer bei § 2 B.

21 Zu den beiden Fällen des Fremdbesitzerexzesses sowie zu anderen in diesem Sinne problematischen Fallkonstellationen genauer bei § 2 E. II.

22 Dazu genauer bei § 2 E. III. 4.

23 Dazu genauer bei § 3 A.

24 Dazu genauer bei § 3 B.

Beide Regelungskomplexe sind durch § 993 Abs. 1 HS 2 BGB miteinander verknüpft, der die Haftung des redlichen und unverklagten unrechtmäßigen Besitzers auf Nutzungsherausgabe nach den allgemeinen Vorschriften grundsätzlich auszuschließen scheint. Die zahlreichen Versuche im Schrifttum, den Ausgangsfall mittels bereicherungsrechtlicher Vorschriften einer sachgerechten Lösung zuzuführen,[25] setzen sich daher – zumindest auf den ersten Blick – über den Wortlaut des § 993 Abs. 1 HS 2 BGB hinweg. Fraglich ist deshalb schließlich:

Welche Voraussetzungen sind zu beachten, um sich über einen – zumindest auf den ersten Blick – eindeutigen Gesetzeswortlaut hinwegzusetzen?

Bereits ein erster Blick auf die bisher in der Rechtsprechung und Literatur vertretenen Vorschläge zur Lösung des Ausgangsfalles zeigt, dass bei nahezu allen Lösungsansätzen die Behebung des Wertungswiderspruches oberste Priorität hatte.[26] Aus diesem Grunde wurde die Anwendung der unterschiedlichsten Normen und dementsprechend diesen zugrunde liegenden Rechtsprinzipien diskutiert, was zwangsläufig in eine Diskussion rund um das Eigentümer-Besitzer-Verhältnis und das Bereicherungsrecht führte. Demgegenüber hat sowohl in der Rechtsprechung, als auch im Schrifttum eine Auseinandersetzung mit dem Wortlaut des § 993 Abs. 1 HS 2 BGB nicht oder nur unvollständig stattgefunden. Dies war allerdings zu erwarten, weil eine Auseinandersetzung mit dem Wortlaut des § 993 Abs. 1 HS 2 BGB den strengen Regeln der Methodenlehre folgt.[27] Diese Regeln der Methodenlehre sind zwar allgemein anerkannt, die konsequente Anwendung führt mitunter aber zu unerwünschten Ergebnissen. Die Nichtbeachtung anerkannter Prinzipien der Methodenlehre macht das Finden einer sachgerechten Lösung für den Ausgangsfall – die so gut wie immer die Behebung des Wertungswiderspruches zu Lasten des redlichen und unverklagten unrechtmäßigen Besitzers zu sein scheint – umso leichter. Die nachfolgenden Ausführungen werden zeigen, dass diesbezüglich eine sorgfältige, methodisch aufbereitete Auseinandersetzung ebenso notwendig ist, wie die Suche nach der sachgerechtesten Lösung des Ausgangsfalles, die es ohne eine solche Auseinandersetzung sowieso nicht geben kann.

---

25 Dazu genauer bei § 5 B.

26 Dazu genauer bei § 5 A., B. und C. Lediglich vereinzelt wird die Überwindung des Wertungswiderspruches mangels gangbarer Lösungswege gänzlich abgelehnt. Dazu genauer bei § 5 D.

27 Die Methodenlehre umfasst in der Rechtswissenschaft die Regeln, nach denen ein bestimmter Sachverhalt einer Rechtsnorm zugeordnet und das Recht angewendet wird. Von Bedeutung sind insbesondere der Rechtssatz, die Auslegung und die richterliche Rechtsfortbildung (vgl. *Creifelds*, Rechtswörterbuch, Stichwort Methodenlehre). Dazu genauer bei § 5 B. II.

§ 2 Verstehen des Eigentümer-Besitzer-Verhältnisses als Grundvoraussetzung für die Lösung des Ausgangsfalles

A. Zur Entstehungsgeschichte des Eigentümer-Besitzer-Verhältnisses

Das Eigentümer-Besitzer-Verhältnis ist Teil des Sachenrechts und gehört daher zu den Abschnitten im Bürgerlichen Gesetzbuch, die am meisten deutsch-rechtliche Züge aufweisen. Zugleich ist das Sachenrecht und mit ihm notwendigerweise das Eigentümer-Besitzer-Verhältnis aber auch ein „legislatives Mischprodukt mit Bestandteilen aus sehr unterschiedlichen Epochen und Bereichen“[28], weil es neben den deutsch-rechtlichen Einflüssen auch von der Aufklärung, des späteren Vernunftrechts und auch von römisch-rechtlichen Elementen geprägt ist.[29] Dies unterscheidet das Sachenrecht vom Schuldrecht und insbesondere auch vom Bereicherungsrecht, das fast ausschließlich römisch-rechtlicher Natur geartet ist.[30]

Die Geschichte des Sachenrechts reicht weit zurück. Bereits in der germanischen Zeit (ca. 100 v. d. Z. - 500 n. d. Z.) war für die Menschen das Eigentum an Grundstücken immens wichtig, wenngleich Grundstücke noch nicht veräußert werden konnten, also nicht handelbar waren. Sie waren vielmehr an die Familie gebunden.[31] Der massive Einfluss der Kirche war schließlich dafür verantwortlich, dass später jedermann wenigstens über einen kleinen Teil seiner Grundstücke zu Lebzeiten verfügen konnte.[32] Im Hochmittelalter (ca. 888-1200) wurde das Sachenrecht besonders durch das Lehnswesen geprägt, wobei ein Lehnsverhältnis ein Rechtsverhältnis war, welches den Vasall berechtigte, grundstücksähnliche Rechte oder andere nutzbare Rechte des Lehnsherrn dauernd auszuüben und zu nutzen, wofür er ihm Dienste höherer Art, z.B. Kriegsdienste, zu leisten hatte.[33] Die Bedeutung des Lehnsrechts in Deutschland war enorm, obwohl die rechtlichen Regelungen regional kaum unterschiedlicher hätten sein können. Dies lag auch daran, dass das römische Recht – welches sich

---

28 Staudinger/ *Seiler*, BGB, Einl zum Sachenrecht Rn. 62.

29 Vgl. Staudinger/ *Seiler*, BGB, Einl zum Sachenrecht Rn. 62.

30 Dazu genauer bei § 3 A.

31 Vgl. *Weber*, Sachenrecht I, § 1 Rn. 1.

32 Vgl. *Gmür*/ *Roth*, Grundriss der deutschen Rechtsgeschichte, Rn. 81.

33 Vgl. *Weber*, Sachenrecht I, § 1 Rn. 2.

insbesondere durch seine abstrakten Regelungen auszeichnete,[34] die auf viele unterschiedliche Fallkonstellationen hätten Anwendung finden können – zunächst nur wenig Einfluss auf deutsche Regelungen nahm. Dies änderte sich erst, als Absolventen der Universität von Bologna, die ihrerseits nach einer Sammlung der Rechtsbücher des oströmischen Kaisers Justinian, dem so genannten Corpus Iuris Civilis, ausgebildet wurden, diese Lehre in ganz Europa verbreiteten.[35] Der Wunsch nach Rationalisierung und Rechtsklarheit war schließlich stärker als das Festhalten an den traditionell regional geprägten Regelungen und führte in der Folge dazu, dass die vielfältigen einheimischen Regelungen verdrängt und mehr und mehr römisch-rechtliche Regelungen aufgenommen wurden.[36] Das Streben nach Vereinheitlichung war notwendig geworden, weil sich die Anwendung des deutschen Rechts zunehmend schwieriger gestaltete. Das deutsche Recht war zu diesem Zeitpunkt nicht nur vielfach ungeschrieben und territorial teilweise unterschiedlich ausgeprägt, sondern mitunter wissenschaftlich völlig unbearbeitet.[37]

Durch die Übernahme römisch-rechtlicher Regelungen fanden insbesondere die Unterscheidung von Eigentum und Besitz sowie die Gleichbehandlung von beweglichen und unbeweglichen Sachen Eingang in das deutsche Recht. Diese abstrakte Sichtweise war dem deutschen Recht bis zu diesem Zeitpunkt völlig fremd. Kennzeichnend für das deutsche Recht war vielmehr der Gedanke der Publizität. Das Prinzip der Kundbarkeit war im deutschen Recht besonders stark ausgeprägt.[38] Speziell im Sachenrecht und dort vor allem im Grundstücksrecht stießen daher völlig verschiedene Grundprinzipien aufeinander. In Deutschland wurde beispielsweise die Übergabe eines Grundstücks als Gewere bezeichnet, was so viel bedeutete, dass der Erwerb eines Grundstücks einen Menschen zu einem bekleideten Mann machte.[39] Das Grundstücksrecht war gegenüber dem Mobiliarsachenrecht als solches aber nicht nur „wertvoller“, sondern deutlich weiter entwickelt. An einem Grundstück konnten neben dem Eigentum noch andere Herrschaftsformen begründet werden, wie z.B. das Lehensrecht oder das bäuerliche Leiherecht.[40] Aus dem Prinzip der Publizität folgte auch der Gedanke

34 Dazu genauer bei § 3 A.

35 Vgl. *Weber*, Sachenrecht I, § 1 Rn. 3.

36 Vgl. Staudinger/ *Seiler*, BGB, Einl zum Sachenrecht Rn. 63. Diese so genannte Rezeption fand ihren Höhepunkt in der Reichskammergerichtsordnung von 1495. Diese sollte immer dann Anwendung finden, wenn eine schriftlich fixierte Regelung nicht existierte (vgl. *Weber*, Sachenrecht I, § 1 Rn. 3 f.).

37 Vgl. *Weber*, Sachenrecht I, § 1 Rn. 3 f.

38 Vgl. *Krause*, JuS 1970, 313, 319.

39 Vgl. *Weber*, Sachenrecht I, § 1 Rn. 5.

40 Vgl. *Weber*, Sachenrecht I, § 1 Rn. 5.

des Rechtsscheins. Mit Recht formuliert *Krause* deshalb, „dass eine offenkundige äußere Lage das Vorhandensein eines Herrschaftsbereichs andeuten kann, obwohl es ihn in Wirklichkeit gar nicht gibt, weshalb das Vertrauen auf den äußeren Befund für den rechtsgeschäftlichen Erwerb genügt“[41]. Diesen Prinzipien stand das römische Recht mit seinen abstrakten Regelungen entgegen. Hauptsächlich in ländlichen Gegenden konnte sich deshalb insbesondere das römischrechtliche Grundstücksrecht zunächst nicht durchsetzen.[42]

Diesem Problem stellten sich die Verfasser des Bürgerlichen Gesetzbuches und versuchten, sowohl römisch-rechtliche, als auch deutsch rechtliche Prinzipien bei der Gestaltung des Sachenrechts in Einklang zu bringen. Bei der Berücksichtigung römisch-rechtlicher Prinzipien bediente man sich des römischen Systems von Sachenrechten als absoluten Rechten. Die Beschränkung auf einige wenige Rechte ging mit dem Wunsch nach Vereinfachung einher. Dies hatte zur Folge, dass eine Vielzahl von Rechtsmaterien sachenrechtlicher Natur, wie z.B. Berg-, Wasser-, Fischerei- und Jagdrecht im Bürgerlichen Gesetzbuch keine Berücksichtigung mehr fanden.[43] Auf der anderen Seite waren die Gesetzesverfasser erkennbar bemüht, hauptsächlich das deutsch-rechtliche Prinzip der Publizität und mit ihm den Gedanken des Rechtsscheins ins Bürgerliche Gesetzbuch mit einfließen zu lassen, was ihnen größtenteils auch gelang. Das Grundbuchrecht in seiner heutigen Form mit dem Eintragungsprinzip und dem Grundsatz des guten Glaubens wird daher im Schrifttum zu Recht als Meisterleistung der Gesetzesverfasser angesehen.[44] Der Erwerb vom Nichtberechtigten geht im Wesentlichen auf deutsch-rechtliche Regelungen zurück.[45] Zu Recht bemerkt *Kaser* jedoch, „das das nur die halbe Wahrheit ist. Die Einschränkung, dass man die Sache nur vom gutgläubigen Dritten nicht herausverlangen kann, stammt aus dem Erfordernis der bona fides bei der römischen usucapio“[46]. Das Bürgerliche Gesetzbuch in seiner heutigen Fassung berücksichtigt aber nicht nur deutschrechtliche und römisch-rechtliche Prinzipien, sondern verzichtet teilweise auch auf sie und beinhaltet außerdem auch Regelungen, die nicht auf deutschrechtliche oder römisch-rechtliche Vorschriften zurückgehen. So findet sich beispielsweise im Bürgerlichen Gesetzbuch – anders als im deutschen und römischen Recht – keine Form vom geteilten Eigentum wieder, das gerade in Deutschland bis ins 19. Jahrhundert sehr gebräuchlich war. Abgeschafft wurde insbesondere die lehnsrechtliche Aufteilung in Ober- und Untereigentum (domi-

41 *Krause*, JuS 1970, 313, 320.
42 Vgl. *Weber*, Sachenrecht I, § 1 Rn. 7.
43 Vgl. Staudinger/ *Seiler*, BGB, Einl zum Sachenrecht Rn. 63.
44 Vgl. Staudinger/ *Seiler*, BGB, Einl zum Sachenrecht Rn. 66.
45 Vgl. Motive Band III, S. 341 ff.; *Mugdan*, Materialien III, S. 189 ff.
46 *Kaser*, JuS 1967, 337, 342.

num directum und dominum utile).[47] Auch hinsichtlich des Eigentumserwerbs weist das Bürgerliche Gesetzbuch einen bis dato einzigartigen Lösungsansatz auf. Die Probleme rund um die Verknüpfung von Sachübergabe und rechtmäßigem Erwerbsgrund werden erstmalig dadurch beseitigt, dass man Erwerbsgrund und Erwerbsgeschäft trennt.[48] Diese, auf *Savigny*[49] zurückgehende, Idee macht die Wirksamkeit eines Verfügungsgeschäftes nicht mehr von der Wirksamkeit des zugrunde liegenden Verpflichtungsgeschäfts abhängig. Fehlt also ein wirksamer Rechtsgrund für die Übereignung, dann hat der Erwerber das rechtsgrundlos Erlangte nach den § 812 ff. BGB herauszugeben.

47 Vgl. *Wagner*, Jura 1999, 505, 509.

48 Vgl. *Wagner*, Jura 1999, 505, 509 f.

49 *Savigny's* große Leistung bestand darin, aus den zahlreichen Kondiktionstatbeständen (wobei unter Kondiktion ein Anspruch aus ungerechtfertigter Bereicherung verstanden wird (vgl. *Creifelds*, Rechtswörterbuch, Stichwort Kondiktion)) des römischen Rechts (dazu genauer bei § 3 A.) einen einheitlichen Tatbestand der „grundlosen Bereicherung des Andern aus unsrem Vermögen" zu kreieren (*Savigny*, System des heutigen römischen Rechts Bd. 5, S. 526).

B. Charakteristik des Eigentümer-Besitzer-Verhältnisses

Die in den §§ 987-993 BGB geregelten Ansprüche des Eigentümers auf Herausgabe der Nutzungen und auf Schadenersatz sowie die Gegenansprüche des Besitzers auf Verwendungsersatz (§§ 994-1003 BGB) sind schuldrechtlicher Natur und entstammen einem gesetzlichen Schuldverhältnis, dem Eigentümer-Besitzer-Verhältnis.[50] Der Anwendungsbereich der §§ 987-1003 BGB gehört seit mehr als 100 Jahren zu den umstrittensten im gesamten Bürgerlichen Gesetzbuch. Mit Recht sieht *Köbl* den Grund dafür darin, „dass die §§ 985-1003 BGB ausdrücklich nur an die Trennung von Eigentum und Besitz anknüpfen und damit auf der einen Seite von der sozialen Wirklichkeit so weit abstrahieren, dass sich Berührungspunkte mit allen wichtigen Anspruchsgrundlagen des Schuldrechts ergeben, auf der anderen Seite diesen aber gegenüber so konkret sind, dass sich der Eindruck aufdrängt, es handle sich um dem „allgemeinen" Delikts- , Bereicherungsrecht usw. vorgehende Sonderregelungen"[51]. Die sich aus diesem Spannungsfeld ergebenden Schwierigkeiten führten im Schrifttum sogar zu der Auffassung, dass die Regelung des Eigentümer-Besitzer-Verhältnisses systematisch als „Notordnung" zu begreifen sei.[52] Dem ist entgegenzuhalten, dass kein Normenkomplex im Bürgerlichen Gesetzbuch fähig ist, derart gebündelt die Interessenlagen des Eigentümers und des Besitzers aufzulösen für die Fälle, in denen der Besitzer entweder nie ein Recht zum Besitz hatte oder dieses Recht später verloren hat, mithin § 986 BGB nicht (mehr) einschlägig sein kann, wie das Eigentümer-Besitzer-Verhältnis. Darum sind einzelne Unzulänglichkeiten, die sich zwangsläufig aus der Tatsache ergeben, dass die §§ 985-1003 BGB eben nur an die Trennung von Eigentum und Besitz anknüpfen, durch Ausnahmeregelungen auszugleichen.

Das Eigentümer-Besitzer-Verhältnis kennzeichnende Haftungsgefälle wird durch die Unterscheidung nach der Qualität des Besitzes erreicht.[53] Für den gutgläubigen und unverklagten unrechtmäßigen Besitzer bedeutet dies, dass seine Haftung auf Schadenersatz für die Sache und auf Nutzungsherausgabe weitgehend ausgeschlossen ist. Überdies kann er in weitem Umfang Verwendungsersatzansprüche geltend machen (vgl. §§ 993, 994 Abs. 1, 996 BGB). Der bösgläubige Besitzer haftet bei Verschulden auf Schadenersatz (§§ 989, 990 BGB),

---

50 Vgl. *Kropholler*, BGB, Vor § 987 Rn. 1; Jauernig/ *Berger*, BGB, Vor §§ 987-993 Rn. 1; Palandt/ *Bassenge*, BGB, Vorb v § 987 Rn. 1.

51 *Köbl*, EBV, S. 19.

52 *N. N.*, JA 1969, 65, 69.

53 Vgl. *Hönn*, JA 1988, 529 f.

muss Nutzungen in größerem Umfang herausgeben (§§ 990, 987 BGB; vgl. auch § 987 Abs. 2 BGB) und erhält Verwendungsersatz nur für notwendige Verwendungen und nur nach den Regeln der Geschäftsführung ohne Auftrag (§§ 990, 994 Abs. 2 BGB). Der Bösgläubigkeit steht es gleich, wenn der Besitzer auf Herausgabe an den Eigentümer verklagt ist (§§ 989, 987, 994 Abs. 2, 996 BGB), da er nach Rechtshängigkeit (vgl. §§ 261 Abs. 1, 253 ZPO) mit seiner mangelnden Berechtigung rechnen muss. Der deliktische Besitzer haftet zusätzlich verschärft auf Schadenersatz (§§ 992, 823, 848 BGB).

Es gibt allerdings etliche Ausnahmen vom ansonsten durchaus prägenden Haftungsgefälle in den §§ 987 ff. BGB, da ansonsten unbillige Ergebnisse nicht zu vermeiden wären. Eine Ausnahme stellt § 991 Abs. 2 BGB (Fremdbesitzerexzess) dar. „Hiernach wird eine Schadenersatzpflicht des gutgläubigen Besitzmittlers gegenüber dem Eigentümer insoweit begründet, als er dem mittelbaren Besitzer verantwortlich ist“[54], wie *Kropholler* richtigerweise feststellt. Die Gleichstellung des Besitzmittlers mit dem Prozessbesitzer im Sinne des § 989 BGB ist sachgerecht. Der unverklagte und gutgläubige Besitzmittler weiß in diesem Fall, dass er als Fremdbesitzer nur im Rahmen seines Besitzmittlungsverhältnisses auf die Sache einwirken darf und sie später wieder herausgeben muss. Dann aber sollte er bei einer eventuellen Verschlechterung der Sache im Ergebnis nicht besser dastehen, als der berechtigte Fremdbesitzer. Diesem Gedanken trägt § 991 Abs. 2 BGB Rechnung.[55]

Eine weitere Ausnahme vom Haftungsgefälle stellt § 993 Abs. 1 HS 1 BGB dar, der für den unverklagten, entgeltlichen und gutgläubigen Besitzer gilt, der nicht dem Regelungsbereich des § 992 BGB unterfällt.[56] Dieser redliche Besitzer hat nur die „Übermaßfrüchte“ nach den Vorschriften über die Herausgabe einer ungerechtfertigten Bereicherung herauszugeben. Dahinter steckt der Gedanke, dass die Übermaßfrüchte formal zwar dem weiten Fruchtbegriff des Bürgerlichen Gesetzbuches unterfallen, materiell aber nicht als Ertrag, sondern als Substanzangriff gewertet werden müssen.[57] *Gursky* bewertete diesen Gedanken und formulierte insoweit treffend: „Der Ausgleich, den das Gesetz dem Besitzer mit der Belassung der Nutzungen für das versagte Lösungsrecht gewährt, wird somit sachgerecht begrenzt.“[58]

---

54 *Kropholler*, BGB, § 991 Rn. 3.

55 Vgl. MünchKomm/ *Baldus*, BGB, § 991 Rn. 3; *Kropholler*, BGB, § 991 Rn. 3; Staudinger/ *Gursky*, BGB, § 991 Rn. 10.

56 Vgl. *Kropholler*, BGB, § 993 Rn. 1.

57 Vgl. Staudinger/ *Gursky*, BGB, § 993 Rn. 3; Soergel/ *Stadler*, BGB, § 993 Rn. 3; PWW/ *Englert*, BGB, § 993 Rn. 1.

58 Staudinger/ *Gursky*, BGB, § 993 Rn. 3.

§ 988 BGB fügt sich ebenfalls nicht nahtlos in das Haftungsgefälle des Eigentümer-Besitzer-Verhältnisses ein. Gemäß § 988 BGB ist der redliche und unverklagte unrechtmäßige Besitzer, der die Sache unentgeltlich erlangt hat, dazu verpflichtet, die vor Rechtshängigkeit gezogenen Nutzungen nach den Vorschriften über die Herausgabe einer ungerechtfertigten Bereicherung herauszugeben.[59] Dieser Norm liegt die Überlegung zugrunde, dass derjenige, der den unrechtmäßigen Besitz unentgeltlich erlangt hat, weniger schutzwürdig ist,[60] mithin derselbe Rechtsgedanke wie bei § 816 Abs. 1 S. 2 BGB.[61] Der gutgläubige und unentgeltliche Besitzer erwirbt zwar gemäß § 955, 957 BGB das Eigentum an den Früchten, muss diese aber gemäß § 988 BGB wieder herausgeben.[62] Außerdem verpflichtet § 988 BGB den redlichen Besitzer, der den Besitz unentgeltlich erlangt hat, zur wertmäßigen Herausgabe der von ihm gezogenen Gebrauchsvorteile.[63] Diese Ausnahmen sind notwendig, weil durch die klare und einfache Strukturierung der §§ 987 ff. BGB eben nicht jeder Einzelfall einer sachgerechten Lösung zugeführt werden kann.

Zusammenfassend ist festzustellen, dass der Eigentümer einen Anspruch auf Nutzungsherausgabe aus den §§ 987 Abs. 1, 987 Abs. 2, 988 und 993 Abs. 1 HS 1 BGB hat. Die §§ 987 Abs. 1 und 2 BGB richten sich gegen den bösgläubigen, die §§ 988 und 993 Abs. 1 HS 1 BGB gegen den gutgläubigen Besitzer. Schadenersatz kann der Eigentümer nach den §§ 989, 990 Abs. 2 sowie § 991 Abs. 2 BGB verlangen, wobei sich die §§ 989 und 990 Abs. 2 BGB gegen den bösgläubigen Besitzer richten, während sich § 991 Abs. 2 BGB gegen den gutgläubigen Besitzer richtet. Die vier Anspruchsgrundlagen der §§ 994 ff. BGB gewähren dem Besitzer gegen den Eigentümer Ansprüche auf Verwendungsersatz. Hierbei stehen dem gutgläubigen Besitzer die §§ 994 Abs. 1, 996 sowie 998 BGB, dem bösgläubigen Besitzer § 994 Abs. 2 sowie ebenfalls § 998 BGB zur Verfügung.

---

59 Zum Anwendungsbereich des § 988 BGB genauer bei § 5 A. I. 1. a).

60 Vgl. *Kropholler*, BGB, § 988 Rn. 1; Bamberger/ Roth/ *Fritzsche*, BeckOK BGB, 01.08.2012, § 988 Rn. 1. Dazu genauer bei § 5 A. I. 1. a) aa).

61 Vgl. *Kropholler*, BGB, § 988 Rn. 1; Bamberger/ Roth/ *Fritzsche*, BeckOK BGB, 01.08.2012, § 988 Rn. 1. Dazu genauer bei § 5 A. I. 1. a) aa).

62 Vgl. Palandt/ *Bassenge*, BGB, § 988 Rn. 5; Soergel/ *Stadler*, BGB, § 988 Rn. 1. Dazu genauer bei § 5 A. I. 1.) bb) (2) (a) und (b).

63 Vgl. Staudinger/ *Gursky*, BGB, § 988 Rn. 2; Erman/*Ebbing*, BGB, § 988 Rn. 11 ff. Dazu genauer bei § 5 A. I. 1.) bb) (2) (a) und (b).

C. Gegenstand und Rechtsnatur der Ansprüche aus §§ 987-1003 BGB

Das Gesetz regelt in den §§ 987-1003 BGB die Nebenfolgen der Vindikation.[64] Grundvoraussetzung für einen Anspruch aus den §§ 987-1003 BGB ist demnach ein fehlendes Recht zum Besitz, mithin eine Vindikationslage.[65] „Der Eigentümer muss zur Zeit des Umstandes, aus dem die Rechtsfolgen hergeleitet werden, also einen durch kein Besitzrecht gehinderten Eigentumsherausgabeanspruch aus § 985 BGB gehabt haben. Dies folgt aus der systematischen Stellung der §§ 987 ff. BGB hinter §§ 985 f. BGB und an der Unterscheidung zwischen redlichem und unredlichem Besitzer in §§ 990 ff. BGB, die nur für einen unrechtmäßigen Besitz passt"[66], wie es *Kropholler* und *Baldus* zutreffend ausdrücken.

Der Herausgabeanspruch des § 985 BGB steht zu den dinglichen Herausgabeansprüchen des Besitzers aus §§ 861, 1007 BGB in echter Anspruchskonkurrenz, so dass ein Herausgabeverlangen auf alle drei Anspruchsgrundlagen gestützt werden kann.[67] Das Verhältnis des § 985 BGB zu deliktischen und bereicherungsrechtlichen, insbesondere aber zu vertraglichen Herausgabeansprüchen ist umstritten. Nach herrschender Meinung ist Anspruchskonkurrenz gegeben, so dass die Vindikation nicht durch Herausgabeansprüche aus vertraglichen oder gesetzlichen Schuldverhältnissen verdrängt wird.[68] Demgegenüber schließen Mindermeinungen einen Eigentumsherausgabeanspruch entweder bei Bestehen nur irgendeines persönlichen Rückforderungsrechtes,[69] oder aber nur bei Vorlie-

---

64 Vgl. Soergel/ *Stadler*, BGB, Vor § 987 Rn. 1; Jauernig/ *Berger*, BGB, Vor §§ 987-993 Rn. 1.

65 Vgl. BGH NJW 1981, 1517, 1518; *Roth,* JuS 1997, 518, 520; Jauernig/ *Berger*, BGB, Vor §§ 987-993 Rn. 3; Palandt/ *Bassenge*, Vorb v § 987 Rn. 2.

66 *Kropholler*, BGB, Vor § 987 Rn. 3; MünchKomm/ *Baldus*, BGB, Vor §§ 987-1003 Rn. 8.

67 Vgl. Palandt/ *Bassenge*, BGB, § 985 Rn. 1; *Kropholler*, BGB, § 985 Rn. 9.

68 Vgl. BGHZ 34, 122, 123 f.; 79, 232, 235; BGH NJW 1977, 31, 34; *Roth*, JuS 1997, 518, 522; *Diederichsen*, Das Recht zum Besitz aus Schuldverhältnissen, S. 154 f.; Jauernig/ *Berger*, BGB, § 985 Rn. 12, *Kropholler*, BGB, § 985 Rn. 9.

69 Vgl. *Siber*, JherJb 1941, 1, 6 ff.; *ders.*, Die Passivlegitimation bei der Rei vindicatio als Beitrag zur Lehre von der Aktionenkonkurrenz, S. 227, 248 f., 252. *Siber* untersucht die verschiedenen Konkurrenzfälle im Bürgerlichen Recht. Hinsichtlich der Konkurrenz zwischen Vindikationsanspruch und persönlichem Rückgabeanspruch differenziert er und arbeitet diverse Fallgruppen heraus (S. 227 ff.). So verneint *Siber* beispielsweise Konkurrenz des Vindikationsanspruchs mit persönlichen Rückgabeansprüchen in den Fällen, wo der persönlich rückgabepflichtige Besitzer sich nachträglich zum Eigenbesitz entschließt (S. 248). In den Fällen, in denen sich der Vindikationsanspruch und der per-

gen vertraglicher Herausgabeansprüche[70] aus, so dass es auf ein Recht zum Besitz nach § 986 BGB nicht mehr ankommt. Die letztgenannten Auffassungen gehen indes an der Sache vorbei. Ihnen liegt der wenig überzeugende Gedanke zugrunde, „dass mit der freiwilligen Weggabe der Sache durch den Eigentümer dieser eine Einschränkung seiner Rechte aus dem Eigentum hinnehmen müsse und darum auch nicht mehr auf den allgemeinen Herausgabeanspruch aus § 985 BGB zurückgreifen könne"[71], wie es *Stadler* formuliert. Mit Ende des vertraglichen Besitzrechts steht dem Eigentümer daher auch die Vindikation wieder zur Verfügung. Dies folgt bereits aus § 986 BGB. Wären ausschließlich die Normen über die vertragliche Rückabwicklung einschlägig, so würde § 986 BGB alle Fälle eines Rechts zum Besitz auf vertraglicher Grundlage verlieren und somit einen großen Teil seines Anwendungsbereiches.[72]

In bestimmten Fällen werden Ausnahmen vom Erfordernis der Vindikationslage als Grundvoraussetzung eines Anspruches aus dem Eigentümer-Besitzer-Verhältnis diskutiert. Hier wird die Anwendbarkeit der §§ 987 ff. BGB teilweise bejaht, obwohl zur Zeit des Umstandes, aus dem Rechtsfolgen hergeleitet werden, überhaupt keine Vindikationslage bestanden hat. Darüber hinaus gibt es Fälle, die sich trotz des Bestehens einer Vindikationslage von den üblichen Konstellationen unterscheiden.

Im Schrifttum wird teilweise die Figur des „Nicht-so-berechtigten-Besitzers" anerkannt.[73] Damit sind die Fälle gemeint, in denen der eigentlich berechtigte Besitzer sein Besitzrecht überschreitet. Der Besitzer ist zwar berechtigt, aber eben „nicht so".[74] Deshalb sollen die §§ 987 ff. BGB zur Anwendung kommen. Für diese Figur besteht allerdings kein Bedürfnis, da die vertraglichen und gesetzlichen Haftungsansprüche hier völlig ausreichen. Diese Ansicht ist deshalb mit der herrschenden Meinung abzulehnen.[75]

Diskutiert wird auch die Konstellation, in der sich der berechtigte Fremdbesitzer zum unberechtigten Eigenbesitzer aufschwingt. Nach richtiger Ansicht hat die Änderung des Besitzwillens jedoch keine Auswirkung auf die Rechtmäßig-

---

sönliche Rückgabeanspruch nachträglich in einer Person vereinigen, hält er dagegen an der Anspruchskonkurrenz fest (S. 249, 252).

70 Zur so genannten Lehre vom Vorrang der Vertragsverhältnisse vgl. *Raiser*, JZ 1961, 529, 531.

71 Soergel/ *Stadler*, BGB, § 985 Rn. 5.

72 Vgl. BGHZ 34, 122, 123 f.

73 Vgl. *Zeuner*, FS Felgentraeger, S. 423, 430 f.; *Wolff/ Raiser*, Sachenrecht, S. 335 f.

74 Klassisches Beispiel hierfür ist die vom Mieter vorgenommene Untervermietung der Wohnung ohne Einwilligung des Vermieters.

75 Vgl. BGH NJW 2002, 60, 61; *Medicus/ Petersen*, Bürgerliches Recht, Rn. 582; *Baur/ Stürner*, Sachenrecht, § 11 Rn. 27.

keit des Besitzes.[76] Demzufolge entsteht schon gar kein Eigentümer-Besitzer-Verhältnis. Der BGH hingegen hat das Aufschwingen vom unberechtigten Fremd- zum Eigenbesitzer im berühmten „Feldbahnlokomotiven-Fall“[77] als Besitzerwerb im Sinne des § 990 Abs. 1 BGB gewertet. Hiergegen ist jedoch anzuführen, dass die Verletzung eines Besitzmittlungsverhältnisses grundsätzlich dessen Rechtsgrund nicht beseitigt.[78] Insofern ist es nur konsequent, hier genauso zu entscheiden, wie im Falle des „Nicht-so-berechtigten-Besitzers“.

Es wird auch vertreten, dass die §§ 987 ff. BGB auch auf den berechtigten Besitzer anzuwenden seien, wenn das Besitzrechtsverhältnis die Fragen der Nutzungsherausgabe bzw. des Verwendungsersatzes nicht ausreichend regelt.[79] Dieser Standpunkt überzeugt nicht, da sich die entsprechenden Ansprüche in den meisten Fällen durch ergänzende Auslegung des Besitzrechtsverhältnisses gewinnen lassen. Sollte das nicht der Fall sein, dann ist auf das allgemeine Vertragsrecht bzw. die §§ 677 ff., 823 ff., 812 ff. BGB zurückzugreifen. Es besteht daher kein Raum für eine Anwendung der §§ 987 ff. BGB auch auf den berechtigten Besitzer.

Im Falle des „Nicht-mehr-berechtigten-Besitzers“[80] bestand im maßgeblichen Zeitpunkt gerade ein – in der Regel abgeleitetes – Recht zum Besitz und damit keine Vindikationslage. Der BGH lässt in dieser Konstellation eine An-

---

76 Vgl. Palandt/ *Bassenge*, BGB, Vorb v § 987 Rn. 13; *Baur*/ *Stürner*, Sachenrecht, § 11 Rn. 27.

77 BGHZ 31, 129, 133 ff. In der dortigen Konstellation hatte jemand im Jahre 1944 mehrere Feldbahnlokomotiven des Klägers vor russischem Zugriff schützen wollen und sie deshalb in Geschäftsführung ohne Auftrag zur Verladung durch die Reichsbahn verbracht. Diese beförderte die Lokomotiven zumindest teilweise nach Essen unter Ausstellung einer auf den Kläger als Eigentümer lautenden Versandanzeige. Die Bahnangestellten vor Ort gingen davon aus, dass es sich bei den Feldbahnlokomotiven um Eigentum der Reichsbahn handelte und veräußerten sie. Der Kläger verlangte von der Deutschen Bundesbahn Schadenersatz. Der BGH lehnte Ansprüche aus Geschäftsführung ohne Auftrag im Hinblick auf die Veräußerung der Sache wegen § 987 Abs. 1 BGB ab. Eine Haftung wegen unerlaubter Handlung stieß auf die Einrede der Verjährung gemäß § 852 a.F. Stattdessen bejahte der BGH eine Haftung aus §§ 990 Abs. 1 S. 1, 989 BGB, für die nach alter Rechtslage die 30- jährige Verjährung nach § 195 a.F. galt. Der BGH hat durch diese Argumentation im Schrifttum reichlich Kritik einstecken müssen (vgl. *Wilhelm*, Sachenrecht, Rn. 1287).

78 Vgl. *Berg*, JuS 1971, 310, 311 f.; *Roth*, JuS 1997, 518, 521.

79 Vgl. BGH NJW 1995, 2627, 2628; NJW 2002, 1050, 1052; Erman/ *Ebbing*, BGB, Vor §§ 987-993 Rn. 8.

80 In der klassischen Konstellation lässt der Vorbehaltskäufer den Pkw in einer Werkstatt reparieren und bezahlt die Kaufpreisraten nicht. Der Vorbehaltsverkäufer tritt daraufhin vom Kaufvertrag zurück, weshalb das vom Besitzrecht des Käufers abgeleitete Besitzrecht des Werkunternehmers nach der Durchführung der Reparatur entfällt.

wendung der §§ 987 ff. BGB dennoch zu.[81] Die vom BGH angeführte Begründung, dass der „Nicht-mehr-berechtigte" Besitzer nicht schlechter stehen dürfe als der von Beginn an nicht berechtigte Besitzer, hat auch im Schrifttum zumindest teilweise Anklang gefunden.[82] Ausreichend soll somit sein, dass im Zeitpunkt des Herausgabeverlangens eine Vindikationslage vorgelegen hat. Diese Ansicht kann jedoch nicht überzeugen. Sie distanziert sich ohne Begründung vom Zeitpunkt der Vornahme der Verwendungen als dem maßgeblichen Moment für die Qualifizierung von Rechtshängigkeit oder Unredlichkeit, so wie er durch die §§ 994 Abs. 2, 996 BGB sowie die §§ 987 Abs. 1, 989, 990 BGB bestimmt wird. Von diesem feststehenden Zeitpunkt kann nicht abgewichen werden, da ein Besitzer, der bei Vornahme der Verwendungen noch rechtmäßig besaß, „gar nicht als redlich oder unredlich qualifiziert werden kann"[83], wie *Baldus* es auf den Punkt bringt. Auch das vom BGH[84] und Vertretern des Schrifttums[85] angeführte „Erst-recht-Argument" überzeugt nicht, weil sich regelmäßig überhaupt nicht feststellen lässt, welcher Besitzer „besser" steht. Im Gegensatz zum unrechtmäßigen Besitzer erhält der redliche und unverklagte unrechtmäßige Besitzer häufig eine Gegenleistung oder muss selbst eine Leistung erbringen.[86] *Medicus* schlussfolgert daraus zu Recht: „Der berechtigte Besitzer bekleidet deshalb insgesamt keine bessere oder schlechtere Rechtsposition, sondern eine andere."[87] Die §§ 987 ff. BGB kommen in diesen Fällen somit nicht zur Anwendung.

Eine andere Situation liegt vor, wenn der Besitzer aufgrund eines beendeten Vertrages „Nicht-mehr-berechtigter-Besitzer" ist. Im Unterschied zur vorherigen Konstellation führt der Besitzer die haftungsbegründende Handlung in diesem Fall erst nach Besitzrechtsende aus. Nach der Lehre vom Vorrang des Vertragsverhältnisses[88] verdrängt ein bestehender vertraglicher Rückgabeanspruch den dinglichen Herausgabeanspruch nach § 985 BGB. Die ganz herrschende Meinung nimmt jedoch zu Recht eine Konkurrenz von vertraglichem und dinglichem Herausgabeanspruch nach § 985 BGB an.[89] Allerdings ist sich diese herrschende Meinung hinsichtlich des Verhältnisses zwischen vertraglichen Rückgabeansprüchen und den §§ 987 ff. BGB nicht einig. Nach einer Literaturansicht

81 Vgl. BGHZ 131, 220, 222; 34, 122, 130 ff.
82 Vgl. *Wilhelm*, Sachenrecht, Rn. 1266; *Berg*, JuS 1970, 12, 14 f.
83 Vgl. MünchKomm/ *Baldus*, BGB, Vor §§ 987-1003 Rn. 11.
84 Vgl. BGH WM 1971, 1268, 1270.
85 Vgl. *Hütte/ Helbron*, Sachenrecht I, Rn. 702; *Berg*, JuS 1970, 12, 14 f.
86 Vgl. MünchKomm/ *Baldus*, BGB, Vor §§ 987-1003 Rn. 11.
87 *Medicus/ Petersen*, Bürgerliches Recht, Rn. 591.
88 Vgl. *Raiser*, JZ 1961, 529, 531; *Wieling*, Sachenrecht, S. 168 f.
89 Dazu genauer bereits weiter oben in diesem Abschnitt.

werden die §§ 987 ff. BGB durch die schuldrechtlichen Rückabwicklungsvorschriften verdrängt,[90] während sowohl der BGH,[91] als auch andere Teile des Schrifttums[92] die §§ 987 ff. BGB neben den vertraglichen Rückabwicklungsvorschriften anwenden. Die letztgenannte Auffassung kann jedoch nicht überzeugen, da sich der Eigentümer auf die speziellen schuldrechtlichen Rückabwicklungsnormen sowie auf die §§ 812 ff. BGB und §§ 823 ff. BGB stützen kann und die Anwendung der §§ 987 ff. BGB somit überflüssig ist. Hinzu kommt, dass andernfalls etwaige Haftungsprivilegien dieser Normen durch die Anwendung der §§ 987 ff. BGB unterlaufen würden.[93]

Zu beachten sind auch die Fälle, in denen ein Unternehmer (§ 14 BGB) einem Verbraucher (§ 13 BGB) unbestellt Sachen liefert oder für diesen sonstige Leistungen erbringt (§ 241 a Abs. 1 BGB). Gemäß § 241 a Abs. 1 BGB wird ein Anspruch des Unternehmers gegen den Verbraucher nicht begründet. Der Empfänger einer solchen Sache erhält kein Recht zum Besitz.[94] Nach einer Ansicht steht ihm jedoch ein unbefristetes Nutzungs- und Herrschaftsrecht an der Sache zu.[95] Einer anderen Ansicht zufolge schießt eine derartige Sichtweise wegen des Ausschlusses eines Vindikationsanspruches über das Ziel hinaus.[96]

Die von der Rechtsprechung und Literatur gleichermaßen intensiv geführten Diskussionen zu möglichen Ausnahmen vom Erfordernis der Vindikationslage als Grundvoraussetzung eines Anspruches aus dem Eigentümer-Besitzer-Verhältnis sind für einen Normenkomplex, der ausschließlich an die Trennung von Eigentum und Besitz anknüpft, nur logisch. Insoweit setzt sich das fort, was auch schon für das Haftungsgefälle galt. Auch das Haftungsgefälle wurde mit Hilfe von Ausnahmeregelungen durchbrochen. Die hier vertretene Meinung zu den Ausnahmekonstellationen kann im Wesentlichen auf teleologische Argumente gestützt werden, weil der Wille des historischen Gesetzgebers nicht entgegen steht. Dies gilt insbesondere auch für die Konstellation, in der der „Nicht-mehr-berechtigte-Besitzer“ aufgrund eines beendeten Vertrags im Besitz der Sache ist. Hier liegt eine Vindikationslage vor, welche die grundsätzliche Anwendbarkeit der §§ 987 ff. BGB rechtfertigen würde. Da sich der Gesetzgeber über diese Konstellation aber offensichtlich keine Gedanken gemacht hat, konnte diese Fallkonstellation hier einer Lösung zugeführt werden ohne Berücksich-

90 Vgl. *Köbl*, EBV, S. 153; Jauernig/ *Berger*, BGB, Vor §§ 987-993 Rn. 11.
91 Vgl. BGHZ 131, 95, 102 f.
92 Vgl. *Kindl*, JA 1996, 115, 119.
93 Vgl. MünchKomm/ *Baldus*, BGB, Vor §§ 987-1003 Rn. 14.
94 Vgl. Soergel/ *Stadler*, BGB, Vor § 987 Rn. 17; *Lange*, JuS 1997, 431, 434.
95 Vgl. *Lorenz*, FS Lorenz 2001, S. 210 f.
96 Vgl. *Weber*, Sachenrecht I, § 1 Rn. 1.

tigung des entgegenstehenden Willens des historischen Gesetzgebers, insbesondere mit Hilfe der teleologischen Gesetzesauslegung.[97]

Das bloße Vorliegen einer Vindikationslage lässt eine schuldrechtliche Sonderbeziehung zwischen Eigentümer und Besitzer allerdings noch nicht entstehen, auch wenn es sich bei den §§ 987 ff. BGB um ein gesetzliches Schuldverhältnis handelt.[98] Liegt nur eine Vindikationslage vor, dann hat der Eigentümer lediglich einen dinglichen Anspruch auf Herausgabe der Sache nach § 985 BGB, die §§ 987 ff. BGB hingegen greifen nicht ein. Damit die Nebenansprüche der Vindikation Anwendung finden, bedarf es weiterer Voraussetzungen. War der Besitzer redlich und unverklagt, dann kommen solche schuldrechtlichen Sonderbeziehungen erst zustande, wenn die in den §§ 988, 993 Abs. 1 HS 1 oder den §§ 994 ff. BGB genannten Voraussetzungen erfüllt sind.[99] Nach Eintritt der Haftungsverschärfung hat der Besitzer Obhuts- und Werterhaltungspflichten gegenüber dem Eigentümer. Verletzt er diese, macht er sich nach den §§ 989 f. BGB schadenersatzpflichtig.[100] Ab dem Zeitpunkt des Erlöschens des Herausgabeanspruches (§ 985 BGB) selbst können keine neuen Ansprüche mehr aus den §§ 987 ff. BGB entstehen, da hierfür das Bestehen einer Vindikationslage Voraussetzung ist.[101]

Die Ansprüche aus dem Eigentümer-Besitzer-Verhältnis sind schuldrechtlicher Natur[102] und gehen daher bei einem Wechsel des Eigentums nicht automatisch auf den Erwerber über, sondern sind selbständig abtretbar, verpfändbar und pfändbar.[103] Die Selbständigkeit dieser Nebenansprüche zeigt sich auch daran, dass sie die Vindikationslage überdauern können.[104] Es stimmt nicht, wie teilweise vertreten wird[105], dass die bereits entstandenen Ansprüche aus Nutzungsherausgabe und Schadenersatz nach den §§ 987 ff. BGB im Falle eines späteren Verbrauchs der Sache durch den Besitzer oder bei einer nach § 932 BGB wirk-

---

97 Zur Bedeutung des Willens des historischen Gesetzgebers sowie zu den anderen Auslegungskriterien genauer bei § 5 B. II. Bei der Nichtanwendung der §§ 987 ff. BGB handelt es sich um einen Fall der teleologischen Reduktion. Hierzu genauer bei § 5 B. II. 2. a).

98 Vgl. Jauernig/ *Berger*, BGB, Vor §§ 987-993 Rn. 3; a.A.: Bamberger/ Roth/ *Fritzsche*, BeckOK BGB, 01.08.20121, § 987 Rn. 28.

99 Vgl. Staudinger/ *Gursky*, BGB, Vorbem zu §§ 987-993 Rn. 37.

100 Vgl. Staudinger/ *Gursky*, BGB, Vorbem zu §§ 987-993 Rn. 37.

101 Vgl. Staudinger/ *Gursky*, BGB, Vorbem zu §§ 987-993 Rn. 38.

102 Vgl. Jauernig/ *Berger*, BGB, Vor §§ 987-993 Rn. 1; Palandt/ *Bassenge*, BGB, Vorb v § 987 Rn. 1.

103 Vgl. Jauernig/ *Berger*, BGB, Vor §§ 987-993 Rn. 1; Palandt/ *Bassenge*, BGB, Vorb v § 987 Rn. 1; RGRK/ *Pikart*, BGB, § 987 Rn. 24.

104 Vgl. Staudinger/ *Gursky*, Vorbem zu §§ 987-993 Rn. 36.

105 Vgl. RGRK/ *Pikart*, BGB, § 987 Rn. 3.

samen Weiterveräußerung entfallen. Andernfalls würde der ehemalige Eigentümer nicht voll entschädigt, weil zum Beispiel eine vorangegangene Beschädigung den Sachwert (zugleich in der Regel den Veräußerungserlös) und damit auch den Anspruch aus der Eingriffskondiktion mindert.[106]

106 Vgl. MünchKomm/ *Baldus*, BGB, Vor §§ 987-1003 Rn. 19.

D. Regelungszweck der §§ 987-1003 BGB

Entscheidend für das Verständnis des Eigentümer-Besitzer-Verhältnisses insgesamt und für die weitere Argumentation bei der Suche nach der sachgerechtesten Lösung für den Ausgangsfall ist die Bestimmung des Regelungszwecks dieses Normenkomplexes. Diesbezüglich werden im Wesentlichen drei Ansichten vertreten.

I. Herrschende Meinung

Nach ganz überwiegender und richtiger Ansicht ist der Zweck des Eigentümer-Besitzer-Verhältnisses, den redlichen und unverklagten unrechtmäßigen Besitzer gegenüber dem allgemeinen Delikts- und Bereicherungsrecht zu privilegieren.[107] Dahinter steckt der Gedanke, so *Hönn* richtigerweise, „dass die zur Unwirksamkeit der Verfügung führenden Mängel für den Besitzer häufig schwer oder überhaupt nicht zu erkennen sind und dieser sich dann insoweit für den Eigentümer bzw. Berechtigten hält bzw. halten darf"[108]. Dieser Regelungszweck wird innerhalb des Eigentümer-Besitzer-Verhältnisses durch die unterschiedliche Haftung des unrechtmäßigen Besitzers – welche von der Qualität seines Besitzes abhängt – erreicht.[109] So ist eine Haftung des gutgläubigen Besitzers auf Schadenersatz oder auf Nutzungsherausgabe größtenteils ausgeschlossen. Außerdem kann er in erheblichem Maße Verwendungsersatzansprüche geltend machen (vgl. §§ 993, 994 Abs. 1, 996 BGB). Demgegenüber haftet der bösgläubige Besitzer bei Verschulden auf Schadenersatz (§§ 990, 989 BGB), muss Nutzungen in größerem Umfang herausgeben (§§ 990, 987 BGB; vgl. § 687 Abs. 2 BGB) und erhält Verwendungsersatz nur für notwendige Verwendungen und auch nur nach den Regeln der Geschäftsführung ohne Auftrag (§§ 990, 994 Abs. 2 BGB). Der Bösgläubigkeit steht es zudem gleich, wenn der Besitzer auf Herausgabe der Sache an den Eigentümer verklagt ist (§§ 989, 987, 994 Abs. 2, 996 BGB), weil er nach Rechtshängigkeit mit seinem fehlenden Recht zum Besitz rechnen muss. Die Haftung des deliktischen Besitzers geht indes noch weiter. Dieser haftet zusätzlich verschärft auf Schadenersatz (§§ 992, 823, 848 BGB).[110] Darüber hinaus kommt in § 993 Abs. 1 HS 2 BGB der Grundsatz zum Ausdruck, dass im Eigentümer-Besitzer-Verhältnis die Herausgabe von Nutzungen und Schadenersatz

---

107 Vgl. BGHZ 39, 186, 189; 41, 157, 158 f.; Soergel/ *Stadler*, BGB, Vor § 987 Rn. 1 f.; *Hönn*, JA 1988, 529; *Müller*, JuS 1983, 516, 517.

108 *Hönn*, JA 1988, 529.

109 Dazu sowie zu den Ausnahmen vom Haftungsgefälle bereits bei § 2 B.

110 Vgl. *Hönn*, JA 1988, 528 f.

nur gemäß der §§ 987 ff. BGB verlangt werden können, weshalb der Regelungszweck auch nicht durch die Anwendung der allgemeinen Vorschriften der §§ 823 ff. BGB und §§ 812 ff. BGB unterlaufen werden kann.

II. Mindermeinung 1

Es wird auch vertreten, dass es keinen einheitlichen Regelungszweck der §§ 987-1003 BGB gebe, weil die in diesem Normenkomplex auftauchenden Sachfragen zu verschieden seien.[111] Nach dieser Ansicht müsse der Normzweck vielmehr für jede Vorschrift gesondert geprüft werden mit der Folge von möglicherweise unterschiedlichen Lösungen für die Konkurrenzfragen.[112] Diese Ansicht kann nicht überzeugen, da sie lediglich auf die – zugegebenermaßen zahlreichen – Ausnahmen des grundsätzlich nicht haftenden redlichen und unverklagten unrechtmäßigen Besitzers abstellt[113] und dabei die vielen Vorschriften des Eigentümer-Besitzer-Verhältnisses unberücksichtigt lässt, nach denen ausschließlich der unredliche und unrechtmäßige Besitzer die Haftung zu fürchten hat.[114] Des Weiteren misst diese Ansicht § 993 Abs. 1 HS 2 BGB zu wenig Bedeutung bei, wonach die Privilegierung des redlichen Besitzers aufrecht erhalten wird, indem dieser vor der Anwendung der allgemeinen Vorschriften geschützt wird, soweit es um die Herausgabe von Nutzungen oder um Schadenersatz geht und die in den §§ 987-993 Abs. 1 HS 1 BGB bezeichneten Voraussetzungen nicht vorliegen.[115] Wegen einiger Ausnahmen vom Haftungsgrundsatz innerhalb des Eigentümer-Besitzer-Verhältnisses und zu § 993 Abs. 1 HS 2 BGB auf einen uneinheitlichen Regelungscharakter der §§ 987 ff. BGB zu schließen, ist daher nicht einzusehen. Die gesonderte Prüfung des Normzwecks für jede einzelne Vorschrift, die unter Umständen zu verschiedenen Lösungen für die Konkurrenzfragen führen, ist deshalb abzulehnen.

---

111 MünchKomm/ *Medicus*, BGB (4. Auflage), Vor §§ 987-1003 Rn. 7.

112 MünchKomm/ *Medicus*, BGB (4. Auflage), Vor §§ 987-1003 Rn. 7.

113 Zur Erinnerung: Ausnahmen in diesem Sinne sind z.B. § 991 Abs. 2 BGB sowie § 993 Abs. 1 HS 1 BGB. Dazu genauer bereits bei § 2 B.

114 Zur Erinnerung: Ein solcher Besitzer haftet beispielsweise auf Schadenersatz nach den §§ 989, 990 BGB.

115 Dies ist jedenfalls die Konsequenz daraus, wenn man § 993 Abs. 1 HS 2 BGB so wie die herrschende Meinung verstanden wissen will. Zum Wortlaut des § 993 Abs. 1 HS 2 BGB genauer bei § 2 D. III. und § 5 B. II. 1. a). Zu den Möglichkeiten, sich über den Wortlaut einer Norm hinwegzusetzen, genauer bei § 5 B. II. 2.

III. Mindermeinung 2

Nach *Pingers* Meinung sollen die §§ 987-993 BGB neben den §§ 812 ff. BGB und 823 ff. BGB anwendbar sein und zum Ziel haben, die Nutzungsherausgabe- und Schadenersatzhaftung des Besitzers gegenüber den allgemeinen Normen zu verschärfen.[116] Auch die §§ 994-1003 BGB sollen nach seiner Auffassung neben den allgemeinen Vorschriften der §§ 812 ff. BGB und §§ 823 ff. BGB zur Anwendung kommen. Allerdings sollen diese Normen bezwecken, die Haftung des Eigentümers zu verschärfen.[117]

Hinsichtlich der Haftung auf Nutzungsersatz versucht *Pinger* seine Ansicht mit dem Hinweis auf die Nutzungsherausgaberegelungen der §§ 987, 988, 993 Abs. 1 HS 1 BGB zu begründen, die dem Eigentümer günstigere Anspruchsgrundlagen einräumen sollen, als es die allgemeinen Bestimmungen der §§ 812 ff. BGB tun. Diese Begünstigungen sollen sich dabei entweder aus einem weitergehenden Umfang des jeweiligen Anspruches oder aus einer geringeren Anspruchsvoraussetzung im Vergleich zu einem konkurrierenden Anspruch aus §§ 812 ff. BGB ergeben.[118] Dies gelte sowohl für das Verhältnis des Eigentümers zum bösgläubigen, wie auch im Verhältnis zum gutgläubigen Besitzer.[119] Ebenso wie die Nutzungsherausgaberegelungen sollen nach *Pingers* Ansicht aber auch die Schadenersatzregelungen der §§ 989 ff. BGB dem Eigentümer weiter reichende Anspruchsgrundlagen gewähren, als es die allgemeinen Vorschriften tun.[120] Überdies soll auch der Besitzer mit Hilfe der §§ 994 ff. BGB mitunter günstigere Ansprüche gegen den Eigentümer geltend machen können, als wenn er sich nur auf die Vorschriften des Delikts- und Bereicherungsrechts berufen würde.[121]

Die von *Pinger* aufgestellten Behauptungen können nicht überzeugen und zwar insbesondere dann nicht, wenn man das Eigentümer-Besitzer-Verhältnis nicht bloß als einen beliebigen und isolierten Teil des Bürgerlichen Gesetzbuches begreifen möchte. Dennoch zeigen *Pingers* Thesen durchaus die Unvoll-

---

116 *Pinger,* EBV, S. 7 ff. Dort stellt *Pinger* zuvorderst den Normzweck der §§ 987 ff. allgemein und seine Bedeutung für das Anspruchssystem des BGB dar. Im Anschluss daran erläutert er den Zweck der Vorschriften über die Nutzungsherausgabe gemäß §§ 987 ff., 988 und 993 Abs. 1 BGB (S. 15 ff.) sowie den Zweck der Vorschriften über den Schadenersatz gemäß §§ 989 ff. BGB (S. 58 ff.) im Besonderen. *Ders.*, JR 1973, 268, 270; *ders.*, MDR 1974, 184.

117 *Pinger*, EBV, S. 86 ff.; *ders.*, JR 1973, 268, 270; *ders.*, MDR 1974, 184.

118 *Pinger*, EBV, S. 15 ff.; *ders.*, JR 1973, 268, 270.

119 *Pinger*, EBV, S. 15 ff.; *ders.*, JR 1973, 268, 270.

120 *Pinger*, EBV, S. 58 ff.; *ders.*, JR 1973, 268, 271 f.

121 *Pinger*, EBV, S. 86 ff.; *ders.*, JR 1973, 268, 272 f.

kommenheit dieses Regelungsbereichs auf.[122] So ist es durchaus richtig, dass der Besitzer, der den Besitz durch die Leistung eines Dritten erlangt hat, aufgrund des Dogmas vom Ausschluss der Eingriffskondiktion durch Leistungsverhältnisse[123] dem Eigentümer nicht nach § 812 Abs. 1 S. 1 Alt. 2 BGB auf Nutzungsherausgabe haftet. Die §§ 988 und 993 Abs. 1 HS 1 BGB verbessern die Rechtsstellung des Eigentümers im Vergleich zum Kondiktionsrecht in diesem Fall wirklich.[124]

Auch für den bösgläubigen Besitzer können die §§ 987 ff. BGB gegenüber den allgemeinen Vorschriften durchaus eine Haftungsverschärfung darstellen. *Pinger* führt in diesem Zusammenhang zu Recht das Beispiel an, dass der im Sinne des § 990 Abs. 1 S. 1 BGB grob fahrlässige Besitzer nicht nur gemäß § 987 Abs. 1 BGB die gezogenen Nutzungen ohne Rücksicht auf einen Bereicherungswegfall herauszugeben hat, sondern darüber hinaus gemäß § 987 Abs. 2 BGB auch auf Ersatz der schuldhaft nicht gezogenen Nutzungen haftet.[125]

Des Weiteren macht er auf die Fallkonstellationen aufmerksam, in denen der unrechtmäßige Besitzer gegenüber dem Eigentümer nach den §§ 989 f. BGB verschärfter auf Schadenersatz haftet, als nach den allgemeinen Vorschriften. Dabei arbeitet *Pinger* insbesondere die Rolle des bösgläubigen Besitzers heraus, der nach den §§ 989, 990 Abs. 1 BGB einer erheblichen Haftungsverschärfung ausgesetzt ist. In diesem Zusammenhang verweist er zu Recht auf die Anwendbarkeit des § 278 BGB statt der Gehilfenhaftung aus § 831 BGB, die Haftung des bösgläubigen Besitzers gemäß der §§ 989, 990 BGB für eine kausale Unterlassung, ohne dass eine besondere Rechtspflicht zum Handeln besteht sowie die Herausgabe der Sache an einen Dritten, auch wenn die Sache dort nicht verloren gegangen ist.[126] In der Folge lässt *Pinger* auch nicht unerwähnt, dass diese Haftungsverschärfungen auch zu Lasten des gutgläubigen verklagten sowie desjeni-

---

122 Allerdings ist mit dem Begriff „Unvollkommenheit" insoweit nur gemeint, dass es Normen innerhalb des Eigentümer-Besitzer-Verhältnisses gibt, die den redlichen und unverklagten unrechtmäßigen Besitzer weiter in Anspruch nehmen, als es die allgemeinen Vorschriften tun und damit offensichtlich dem Sinn und Zweck dieses Regelungsbereiches – so wie ihn die herrschende Meinung versteht (dazu genauer bereits bei § 2 D. I.) – zuwider laufen. Zu den in diesem Zusammenhang von *Pinger* angeführten Konstellationen weiter unten in diesem Abschnitt.

123 Vgl. *Giesen*, Jura 1995, 234 ff. *Giesen* erläutert die Subsidiarität der Nichtleistungskondiktion anhand des „Jungbullen-Falles" (dazu genauer auch bei § 5 A. I. 1. b) bb) (2) (c)) und der so genannten „Einbau-Fälle". Ansonsten zum Verhältnis der Leistungskondiktion zur Nichtleistungskondiktion genauer bei § 3 B. und C.

124 Dieses Argument führt *Pinger* daher zu Recht an (EBV, S. 15).

125 *Pinger*, JR 1973, 268, 270 f.

126 *Pinger*, JR 1973, 268, 271.

gen Besitzers gelten, der gemäß § 991 Abs. 2 BGB einem Dritten verantwortlich ist.[127]

Schließlich verweist *Pinger* auf die Vorteile des Besitzers, die dieser durch die Anwendung der §§ 994 ff. BGB neben den allgemeinen Vorschriften erfährt.[128] Er zeigt auf, dass der gutgläubige Besitzer durch die Anwendung der §§ 994 ff. BGB bei notwendigen Verwendungen gemäß § 994 Abs. 1 BGB Ersatz erhalten kann unabhängig davon, ob die Verwendungen zur Bereicherung des Eigentümers geführt haben oder nicht.[129]

Hinsichtlich der nützlichen Verwendungen verweist *Pinger* zu Recht auf das geminderte Erfolgsrisiko im Vergleich zum Bereicherungsrecht, weil es für einen Bereicherungswegfall nicht auf den Gesamtvermögenssaldo ankommt. Es kommt allein auf den erhöhten Wert der Sache selbst an.[130] *Pinger* zeigt zudem auf, dass die §§ 994 ff. BGB gemäß §§ 256, 246 BGB zu verzinsen sind und ein Freistellungsanspruch gemäß § 257 BGB besteht.[131]

Schließlich verweist *Pinger* auf die Rolle des bösgläubigen Besitzers, der bei der Anwendung der §§ 994 ff. BGB besser dasteht, als wenn er nur auf die allgemeinen Anspruchsgrundlagen der §§ 812 ff. BGB zurückgreifen könnte. In diesem Zusammenhang zeigt *Pinger* auf, dass der bösgläubige Besitzer bei notwendigen Verwendungen gemäß §§ 994 Abs. 2, 683, 670 BGB Ersatz erhält unabhängig davon, ob die sachbezogenen Aufwendungen zu einer Bereicherung geführt haben. Der Besitzer, der eine Verwendung für erforderlich gehalten hat, bekommt also auch dann Ersatz, wenn diese fehlgeschlagen ist. Wenn der bösgläubige Besitzer das Erfolgsrisiko nicht zu tragen hat, so ist er allerdings, anders als der gutgläubige Besitzer, gemäß §§ 994 Abs. 2, 683 BGB mit dem Übernahmerisiko belastet. In jedem Fall aber ist der für eine Geschäftsführung ohne Auftrag erforderliche Fremdgeschäftsführungswille entbehrlich.[132]

Zuletzt stellt *Pinger* die Besonderheiten bei nützlichen Verwendungen des bösgläubigen Besitzers heraus. Dieser erhält gemäß § 998 BGB auf besondere Weise Ersatz für Verwendungen auf landwirtschaftliche Grundstücke. Hinzu kommt ein Wegnahmerecht gemäß § 997 BGB. Der Anspruch aus § 994 Abs. 2 BGB und der aus § 998 BGB sind gemäß § 999 BGB „verdinglicht" und gemäß §§ 256, 246 BGB zu verzinsen.[133]

127 *Pinger*, JR 1973, 268, 271.

128 *Pinger*, JR 1973, 268, 272 f.; *ders.*, EBV, S. 86 ff.; *ders.*, MDR 1974, 184.

129 *Pinger*, JR 1973, 268, 272. Dieses Argument überzeugt, weil der gutgläubige Besitzer insoweit keinerlei Risiko trägt.

130 *Pinger*, JR 1973, 268, 272.

131 *Pinger*, JR 1973, 268, 272.

132 *Pinger*, JR 1973, 268, 272.

133 *Pinger*, JR 1973, 268, 272.

Es ist nicht zu leugnen, dass bestimmte Normen innerhalb des Eigentümer-Besitzer-Verhältnisses Haftungsverschärfungen zugunsten des Eigentümers oder des Besitzers gegenüber den allgemeinen Vorschriften darstellen. Dies beweisen die soeben gemachten Ausführungen. Dennoch lassen diese Vorschriften nicht den Schluss zu, die in den §§ 987-993 BGB und die in den §§ 994-1003 BGB enthaltenen Haftungsverschärfungen zu Lasten des Besitzers bzw. des Eigentümers machen den Sinn und Zweck des Eigentümer-Besitzer-Verhältnisses aus. Zunächst einmal berücksichtigt diese Ansicht nicht, dass etliche Vorschriften innerhalb der §§ 987-993 Abs. 1 BGB den gutgläubigen Besitzer gegenüber den §§ 823 ff. BGB und §§ 812 ff. BGB privilegieren.[134] Diesbezüglich macht diese Ansicht nur Sinn, wenn sich die Privilegierungen des gutgläubigen Besitzers nicht auswirken. Diese Privilegierungen wirken sich aber nur dann nicht aus bzw. können nur dadurch umgangen werden, wenn entweder der Wortlaut des § 993 Abs. 1 HS 2 BGB anders zu verstehen ist, als es die herrschende Meinung[135] tut oder ein Festhalten an der bisher angenommenen Schutzrichtung der §§ 987 ff. BGB zu nicht hinnehmbaren Wertungswidersprüchen führen würde. Hinsichtlich des Verständnisses des Wortlauts des § 993 Abs. 1 HS 2 BGB wird tatsächlich behauptet, diese Norm beziehe sich nur auf die Ansprüche aus den §§ 987 ff. BGB. Ansprüche aus anderen Rechtsgebieten, wie zum Beispiel aus dem Bereicherungsrecht, seien damit nicht gemeint.[136] Anders ausgedrückt hieße das allerdings, meint *Wieling* zu Recht:

> „Soweit der Besitzer nach den §§ 987 ff. BGB nicht zur Herausgabe von Nutzungen verpflichtet ist, ist er nach den §§ 987 ff. BGB nicht zur Herausgabe von Nutzungen verpflichtet."[137]

Dass der Gesetzgeber eine solche Aussage treffen wollte kann nicht ernsthaft angenommen werden. Daran ändert auch diese etwas weniger deutlich formulierte Interpretation *Brodmanns* nichts, der meint, mit § 993 Abs. 1 BGB wollte der Gesetzgeber überflüssigerweise abschließend „ – gleichsam aufatmend – versichern, dass nun alles gesagt sei, was gesagt werden müsse"[138].

---

134 Dazu genauer bereits bei § 2 B.

135 Zur Erinnerung: Die herrschende Meinung im Schrifttum schlussfolgert aus dem Wortlaut des § 993 Abs. 1 HS 2 BGB, dass die §§ 987 ff. BGB grundsätzlich eine abschließende Sonderregelung der Ansprüche des Eigentümers gegen den unberechtigten Besitzer auf Herausgabe der Nutzungen und auf Schadenersatz enthalten. § 993 Abs. 1 HS 2 BGB soll demnach auch die Anwendung der allgemeinen Vorschriften grundsätzlich ausschließen. Dazu auch bei § 5 B. II. 1. a).

136 Vgl. RGZ 129, 307, 310; Planck/ *Brodmann*, BGB, § 993 Rn. 1 b.

137 *Wieling*, AcP 169, 137, 140.

138 Planck/ *Brodmann*, BGB, § 993 Rn. 1 b.

Der Wortlaut des § 993 Abs. 1 HS 2 BGB kann demnach nur so verstanden werden, dass im Eigentümer-Besitzer-Verhältnis Herausgabe von Nutzungen und Schadenersatz nur gemäß den §§ 987 ff. BGB verlangt werden kann. Eine Haftung nach den allgemeinen Vorschriften scheidet danach grundsätzlich aus. Wertungswidersprüche, die nur durch die Umkehrung der bisher angenommenen Schutzrichtung der §§ 987 ff. BGB zu vermeiden wären, sind ebenfalls nicht ersichtlich. So wird zu Unrecht behauptet, dass die Haftungsfreistellung des redlichen und unverklagten unrechtmäßigen Besitzers nach einem wegen § 935 BGB fehlgeschlagenen gutgläubigen Erwerb ein willkürliches „Umschlagen" der gesetzlichen Wertung bedeuten würde.[139] Zuzugeben ist, dass hinter § 935 BGB die Überlegung steht, dass der Erwerb vom Nichtberechtigten im Allgemeinen nur dort stattfinden soll, wo der Eigentümer einen Rechtsschein gesetzt hat.[140] „Der Eigentümer kann in den Fällen der §§ 932-934 BGB besser als der Erwerber die Vertrauenswürdigkeit dessen überprüfen, dem er den Besitz überlässt. Hat hingegen der Eigentümer die Verfügung des Nichtberechtigten nicht durch Besitzüberlassung ermöglicht, lässt das Gesetz das Interesse eines erleichterten und sicheren Rechtsverkehrs hinter dem Bestandsschutz des Eigentums zurücktreten"[141], wie *Quack* es formuliert. Aus diesem Grund ist an abhanden gekommenen Sachen der Erwerb vom Nichtberechtigten in der Regel ausgeschlossen. Eine Ausnahme hierzu macht nur § 935 Abs. 2 BGB. Zu beachten gilt allerdings auch, dass, wenn das Gesetz dem gutgläubigen Käufer wegen der besonderen Erhaltungsinteressen und der hohen Schutzwürdigkeit des Eigentümers den Eigentumserwerb verweigert, ihm aber gleichzeitig in einem wesentlich geringerem Umfang durch die Freistellung vom Haftungsrisiko Verkehrsschutz gewährt, darin kein Wertungswiderspruch zu erblicken ist, sondern eine sinnvolle Wertungsdifferenzierung.[142]

Darüber hinaus verstößt diese Ansicht gegen den Willen des historischen Gesetzgebers.[143] Aus den Gesetzesmaterialien geht eindeutig die Intention des Gesetzgebers hervor, den redlichen und unverklagten unrechtmäßigen Besitzer zu privilegieren, was im Wesentlichen durch das Haftungsgefälle und § 993 Abs. 1 HS 2 BGB erreicht werden sollte. Bezüglich der Ausführungen zum Schadenersatz gilt, dass die Anwendung der §§ 823 ff. BGB neben den Vorschriften des Eigentümer-Besitzer-Verhältnisses außerhalb des Anwendungsbereiches des § 992 BGB auch dieser Norm ihre Bedeutung aberkennen würde.

139 So *Pinger*, EBV, S. 80 ff.; vgl. Staudinger/ *Gursky*, BGB, Vorbem zu §§ 987-1003 Rn. 5.

140 Vgl. MünchKomm/ *Quack*, BGB (4. Auflage), § 935 Rn. 1.

141 MünchKomm/ *Quack*, BGB (4. Auflage), § 935 Rn. 1.

142 Vgl. Staudinger/ *Gursky*, BGB, Vorbem zu §§ 987-1003 Rn. 5.

143 Vgl. Protokolle BGB III, S. 347.

Den Regelungszweck der §§ 994 ff. BGB in einer Haftungsverschärfung zu Lasten des Eigentümers zu sehen, überzeugt ebenso wenig. Bezüglich des Verwendungsersatzes gehen sowohl die Rechtsprechung,[144] als auch die herrschende Literatur[145] zu Recht davon aus, dass die §§ 994 ff. BGB eine abschließende Sonderregelung für das Verhältnis zwischen nicht besitzendem Eigentümer und nicht berechtigtem Besitzer bilden, weil andernfalls die vom Gesetzgeber geschaffenen Differenzierungen der §§ 994 ff. BGB praktisch aufgehoben und auch die in den §§ 1000 ff. BGB enthaltenen Beschränkungen für die Geltendmachung des Anspruchs ausgeschaltet würden.[146] Der Sinn und Zweck des Eigentümer-Besitzer-Verhältnisses besteht daher weder in einer Haftungsverschärfung zu Lasten des Besitzers (§§ 987-993 BGB), noch in einer Haftungsverschärfung zu Lasten des Eigentümers (§§ 994 ff. BGB).

IV. Stellungnahme

Sinn und Zweck des Eigentümer-Besitzer-Verhältnisses ist es, den redlichen und unverklagten unrechtmäßigen Besitzer zu schützen. Daran ändern auch die zahlreichen Ausnahmen nichts, die von der grundsätzlichen Haftungsfreistellung des redlichen und unverklagten unrechtmäßigen Besitzers absehen. Andernfalls käme dem deutlich zu Tage tretenden Haftungsgefälle in den §§ 987 ff. BGB keinerlei Bedeutung zu. Die Anwendung der allgemeinen Normen neben denen des Eigentümer-Besitzer-Verhältnisses wäre widersinnig. Dann nämlich liefe § 993 Abs. 1 HS 2 BGB völlig ins Leere, der eben genau diese Anwendung verbietet und sich damit nahtlos in das System des Eigentümer-Besitzer-Verhältnisses einfügt und dem redlichen und unverklagten unrechtmäßigen Besitzer schließlich jenen Schutz gewährt, der ihm schon vom Gesetzgeber zugedacht worden war. Das Abstellen auf Fallkonstellationen, in denen die allgemeinen Vorschriften dem Besitzer bzw. dem Eigentümer weniger Möglichkeiten zugestehen als es die §§ 987 ff. BGB tun, geht fehl, weil es sich um grundverschiedene Normenkomplexe handelt, die weder im Ergebnis, noch im Lösungsweg in jedem erdenklichen Falle harmonisieren können.

---

144 Vgl. BGHZ 41, 157, 159.

145 Vgl. *Hönn*, JA 1988, 529, 534 f.; *Brehm/ Berger*, Sachenrecht, § 8 Rn. 62; *Huber*, JuS 1970, 515, 517 ff.

146 Vgl. *Waltjen*, AcP 175, 109, 124 f.

E. Konkurrenzen

Die Lösung des Ausgangsfalles führt nur über das richtige Verständnis des Eigentümer-Besitzer-Verhältnisses. Um diesen Normenkomplex jedoch vollständig zu durchdringen, ist es notwendig, dessen Verhältnis zu anderen Vorschriften zu begreifen. Ein gezielter Blick auf die Konkurrenzen ist somit unerlässlich.[147]

I. Grundsatz

Die Unterscheidung nach der Qualität des Besitzes und das damit einhergehende Haftungsgefälle im Eigentümer-Besitzer-Verhältnis hätte nur wenig Sinn, wenn diese Abstufung außerhalb der §§ 987 ff. BGB keine Auswirkungen zeigen würde. So nützt es einem redlichen und unverklagten unrechtmäßigen Besitzer nichts, wenn er innerhalb der §§ 987 ff. BGB gegenüber einem bösgläubigen Besitzer privilegiert ist, gleichwohl aber nach den §§ 812 ff. BGB und §§ 823 ff. BGB haftet. Im Ergebnis würden dann sowohl der redliche, als auch der unredliche Besitzer in Anspruch genommen. Die Privilegierung des redlichen gegenüber dem unredlichen Besitzer innerhalb des Eigentümer-Besitzer-Verhältnisses liefe damit ins Leere. Deshalb stellen die §§ 987 ff. BGB innerhalb ihres Anwendungsbereiches abschließende Sonderregelungen dar, das heißt, eine Haftung nach den §§ 812 ff. BGB sowie den §§ 823 ff. BGB scheidet grundsätzlich aus.[148] Vertragliche Ansprüche gehen nach richtiger Ansicht den §§ 987 ff. BGB vor.[149] Dies gilt grundsätzlich auch für Ansprüche aus Geschäftsführung ohne Auftrag.[150]

---

147 Beim Blick auf die Konkurrenzen soll bereits an dieser Stelle die Bedeutung des Willens des historischen Gesetzgebers nicht unerwähnt bleiben, wenngleich sie insbesondere im Schrifttum keine Rolle zu spielen scheint. Dies ist im Ergebnis auch richtig, weil der historische Gesetzgeber sich häufig genug keine Gedanken um die Konkurrenzen gemacht hat. Dennoch sollte nicht vergessen werden, dass beispielsweise die Nichtanwendung einer Norm oder eines ganzen Normenkomplexes die größtmögliche Form einer teleologischen Reduktion (dazu genauer bei § 5 B. II. 2. a)) darstellt, bei der – was noch bewiesen werden wird – die Berücksichtigung des Willens des historischen Gesetzgebers zwingend zu beachten ist (dazu genauer bei § 5 B. II. 1.). Im Folgenden sind die Konkurrenzprobleme dahingehend immer nur dann thematisiert, wenn die Gesetzgebungsmaterialien Anlass dazu gegeben haben.

148 Vgl. BGHZ 41, 157, 158 f.; *Kropholler*, BGB, Vor § 987 Rn. 7; Soergel/ *Stadler*, Vor § 987 Rn. 18. Dazu auch bei § 2 D. III. sowie § 5 B. II. 1. a).

149 Dazu genauer bereits bei § 2 C.

150 Vgl. Jauernig/ *Berger*, BGB, Vor §§ 987-993 Rn. 15. Dazu genauer bei § 2 E. III. 2.

II. Ausnahmen

Ebenso wie es Ausnahmen innerhalb des Eigentümer-Besitzer-Verhältnisses davon gibt, den redlichen und unverklagten unrechtmäßigen Besitzer nicht haften zu lassen,[151] gibt es auch Konstellationen, in denen die Sonderregelungen der §§ 987 ff. BGB nicht abschließend gegenüber den allgemeinen Vorschriften sein sollen. Der Charakter des Eigentümer-Besitzer-Verhältnisses, Grundsätzliches mit Hilfe von Ausnahmeregelungen abzufedern, offenbart sich demnach auch im Verhältnis zu anderen Vorschriften. Neben der Anwendung der Leistungskondiktion für den Fall, dass der unrechtmäßige, aber gutgläubige und unverklagte Besitzer den Besitz an der Sache rechtsgrundlos erlangt und Nutzungen gezogen hat, worauf im Rahmen der Lösung des Ausgangsfalles, dessen Lösung im Zentrum dieser Arbeit steht, noch näher eingegangen wird, gibt es eine Reihe weiterer Konstellationen, in denen die Ausschließlichkeit der §§ 987 ff. BGB gegenüber den allgemeinen Vorschriften diskutiert wird.

Nach herrschender Meinung soll die Sperrwirkung gegenüber dem Delikts- und Bereicherungsrecht in den beiden Fällen des so genannten Fremdbesitzerexzesses[152] im Zweipersonenverhältnis nicht gelten, also immer dann, wenn der unrechtmäßige Fremdbesitzer durch Beschädigung der Sache sein Besitzrecht überschreitet oder Nutzungen zieht, die er aufgrund des angenommenen Rechtes zum Besitz nicht ziehen dürfte.[153] Die Haftung des redlichen und unverklagten unrechtmäßigen Besitzers auf Schadenersatz für den Fall des Fremdbesitzerexzesses im Zweipersonenverhältnis wird mit dem sich aus § 991 Abs. 2 BGB ergebenden allgemeinen Grundsatz, wonach der redliche, unrechtmäßige Fremdbesitzer, der sein vermeintliches Besitzrecht überschreitet, nicht besser stehen soll als ein rechtmäßiger Fremdbesitzer, begründet.[154] Die Konstruktionen, die eine Haftung auch des Fremdbesitzers im Zweipersonenverhältnis ermöglichen sollen, unterscheiden sich sehr stark voneinander. Nach Ansicht der Bösgläu-

---

151 Dazu genauer bereits bei § 2 B.

152 Eine Konstellation des Fremdbesitzerexzesses im Zweipersonenverhältnis liegt immer dann vor, wenn der Besitzer eine Sache vom Eigentümer selbst zu Fremdbesitz erhält. In diesem Fall weiß der Besitzer, dass er eine fremde Sache besitzt, mit der er nicht nach Belieben verfahren darf. Nach herrschender Meinung hat er den aus der Überschreitung des Besitzrechts resultierenden Schaden zu ersetzen und haftet für die gezogenen Nutzungen, soweit der Vertrag ein solches Nutzungsziehungsrecht nicht vorsieht.

153 Vgl. *Medicus/ Petersen*, Bürgerliches Recht, Rn. 586; Palandt/ *Bassenge*, BGB, § 993 Rn. 4. Teilweise soll der redliche und unverklagte unrechtmäßige Besitzer auch nach den Vorschriften des Eigentümer-Besitzer-Verhältnisses haften. Dazu im Folgenden genauer.

154 Vgl. *Vieweg/ Werner*, Sachenrecht, § 8 Rn. 17; *Wilhelm*, JZ 2004, 650 ff.

bigkeitstheorie[155] sollen die §§ 989, 990 BGB entsprechend angewendet werden. Diese Lösung kann allerdings nicht überzeugen, weil die Haftungsmaßstäbe der §§ 989, 990 BGB nicht passen. Nach dieser Lösung würde der vermeintliche Mieter, der aufgrund seines angenommenen Besitzrechts schon für jede leicht fahrlässige Beschädigung der Sache haftet, bei Unwirksamkeit des Mietvertrages erst ab grober Fahrlässigkeit haften.[156] Auch die analoge Anwendung des § 991 Abs. 2 BGB[157] kann nicht überzeugen, da diese Norm auf dreigliedrige Verhältnisse zugeschnitten ist. Zu beachten ist insbesondere, dass § 991 Abs. 2 BGB „die Haftung des unmittelbaren Besitzers gegenüber dem Eigentümer an seine Haftung aus einem wirksamen Vertrag mit dem mittelbaren Besitzer anknüpft"[158], wie es *Gursky* formuliert. Damit fehlt es aber bereits an einer vergleichbaren Interessenlage, die für die analoge Anwendung einer Norm Voraussetzung ist.[159] Die Anwendbarkeit der §§ 823 ff. BGB kann demnach nur über eine teleologische Reduktion des § 993 Abs. 1 HS 2 BGB führen.[160] Der Erfolg dieses einzig in Betracht kommenden Lösungsansatzes hängt also ausschließlich davon ab, ob § 993 Abs. 1 HS 2 BGB tatsächlich für diesen Fall teleologisch zu reduzieren ist.[161]

Für die Haftung des redlichen und unverklagten unrechtmäßigen Besitzers auf Nutzungsersatz im Falle des Fremdbesitzerexzesses im Zweipersonenverhältnis gelten im Wesentlichen die gleichen Überlegungen. Auch in dieser Konstellation spricht auf den ersten Blick viel dafür, dem unrechtmäßigen

155 Vgl. *Wolff/ Raiser*, S. 335 f.

156 Vgl. Staudinger/ *Gursky*, BGB, Vorbem zu §§ 987-993, Rn. 31.

157 Vgl. *Köbl*, EBV, S. 179.

158 Staudinger/ *Gursky*, BGB, Vorbem zu §§ 987-993 Rn. 31.

159 Dazu genauer bei § 5 A. I. 1. b) aa).

160 Vgl. Staudinger/ *Gursky*, BGB, Vorbem zu §§ 987-993 Rn. 28. Allerdings versäumt es *Gursky*, die Voraussetzungen für die teleologische Reduktion einer Norm näher zu erläutern. Stattdessen benennt er lediglich die teleologische Reduktion als einzig gangbaren Lösungsweg.

161 Eine abschließende Entscheidung hierüber kann an dieser Stelle noch nicht gefällt werden. Zu beachten ist, dass es sich bei dieser Konstellation im Wesentlichen um eine solche handelt, wie sie sich auch im Ausgangsfall darstellt. Auch dort möchten große Teile des Schrifttums den Wertungswiderspruch durch die Anwendung bereicherungsrechtlicher Vorschriften – wenngleich in unterschiedlich großem Umfang – herbeiführen. Der Anwendbarkeit dieser allgemeinen Normen steht auch dort der Wortlaut des § 993 Abs. 1 HS 2 BGB entgegen. Die Lösung im Falle des Fremdbesitzerexzesses wird sich daher an den zur Lösung des Ausgangsfalles herausgearbeiteten Prinzipien orientieren müssen, insbesondere an der Antwort auf die Frage, unter welchen Voraussetzungen vom eindeutigen Wortlaut einer Norm abgewichen werden kann. Dazu genauer insbesondere bei § 5 B. II. 2. a) aa).

Fremdbesitzer, der Nutzungen zieht, die er aufgrund seines vermeintlichen Besitzrechts nicht hätte ziehen dürfen, die Haftungsfreistellung nicht zugute zu kommen zu lassen, weil nicht einzusehen ist, weshalb er besser dastehen sollte, als bei Wirksamkeit des Vertrags. Nach einer Meinung soll § 993 Abs. 1 HS 1 BGB analog angewendet werden.[162] Dieser Lösungsweg überzeugt nicht. Das Gesetz enthält für den Fall, dass der unrechtmäßige Fremdbesitzer durch Beschädigung der Sache sein Besitzrecht überschreitet oder Nutzungen zieht, die er aufgrund des angenommenen Rechtes zum Besitz nicht ziehen dürfte, genügend Regelungen. Einzig § 993 Abs. 1 HS 2 BGB scheint einer Anwendung im Wege zu stehen. Fraglich ist, ob die großzügige Haftungsfreistellung, die § 993 Abs. 1 HS 2 BGB dem redlichen und unverklagten unrechtmäßigen Besitzer gewährt, nicht zu weit reicht. Es ist daher zu prüfen, ob § 993 Abs. 1 HS 2 BGB teleologisch zu reduzieren ist, um so die Anwendung des Bereicherungsrechts zu ermöglichen. Die Voraussetzungen an eine teleologische Reduktion sind allerdings umstritten.[163]

Außerhalb der Voraussetzungen von § 992 BGB wird nach allgemeiner Ansicht[164] auch bei vorsätzlicher sittenwidriger Schädigung des Eigentümers durch den Besitzer die Haftung nach § 826 BGB bejaht. Der Grund dafür ist, dass derjenige, der vorsätzlich und sittenwidrig schädigt, keinen Schutz verdient.[165] Ansprüche aus Geschäftsanmaßung, das heißt aus bewusst vorgenommener Geschäftsführung (§ 687 Abs. 2 BGB) werden durch das Eigentümer-Besitzer-Verhältnis ebenfalls nicht ausgeschlossen, auch soweit sie auf Schadenersatz oder Herausgabe von Nutzungen gehen, da sie nicht auf der Unmöglichkeit der Herausgabe des Eigentums beruhen.[166] Eine freie Konkurrenz der §§ 987 ff. BGB mit den Regeln des jeweiligen Abwicklungsverhältnisses bzw. dem dieses ergänzenden Bereicherungs- und Deliktsrecht wird auch bei nicht-mehr-berechtigtem Besitz diskutiert.[167] Die Annahme einer freien Konkurrenz kann jedoch nicht überzeugen, da sich der Eigentümer auf die speziellen schuldrechtlichen Rückabwicklungsnormen sowie auf die §§ 812 ff. BGB und §§ 823 ff. BGB stützen kann und die Anwendung der §§ 987 ff. BGB somit überflüssig ist. Hin-

162 Vgl. Staudinger/ *Gursky*, BGB, Vorbem zu §§ 987-993 Rn. 31. Bemerkenswert ist, dass *Gursky* neben diesem Lösungsansatz auch die Möglichkeit einer teleologischen Reduktion des § 993 Abs. 1 HS 2 BGB für diesen Fall benennt und diesen Weg als gleichwertig ansieht.

163 Dazu genauer bei § 5 B. II. 2. a).

164 Vgl. *Müller*, JuS 1983, 516 f.; *Brox*, JZ 1965, 516, 519.

165 Vgl. *Vieweg*/ *Werner*, Sachenrecht, § 8 Rn. 61.

166 Vgl. *Berg*, JuS 1971, 310, 312; Jauernig/ *Berger*, BGB, Vor §§ 987-993 Rn. 15. Dazu auch bei § 2 E. III. 2.

167 Dazu genauer bereits bei § 2 C.

zu kommt, dass andernfalls etwaige Haftungsprivilegien dieser Normen durch die Anwendung der §§ 987 ff. BGB unterlaufen würden.[168] Auch Bereicherungsansprüche, die einen Ausgleich für die Nichtherausgabe der Sache als solche gewähren, sind nicht durch die §§ 987 ff. BGB verdrängt. Da es sich insoweit nicht um eine Nutzungsherausgabe handelt und die Zuweisung des Substanzwertes an den Eigentümer ausweislich von § 993 Abs. 1 S. 1 HS 1 BGB durch die §§ 987 ff. BGB nicht aufgehoben wird, handelt es sich in diesen Fällen genau genommen gar nicht um eine Durchbrechung des Ausschließlichkeitsgrundsatzes.[169] Daher sind (insbesondere) § 816 Abs. 1 S. 1 BGB im Falle der Veräußerung der Sache,[170] § 812 Abs. 1 S. 2 BGB bei Verbrauch der fremden Sache durch den Besitzer,[171] sowie §§ 951, 812 Abs. 1 S. 1 Alt. 2 BGB bei ihrem Untergang durch Verarbeitung, Verbindung oder Vermischung, anwendbar.[172]

III. Konkurrenzen im Einzelnen

Ein genauer Blick auf einzelne Konkurrenzprobleme wird zeigen, wie widersprüchlich mitunter vertretene Ansichten sind. Die Diskrepanz folgt in aller Regel aus der Nichtbeachtung bestimmter Prinzipien, denen sich auf der einen Seite bedingungslos verschrieben, mit denen auf der anderen Seite aber dann gebrochen wird, wenn sie einem „gewünschten" Ergebnis im Weg stehen. Insbesondere das Verhältnis der §§ 987 ff. BGB zu den Vorschriften des Bereicherungsrechts ist dabei von Bedeutung.

1. Verhältnis zu vertraglichen Ansprüchen

Vertragsansprüche gehen den §§ 987 ff. BGB vor.[173] Dies gilt auch für die Zeit nach Vertragsende.[174]

2. Verhältnis zur Geschäftsführung ohne Auftrag

Wenn zwischen dem Eigentümer und dem Besitzer eine berechtigte Geschäftsführung ohne Auftrag vorliegt, dann ist der Besitzer dem Eigentümer gegenüber

168 Dazu genauer bereits bei § 2 C.

169 Vgl. Staudinger/ *Gursky*, BGB, Vorbem zu §§ 987-993 Rn. 43; *Reuter/ Martinek*, Ungerechtfertigte Bereicherung, S. 694.

170 Vgl. RGZ 163, 348, 353; BGH NJW 1953, 58, 59; *Kropholler*, BGB, Vor § 987 Rn. 10.

171 Vgl. *Eckert*, Sachenrecht, Rn. 198.

172 Vgl. Staudinger/ *Gursky*, BGB, Vorbem zu §§ 987-993 Rn. 43; BGHZ 55, 176 ff.

173 Dazu genauer bereits bei § 2 C.

174 Vgl. Jauernig/ *Berger*, BGB, Vor §§ 987-993 Rn. 12.

zum Besitz berechtigt. Die §§ 987 ff. BGB sind somit nicht anwendbar. Ein Konkurrenzproblem stellt sich hier nicht.[175] Die unberechtigte Geschäftsführung ohne Auftrag begründet hingegen kein Recht zum Besitz. Folglich liegt eine Vindikationslage vor. Die §§ 987 ff. BGB sind dennoch nicht anwendbar. Auch hier ist der Meinung zuzustimmen, die den schuldrechtlichen Sonderverbindungen den Vorrang gewährt.[176] „Die in den §§ 677 ff. BGB getroffenen Interessenabwägungen dürfen nicht durch die Anwendung der tatbestandlich möglicherweise ebenfalls gegebenen §§ 987 ff. BGB unterlaufen werden, weil diese Vorschriften die altruistische Willensrichtung des Geschäftsführers nicht angemessen berücksichtigen. Insbesondere die Privilegierung des § 680 BGB findet in den §§ 987 ff. BGB keine Entsprechung“[177], führt *Stadler* zu Recht an. Ist dem Besitzer das Fehlen seiner Besitzberechtigung positiv bekannt, erfüllt die Sachnutzung zugleich den Tatbestand der angemaßten Eigengeschäftsführung nach § 687 Abs. 2 BGB. Die hiernach bestehenden Ansprüche werden von den §§ 987 ff. BGB nicht verdrängt.[178] Speziell die Privilegierung des § 993 Abs. 1 BGB kann hier nicht greifen, weil der Eigengeschäftsführer nicht gutgläubig sein kann und somit nicht schutzwürdig ist.[179]

3. Verhältnis zum Deliktsrecht

Die §§ 823 ff. BGB greifen grundsätzlich nur ein, wenn § 992 BGB erfüllt ist. Dies ergibt sich aus § 993 Abs. 1 HS 2 BGB.[180] Die im Eigentümer-Besitzer-Verhältnis sonst verschlossene Tür zum Deliktsrecht wird durch § 992 BGB gegen den so genannten deliktischen Besitzer ausnahmsweise geöffnet. Nach richtiger und ganz herrschender Ansicht privilegiert § 992 BGB nicht nur den redlichen, sondern auch den nur bösgläubigen Besitzer.[181] Beide haften danach nicht

---

175 Vgl. BGHZ 31, 129, 131; Jauernig/ *Berger*, BGB, Vor §§ 987-993 Rn. 15; MünchKomm/ *Seiler*, Vor § 677 Rn. 18.

176 Vgl. Palandt/ *Bassenge*, Vorb v § 987 Rn. 18; Jauernig/ *Berger*, BGB, Vor §§ 987-993 Rn. 12; *Kropholler*, BGB, Vor § 987 Rn. 7; BGH NJW 1990, 242, 244; a. A: *Pinger*, EBV, S. 71 ff.

177 Soergel/ *Stadler*, BGB, Vor § 987 Rn. 21.

178 Vgl. Bamberger/ Roth/ *Fritzsche*, BeckOK BGB, 01.08.2012, § 987 Rn. 48; *Berg*, JuS 1971, 310, 312; a.A.: MünchKomm/ *Seiler*, BGB, Vor § 677 Rn. 18: für alleinige Anwendung des § 987 Abs. 2 BGB mit dem Argument des generellen Vorrangs der §§ 677 ff. BGB als schuldrechtlicher Sonderverbindung vor den §§ 987 ff. BGB.

179 Vgl. *Köbl*, EBV, S. 194; Soergel/ *Stadler*, BGB, Vor § 987 Rn. 21.

180 Vgl. BGH NJW 1990, 242, 244; *Kropholler*, BGB, Vor § 987 Rn. 8; Staudinger/ *Gursky*, BGB, Vorbem zu §§ 987-993 Rn. 60; Palandt/ *Bassenge*, BGB, Vorb v § 987 Rn. 18.

181 Vgl. *Kropholler*, BGB, Vor § 987 Rn. 8.

nach den allgemeinen Vorschriften der §§ 823 ff. BGB. Teilweise wird auch vertreten, § 992 BGB privilegiere nur den redlichen Besitzer.[182] Dieser Meinung ist schon deshalb nicht zuzustimmen, weil sie den §§ 992, 993 Abs. 1 HS 2 BGB jegliche Bedeutung aberkennt.[183] Trotz der grundsätzlichen Nichtanwendbarkeit der §§ 823 ff. BGB gilt § 826 BGB neben den Vorschriften des Eigentümer-Besitzer-Verhältnisses unmittelbar.[184] Der Grund dafür ist, dass derjenige, der vorsätzlich und sittenwidrig schädigt, keinen Schutz verdient.[185] Darüber hinaus sollen die §§ 823 ff. BGB nach herrschender Meinung unmittelbar eingreifen für den Fall, dass der unberechtigte Fremdbesitzer die Grenzen seines vermeintlichen Besitzrechts überschreitet (Fremdbesitzerexzess).[186]

4. Verhältnis zum Bereicherungsrecht

Hier ist zwischen Nutzungs- und Verwendungsersatz zu differenzieren:

a) Nutzungsersatz

Soweit es um Nutzungsersatz geht, werden die §§ 812 ff. BGB grundsätzlich von den §§ 987 ff. BGB als abschließende Regelung verdrängt.[187] Eine Ausnahme hierzu soll nach verschiedenen Ansichten dann gemacht werden, wenn sich eine Situation darstellt, wie sie im Ausgangsfall gegeben ist. Es wurde bereits aufgezeigt, dass die Lösung des Ausgangsfalles – so denn am Wortlaut des § 993 Abs. 1 HS 2 BGB festgehalten wird – im Vergleich zur Lösung der Fallvariation einen Wertungswiderspruch darstellt. Diesen Wertungswiderspruch versuchen verschiedene Ansichten durch die Anwendung des Bereicherungsrechts – je nach Auffassung in unterschiedlichem Umfang – zu beseitigen. Ob dies der richtige Weg ist oder ob auch für diesen Fall an der Ausschließlichkeit der §§ 987 ff. BGB festgehalten werden soll, ist gerade Gegenstand dieser Arbeit und kann daher an dieser Stelle noch nicht abschließend beurteilt werden.

b) Verwendungsersatz

Bezüglich des Verwendungsersatzes bilden nach Ansicht der herrschenden Meinung[188] die §§ 994 ff. BGB eine abschließende Sonderregelung für das Verhält-

---

182 Vgl. Erman/ *Ebbing*, BGB, Vor §§ 987-993 Rn. 22.

183 Vgl. Jauernig/ *Berger*, BGB, Vor §§ 987-993 Rn. 12.

184 Dazu bereits bei § 2 E. II.

185 Dazu bereits bei § 2 E. II.

186 Dazu genauer bereits bei § 2 E. II.

187 Vgl. RGZ 137, 206, 210; 163, 348; BGH NJW 52, 257; Soergel/ *Stadler*, BGB, Vor § 987 Rn. 26.

188 Dazu bereits bei § 2 D. III. a.E.

nis zwischen nicht besitzendem Eigentümer und nicht berechtigtem Besitzer auch insoweit, als sich Verwendungsersatzansprüche über Bereicherungsrecht und insbesondere über §§ 951, 812 BGB herleiten lassen. Der Grund dafür ist – anders als beim Verhältnis der Vindikationsfolgen- und Bereicherungsansprüche, die dem Eigentümer gegenüber dem Besitzer zustehen – nicht der Schutz des redlichen Besitzers. Ausschlaggebend ist vielmehr, dass anderenfalls die vom Gesetzgeber geschaffenen Differenzierungen der §§ 994 ff. BGB praktisch aufgehoben und auch die in den §§ 1000 ff. BGB enthaltenen Beschränkungen für die Geltendmachung des Anspruchs ausgeschaltet würden.[189] Dennoch wird teilweise vertreten, dass die durch die Verwendungsvornahme tatbestandlich verwirklichten Bereicherungsansprüche neben die Verwendungsersatzansprüche aus den §§ 994 ff. BGB treten.[190] Die Konsequenz daraus ist, dass auch der bösgläubige Besitzer wenigstens einen Bereicherungsanspruch haben soll. Diese Ansicht kann schon deshalb nicht überzeugen, weil sie dem Regelungszweck des Eigentümer-Besitzer-Verhältnisses zuwider läuft. Aus den Materialien[191] geht die Absicht der Gesetzesverfasser hervor, dem verschärft haftenden Vindikationsgegner jeden Ausgleich für nicht notwendige Verwendungen zu versagen. Dieser Gedanke findet sich darüber hinaus im Normtext des § 996 BGB in dem Wort „nur" wieder.[192] Als Argument gegen die herrschende Meinung wird angeführt, dass der besitzende Verwender wesentlich schlechter steht als der nicht besitzende Verwender.[193] Dieser kann nach dieser Meinung schließlich Verwendungsersatz nach Bereicherungsrecht verlangen, ohne durch die §§ 994 ff. BGB beschränkt zu werden. „Dem ist entgegenzuhalten, dass auch der bereicherungsrechtliche Verwendungsersatzanspruch des Nichtbesitzers nicht selbstverständlich ist, sondern durch ein argumentum a fortiori aus § 996 BGB ausgeschlossen werden könnte"[194], wie es *Gursky* ausdrückt. Auch der häufig zitierte § 951 Abs. 2 S. 1 BGB kann nichts an der Ausschließlichkeit der §§ 994 ff. BGB gegenüber den §§ 951, 812 BGB ändern. Nach § 951 Abs. 2 S. 1 BGB sollen die Vorschriften über den Verwendungsersatz unberührt bleiben. § 951 BGB soll offenbar neben jenen Vorschriften anwendbar sein. „Dieser Norm lässt sich mit Sicherheit allerdings nur entnehmen, dass die Verwendungsersatzansprüche nicht durch die § 951 Abs. 1 BGB verdrängt werden sollten. Die Möglichkeit eines umgekehrten Ausschlusses ist nicht angespro-

189 Dazu bereits bei § 2 D. III. a.E.

190 Vgl. *Pinger*, EBV, S. 110 ff.; MünchKomm/ *Medicus*, BGB, § 996 Rn. 9 ff. (4. Auflage); *Canaris*, JZ 1996, 344, 346 f. Dazu bereits bei § 2 D. III. a.E.

191 Vgl. Protokolle BGB III, S. 352 f.

192 Vgl. Staudinger/ *Gursky*, BGB, Vorbem zu §§ 994-1003 Rn. 43.

193 Vgl. *Medicus/ Petersen*, Bürgerliches Recht, Rn. 897.

194 Staudinger/ *Gursky*, BGB, Vorbem zu §§ 994-1003 Rn. 43.

chen"[195], so *Gursky* zutreffend. Hinzu kommt, dass die Redaktionskommission, die den Hinweis auf die Verwendungskondiktion einfügte, überhaupt nur an Verwendungsersatzansprüche aufgrund eines besonderen Rechtsverhältnisses gedacht hat.[196]

Der Verwendungsbegriff ist allerdings nicht unumstritten. Die herrschende Literatur versteht unter Verwendungen alle Vermögensaufwendungen, die einer bestimmten Sache zugute kommen (so genannter „weiter Verwendungsbegriff").[197] Dabei ist es unerheblich, ob der Wert der Sache gesteigert wird.[198] Die Rechtsprechung und Teile der Literatur wollen den Verwendungsbegriff hingegen eingrenzen. Sie verstehen unter Verwendungen nur solche Maßnahmen, die zum Ziel haben, eine Sache als solche zu erhalten, zu verbessern oder wieder herzustellen, ohne sie jedoch in ihrem Bestand grundlegend zu verändern (so genannter „enger Verwendungsbegriff").[199] So soll der Bau eines Hauses auf einem bis dato unbebauten Grundstück demnach keine Verwendung darstellen.[200]

Umstritten ist, ob die §§ 994 ff. BGB auch dann eine abschließende Sonderregelung bilden, wenn wegen der Anwendung des so genannten „engen Verwendungsbegriffs" ein Anspruch aus den §§ 994 ff. BGB überhaupt nicht besteht. Nach der Rechtsprechung schließen die §§ 994 ff. BGB einen Anspruch aus § 951 Abs. 1 BGB auch in diesen Fällen aus.[201] Es verbleibt dem Anspruchsteller nur das Wegnahmerecht aus § 997 BGB.[202] Hierfür spricht, neben einer drohenden Unterwanderung der fein abgestuften Regelungen in den §§ 994 ff. BGB durch die Anwendung des § 951 BGB, vor allem auch die Interessenlage. Die Anwendbarkeit des § 951 BGB würde dazu führen, dass ein bösgläubiger unrechtmäßiger Besitzer für Maßnahmen, die nicht unter den Ver-

---

195 Staudinger/ *Gursky*, BGB, Vorbem zu §§ 994-1003 Rn. 43; vgl. auch *Beuthien*, JuS 1987, 841, 846.

196 Vgl. *Mugdan*, Materialien III, S. 648.

197 Vgl. Soergel/ *Stadler*, BGB, § 994 Rn. 2; *Michalski*, FS Gitter, 577, 626; *Schmid*, JuS 1988, 289, 291 f.; MünchKomm/ *Baldus*, BGB, § 994 Rn. 6.

198 Vgl. *Hönn*, JA 1988, 529, 531.

199 Vgl. BGHZ 10, 171, 177; 41, 157, 160; 41, 341, 346; BGH WM 1969, 295, 296; OLG Hamm NJW-RR 1997, 847, 848; RGRK/ *Pikart*, BGB, § 994 Rn. 26; *Eichler*, JuS 1969, 480; *Waltjen*, AcP 175, 109, 135 ff.

200 Vgl. BGH NJW 1996, 52.

201 Vgl. BGH NJW 1996, 52.

202 Vgl. BGHZ 41, 157, 163 f. Dadurch erreicht der BGH den optimalen Schutz der Dispositionsfreiheit des Eigentümers. Mit dem Zuerkennen lediglich eines Wegnahmerechts aus § 997 BGB – „dessen Wertlosigkeit typisch für derlei Konstellationen ist", wie *Gursky* treffend formuliert (Staudinger/ *Gursky*, BGB, Vorbem zu §§ 994-1003 Rn. 7) – ist dem Besitzer allerdings nicht geholfen. Er bleibt im Ergebnis auf seinen Kosten „sitzen".

wendungsbegriff fallen, Ersatz verlangen könnte. Somit stünde der bösgläubige Besitzer bei völliger Umgestaltung des Eigentums besser dar, als bei weniger gravierenden Maßnahmen, die man als Verwendungen ansieht.[203] Hier kann er nämlich nur unter den engen Voraussetzungen der §§ 994 ff. BGB Ersatz verlangen. Demgegenüber wollen Teile der Literatur den §§ 994 ff. BGB nur im Rahmen des von ihr für das Eigentümer-Besitzer-Verhältnis befürworteten engen Verwendungsbegriffs eine Ausschlussfunktion zubilligen.[204] Danach stehen dem Besitzer für Aufwendungen, die keine Verwendungen im engeren Sinne sind, Ansprüche auf Wertersatz nach den §§ 951, 812, 818 Abs. 2 BGB zu. Die Vertreter dieser Ansicht führen an, dass die §§ 812 ff. BGB durch die §§ 994 ff. BGB nur dann ausgeschlossen werden können, wenn überhaupt eine Verwendung vorliegt. Ansonsten soll sich hiernach die Frage nach der Konkurrenz zwischen Eigentümer-Besitzer-Verhältnis und Bereicherungsrecht überhaupt nicht stellen. Eine überschießende Exklusivität soll es hiernach nicht geben.[205]

Die Frage, ob denn unter Zugrundelegung des „engen Verwendungsbegriffes“ die §§ 951, 812 BGB durch die §§ 994 ff. BGB ausgeschlossen werden, entbehrt dann einer Antwort, wenn die Annahme dieses Verwendungsbegriffes der falsche Weg ist und stattdessen der von der herrschenden Literatur favorisierte „weite Verwendungsbegriff“ Anwendung finden soll. Für die Befürworter des „engen Verwendungsbegriffes“ liegt schon nach dem Sprachgebrauch keine Verwendung vor, wenn durch eine Maßnahme eine Sache grundlegend verändert wird.[206] Die Berufung auf den Sprachgebrauch kann jedoch nicht überzeugen. Der Ausdruck „Verwendungen machen“ ist ausschließlich juristischer Natur.[207] Weiterhin führen die Verfechter des „engen Verwendungsbegriffes“ an, dass ein anderes Verständnis des Verwendungsbegriffes den Eigentümer über Gebühr beanspruchen würde. Der „enge Verwendungsbegriff“ soll also die Belastung des Eigentümers mit einer Vergütungspflicht für die ihm aufgedrängte Bereicherung verhindern. Auch dieses Argument vermag nicht zu überzeugen. Hiergegen kann hervorgebracht werden, dass andernfalls der redliche und unverklagte Besitzer „leer ausginge“. Sein wirtschaftliches Risiko ist genau so groß. Zu bedenken ist ferner, dass ein Verwendungsersatzanspruch nur entsteht, wenn der Eigentümer die Sache wieder erlangt oder die Verwendung genehmigt (§ 1001 S. 1 BGB). Verwendungen verschaffen dem Besitzer zunächst einmal nur ein Abwehrrecht gegen den Herausgabeanspruch des Eigentümers. Ersetzt der Eigentümer die Verwendungen nicht, erhält er die Sache nicht zurück. Es

203 Vgl. Staudinger/ *Gursky*, BGB, Vorbem zu §§ 994-1003 Rn. 7.
204 Vgl. *Klauser*, NJW 1965, 513, 514.
205 Vgl. *Wieling*, Sachenrecht, S. 184 f.
206 Vgl. BGHZ 10, 171, 178.
207 Vgl. Staudinger/ *Gursky*, BGB, Vorbem zu §§ 994-1003 Rn. 8.

kann also sein, dass der Eigentümer die Sache wirtschaftlich verliert. Theoretisch ist es sogar denkbar, dass der gutgläubige, unverklagte Besitzer die Sache zerstört, ohne dass der Eigentümer hierfür Ersatz verlangen könnte. Dann aber ist es nur konsequent, dem redlichen und unverklagten Besitzer Ersatz für die getätigten Verwendungen zuzusprechen. Diese Gefährdung des Eigentums durch den redlichen Besitzer ist charakteristisch für das Wesen des Eigentümer-Besitzer-Verhältnisses. Hinzu kommt, dass sich bereits aus den Motiven keine Anhaltspunkte für eine restriktive Auslegung des Verwendungsbegriffes ergeben. Es war für die Verfasser des Bürgerlichen Gesetzbuches selbstverständlich, dass auch eine Gebäudeerrichtung eine Verwendungsvornahme bedeutet.[208] Daher ist der „weiten Verwendungsbegriffstheorie" zu folgen. Die §§ 994 ff. BGB bilden bezüglich der §§ 951, 812 BGB eine abschließende Sonderregelung. Der Streit, ob dies auch dann gilt, wenn der „enge Verwendungsbegriff" zugrunde gelegt wird, braucht daher nicht entschieden zu werden.

Äußerst umstritten ist auch das Verhältnis zwischen Verwendungsersatz und Leistungskondiktion. Das kommt daher, dass sich Maßnahmen des Besitzers mitunter auch als Leistung an den Eigentümer im Sinne von § 812 Abs. 1 S. 1 Variante 1 BGB darstellen. Dies liegt etwa dann vor, wenn der besitzende Werkunternehmer bei unwirksamem Vertrag – also rechtsgrundlos – die Reparaturleistung an den Eigentümer erbringt.[209] Darum wird teilweise vertreten, die Leistungskondiktion neben den §§ 994 ff. BGB zuzulassen.[210] Dieser Meinung kann nicht gefolgt werden. Sie übersieht, dass der Besitz für die Frage der Rückabwicklung der nur vermeintlich geschuldeten Leistung in diesem Fall nur ein ganz zufälliger Umstand ist, der die Interessenlage in keiner Weise beeinflusst.[211] Im Gegensatz zur Konstellation im Ausgangsfall weiß der Besitzer, dass er für den Eigentümer bzw. Hersteller handelt. Der Eigentümer bzw. Hersteller steuert trotz Unwirksamkeit des Vertrages den Verwendungsvorgang selbst. Darum ist in diesem Fall die richtige Abwicklungsform die Leistungskondiktion. Sollte man an dieser Stelle anderer Meinung sein und die §§ 994 ff. BGB in derartigen Fällen dennoch für passend erachten, dann muss man wenigstens ein Zurücktreten dieses Normenkomplexes hinter die Regelung der Leistungskondiktion auf Konkurrenzebene annehmen, da andernfalls sowohl § 814 BGB durch einen Verwendungsersatzanspruch nach § 994 Abs. 2 BGB umgangen wird, als auch das Wegnahmerecht nach § 997 BGB die bereicherungsrechtliche Rückabwicklung stören würde.

---

208 Vgl. Protokolle BGB III, S. 353; vgl. dazu *Wolf*, AcP 166, 188, 195.

209 Vgl. Soergel/ *Stadler*, BGB, Vor § 994 Rn. 18.

210 Vgl. *Medicus/ Petersen*, Bürgerliches Recht, Rn. 894.

211 Vgl. Staudinger/ *Gursky*, BGB, Vorbem zu §§ 994-1003 Rn. 45.

§ 3 Verstehen des Bereicherungsrechts als Grundvoraussetzung für die Lösung des Ausgangsfalles

A. Zur Entstehungsgeschichte des Bereicherungsrechts

Die Geschichte des Bereicherungsrechts reicht bis in das römische Recht zurück.[212] „Das römische Recht entwickelte aus einer begrenzten Urform der klassischen Zeit, ein detailliertes System von Kondiktionen mit den Hauptformen condictio indebiti, causa data causa non secuta, causa finita, ob turpem vel iniustam und der subsidiären condictio sine causa“ [213], wie *Westermann* richtigerweise zusammenfasst. Aus einer Zeit, in der die condictio noch als einheitliche Klage angesehen wurde,[214] bildeten sich also im Wesentlichen die Vorläufer der heutigen Leistungskondiktionen heraus. Daneben wurden schrittweise als kondiktionswürdig angesehene Einzeltatbestände entwickelt. Neben die Leistungskondiktionen traten vereinzelnd „Eingriffskondiktionen“, wie die condictio furtiva für Diebstahlsfälle.[215] Eine allgemeingültige Haftung wegen einer in „sonstiger Weise“ eingetretenen Vermögensmehrung war dem römischen Recht jedoch fremd, so dass es keine Kondiktionen gab, die mit den heutigen Nichtleistungskondiktionen vergleichbar wären.[216]

Die condictio war eine Prozessart und sie verlangte, dass der Kläger vor förmlicher Klageerhebung eine dreißigtägige Schonfrist zur freiwilligen Erfüllung des Anspruchs gesetzt hatte. Erst nach deren fruchtlosem Ablauf sollten die Kontrahenten zur Richterbestellung vor dem Prätor zusammen treffen.[217] In diesem Zusammenhang verweist *Martinek* darum zu Recht darauf, „dass „Kondizieren“ ursprünglich „Terminansagen“ bedeutete“[218]. Der Kläger musste nicht substantiiert zum Klagegrund vortragen. Vielmehr war es ausreichend, wenn er einen Anspruch auf eine bestimmte Geldsumme behauptete.[219] Charakteristisch

212 Vgl. *Deutsch*, VersR 1996, 1309; *Kaser*, Römisches Privatrecht Bd. 1, S. 592 ff.; Bd. 2, S. 421 ff.

213 Erman/ *Westermann*, BGB (12. Auflage), Vor § 812 Rn. 4.

214 Vgl. *Kaser/ Knütel*, Römisches Privatrecht, § 48 Rn. 5.

215 Vgl. *Reuter/ Martinek*, Ungerechtfertigte Bereicherung, S. 7.

216 Vgl. Erman/ *Westermann*, BGB (12. Auflage), Vor § 812 Rn. 4.

217 Vgl. *Reuter/ Martinek*, Ungerechtfertigte Bereicherung, S. 6.

218 *Reuter/ Martinek*, Ungerechtfertigte Bereicherung, S. 6.

219 Vgl. *Reuter/ Martinek*, Ungerechtfertigte Bereicherung, S. 6.

für die condictio als Klage war also schon zu dieser Zeit ihre Abstraktheit. Dazu passt es auch, dass der Inhalt des Kondiktionsanspruches bereits damals auf Rückforderung der ohne Grund zu Eigentum übertragenen Sache ging.[220] In diesem Fall versagte die rei vindicatio (Herausgabeanspruch des Eigentümers), die immer nur dann einschlägig war, wenn der Empfänger noch nicht Eigentümer des Vermögenswertes geworden war.[221] „Diese Lücke füllten die condictiones aus"[222], wie *Loewenheim* richtig feststellt. Dieser bloße Rückforderungsanspruch entwickelte sich immer weiter fort bis schließlich auch Kondiktionen für Vermögensverschiebungen ohne Eigentumsübertragungen gewährt wurden, weshalb beispielsweise auch Wertersatz für Dienstleistungen gefordert werden konnte.[223]

Darauf aufbauend leitete *Savigny* später die Trennung von Verpflichtungs- und Verfügungsgeschäft ab,[224] die dem Bereicherungsrecht besondere Aufgaben beschert hat.[225] Dabei ging er von der Prämisse aus, dass die ungerechtfertigte Bereicherung einen einheitlichen Grundtatbestand darstellt. Aus diesem Grundtatbestand würden sich alle einzelnen Bereicherungsansprüche ableiten lassen.[226] *Savigny's* Konzeption zum Bereicherungsrecht ähnelte dem heutigen Verständnis vom Bereicherungsrecht schon sehr stark. Auch für ihn war die ungerechtfertigte Bereicherung sowohl durch eine Vermögensverschiebung zwischen den Parteien, als auch durch den Mangel des rechtlichen Grundes für die Vermögensverschiebung gekennzeichnet.[227]

Bei der Umsetzung von *Savigny's* Idee ins Bürgerliche Gesetzbuch taten sich die Gesetzesväter jedoch nicht leicht. Sie hatten sich zwischen einer bereicherungsrechtlichen Generalklausel und zahlreichen Einzeltatbeständen zu ent-

---

220 Vgl. *Reuter/ Martinek*, Ungerechtfertigte Bereicherung, S. 6 f.

221 Vgl. *Loewenheim*, Bereicherungsrecht, S. 3.

222 *Loewenheim*, Bereicherungsrecht, S. 3.

223 Vgl. *Loewenheim*, Bereicherungsrecht, S. 4.

224 *Savigny*, System des heutigen römischen Rechts Bd. 5, S. 503 ff. Zum Einfluss *Savigny's* auf die Rechtswissenschaft in Deutschland insgesamt siehe *Rückert*, JuS 1991, 624 ff.

225 Dazu genauer insbesondere bei § 3 D.

226 Vgl. *Loewenheim*, Bereicherungsrecht, S. 5.

227 *Savigny*, System des heutigen römischen Rechts Bd. 5, S. 526. Dort heißt es: „Es kommt nämlich darauf an, daß dem Übergang eines Rechtes aus einem Vermögen in ein anderes die causa entzogen sey, oder stets gefehlt habe; so ist es bey dem Darlehen nach der Kündigung, oder bey dem irrig bezahlten indebitum. Anders bey einem wohlfeilen Kauf, wobey zwar auch der Käufer auf Kosten des Verkäufers bereichert wird, jedoch ohne daß irgend ein Mangel in der causa wahrzunehmen ist, indem der hier obwaltende Irrtum gar nicht die causa, d.h. den Rechtsgrund der Veränderung betrifft, sondern nur die materielle Werthschätzung, die ganz außer dem Rechtsgebiet liegt.".

scheiden.[228] Die Gesetzesväter orientierten sich schließlich am nachklassischen römischen System einzelner Kondiktionstypen.[229] Bereits im ersten Entwurf zum Bürgerlichen Gesetzbuch unterschied man die speziellen Kondiktionsarten condictio indebiti, condictio ob rem, condictio ob causam finitam und die condictio ob turpem vel iniustam causam. Die condictio sine causa stellte einen Auffangtatbestand dar, der die nicht geregelten Fälle der rechtsgrundlosen Vermögensverschiebung erfassen sollte.[230] Der Übersichtlichkeit wegen stellten die Gesetzesverfasser im zweiten Entwurf zum Bürgerlichen Gesetzbuch den Auffangtatbestand der condictio sine causa den bereicherungsrechtlichen Vorschriften voran.[231] Zudem fanden die Kondiktionsarten, denen enorme Wichtigkeit zugesprochen wurde – wie die condictio ob causam finitam und die condictio causa data causa non secuta – ausdrückliche Erwähnung im Gesetz.[232] Damit findet sich im Bürgerlichen Gesetzbuch eine Mischung aus Grundtatbestand und Einzeltatbeständen wieder.

---

228 Aus den Motiven geht eindeutig hervor, worauf die Bereicherungsvorschriften im ersten Entwurf zum BGB beruhten. Dort heißt es: „Der Entwurf (§§ 737-748) stellt die Grundsätze über die Kondiktionen wesentlich im Anschlusse an die heutzutage herrschende und als richtig anzuerkennende Anschauung auf, wonach die Kondiktionen persönliche Ansprüche auf Rückgängigmachung desjenigen an sich nach den maßgebenden Vorschriften eingetretenen Rechts- und Vermögenserwerbes sind, welcher eines Rechtsgrund entbehrt“ (Motive Band II, S. 829).

229 Vgl. *Loewenheim*, Bereicherungsrecht, S. 6.

230 In den Motiven zum BGB heißt es: „Der Mangel des rechtfertigenden Grundes ist aber auf verschiedene rechtlich relevante Umstände zurückzuführen, welche die Wirksamkeit der eingetretenen Rechts- und Vermögensänderung derart affizieren, daß deren Wiederaufhebung verlangt werden kann. Auf der Verschiedenheit jener Umstände beruht die im Entwurfe enthaltene Klassifizierung der Kondiktionen“ (Motive Band II, S. 829).

231 Damit schloss sich die zweite Kommission einem (Gegen)Entwurf *Otto von Gierke's* (Entwurf eines BGB, S. 272 ff.) an. In den Protokollen zum BGB heißt es: „Die Kom. beschloß zunächst, den Gegenentw. der Berathung zu Grunde zu legen; Sie erwog: …; dagegen mache der Gegenentwurf … die ergänzende Vorschrift des § 748 Abs. 1 zum alleinigen Grundsatze. Die Vorschriften gewännen hierdurch wesentlich an Uebersichtlichkeit und Klarheit; auch schematisch sei es richtiger, das allgemeine, die ganze Lehre beherrschende Prinzip an die Spitze zu stellen und verdiene dies jedenfalls vom Standpunkte der Gesetzgebungstechnik den Vorzug, zumal hierdurch die Möglichkeit geschaffen werde, die gerade in diesem Titel häufig wiederkehrenden Verweisungen einer Gesetzesstelle auf die andere zu vermeiden“ (*Mugdan*, Materialien II, S. 1170).

232 Vgl. *Mugdan*, Materialien II, S. 1174.

B. Charakteristik des Bereicherungsrechts

Die Regelungen des Bereicherungsrechts sind extrem knapp und abstrakt formuliert. Zu diesem Normenkomplex wurde so viel geschrieben und gestritten, wie zu keinem anderen im Bürgerlichen Gesetzbuch. Das liegt daran, dass sehr viele Konstellationen mittels einiger weniger Normen gelöst werden müssen und diese deshalb sehr abstrakt formuliert sind. Das aber führt auch zu einer Abstraktion von der sozialen Wirklichkeit. Bereits an dieser Stelle zeigt sich eine Gemeinsamkeit zum Eigentümer-Besitzer-Verhältnis. Auch dort wurde wegen der ausdrücklichen und ausschließlich an die Trennung von Eigentum und Besitz anknüpfenden §§ 985-1003 BGB von der Wirklichkeit stark abstrahiert, so dass sich viele Berührungspunkte mit anderen Anspruchsgrundlagen auftun konnten. Zum Zwecke der richtigen Anwendung dieser wenigen bereicherungsrechtlichen Vorschriften wurden die unterschiedlichsten Theorien auf teilweise sehr hohem Abstraktionsniveau entwickelt. Diese Theorien haben jedoch leider nur stellenweise zur Aufklärung beigetragen, stattdessen aber vielfach zur Verwirrung bei der Rechtsanwendung geführt. Darum wird mitunter schon von einer Krise des Bereicherungsrechts gesprochen.[233] Aus diesem Grund verfolgen heutzutage viele Theorien zu den Regelungen der § 812 ff. BGB das Ziel, zu einer unverfälschten Auffassung zurückzukehren.

Im Zentrum der Diskussionen rund um das Bereicherungsrecht steht nach wie vor der Streit zwischen der so genannten „Einheitslehre" und der so genannten „Trennungslehre". Im Kern geht es dabei um die Frage, ob § 812 Abs. 1 S. 1 BGB nur einen einzigen einheitlichen Grundtatbestand (Einheitstheorie) enthält oder in die Leistungskondiktion und die Nichtleistungskondiktion zerfällt (Trennungstheorie). Ausgangspunkt der Kontroverse ist dabei das unterschiedliche Verständnis des Wortlauts des § 812 Abs. 1 BGB. Die Befürworter der Einheitstheorie gehen davon aus, dass sich das Merkmal „auf Kosten" (des Gläubigers) auf beide zuvor genannte Tatbestandsmerkmale bezieht, mithin auf das Erlangen „durch Leistung eines anderen" und das Erlangen „in sonstiger Weise".[234] Die Befürworter der Trennungstheorie bestimmen Gläubiger und Schuldner der Leistungskondiktion ausschließlich mit dem Leistungsbegriff,[235] weshalb das

233 Vgl. Bamberger/ Roth/ *Wendehorst*, BeckOK BGB, 01.03.2011, § 812 Rn. 6. In Bezug auf die vielen abstrakten Theorien bringt *Wendehorst* die Gemütslage in Theorie und Praxis auf den Punkt: „Sie haben zu verbreiteter Ermüdung und Verunsicherung … geführt, so dass … von einer Krise des Bereicherungsrechts gesprochen werden kann."

234 Vgl. *Giesen*, Jura 1995, 169.

235 Vgl. *Giesen*, Jura 1995, 169; *Loewenheim*, Bereicherungsrecht, S. 17 f., 24, 32.

Tatbestandsmerkmal „auf dessen Kosten“ für die Leistungskondiktion keine Rolle mehr spielt.[236]

Ursprünglich herrschte die so genannte „Einheitstheorie“ vor. Nach dieser Theorie normiert der Gesetzeswortlaut des § 812 Abs. 1 S. 1 BGB einen unmittelbar subsumtionsfähigen „allgemeinen Bereicherungsanspruch“, bei dem ein Tatbestandsmerkmal alternativ bestimmt wird[237] und es nur auf das „ungerechtfertigte Haben der Bereicherung auf Kosten eines anderen“ ankommt.[238] Im Ergebnis lag für die Vertreter dieser traditionellen Bereicherungslehre immer dann ein Anspruch aus § 812 Abs. 1 S. 1 BGB vor, wenn zwischen dem Entreicherten und dem Bereicherten eine rechtsgrundlose und unmittelbare Vermögensverschiebung gegeben war. Sie sahen in § 812 Abs. 1 S. 1 BGB darum einen einheitlichen Bereicherungstatbestand, mit dem alle Fallgruppen gelöst werden sollten. Später wurde nicht mehr die rechtsgrundlose Vermögensverschiebung, sondern die widerrechtliche Handlung, die allein einen Kondiktionsanspruch begründen sollte, in den Mittelpunkt gerückt.[239] An der Einheitstheorie wurde gleichwohl festgehalten.

Die Abkehr von der Einheitstheorie geht im Wesentlichen auf die Werke *Wilburgs*[240] und *v. Caemmerers*[241] zurück. Sie begründeten die so genannte

236 Vgl. *Loewenheim*, Bereicherungsrecht, S. 18.

237 Vgl. *Jung*, Die Bereicherungsansprüche und der Mangel des rechtlichen Grundes, S. 127 f. *Jung* stellt die Gemeinsamkeiten und die Unterschiede von Leistungs- und Nichtleistungskondiktion heraus und zieht daraus den Schluss, dass es sich zwar um einen einheitlichen bereicherungsrechtlichen Tatbestand handelt, der aber in unterschiedliche Alternativen einzuteilen ist: „Das Wesentliche haben demnach die beiden Hauptarten von Bereicherungsthatbeständen gemeinsam, nämlich daß eine Vermögensverschiebung erfolgt ist, der es an der rechtlichen Unterlage in den Beziehungen der beiden bestimmten Beteiligten, der es an der obligatorischen Unterlage fehlt; bei der ersten Gruppe in der Weise daß ein Leistungswille, d. i. ein Wille, einer bestimmten Person gegenüber eine rechtliche Veränderung vorzunehmen, überhaupt nicht vorlag, während bei der zweiten Gruppe der dahin gerichtete Wille seinen Zweck nicht erreichte. Diese Verschiedenheit der beiden Hauptarten ist eine recht bedeutsame, die schon um deswillen die Bildung getrennter gesetzlicher Thatbestände angezeigt erscheinen ließe, weil, wie Windscheid sagt, bei der zweiten Gruppe, „durch Leistung“, „davon auszugehen ist, daß die Bereicherung eine gerechtfertigte ist“ und besondere Umstände erst sie als eine grundlose erscheinen lassen was bei den nicht auf Leistung des Benachteiligten beruhenden Bereicherungsthatbeständen umgekehrt ist“ (S. 127 f.).

238 Vgl. *Stolte*, JZ 1990, 220, 221.

239 Vgl. *Schulz*, AcP 105, 1 ff.

240 *Wilburg*, Ungerechtfertigte Bereicherung, S. 112 ff. *Wilburg* unterteilte die Bereicherungsfälle in die Bereicherung durch Leistung und in die Bereicherung in sonstiger Weise. Für ihn bestand zwischen diesen beiden Kategorien eine „vollkommene Ver-

„Trennungstheorie“ und schufen damit die Grundlagen der modernen Bereicherungslehre. Danach zerfällt § 812 Abs. 1 S. 1 BGB in die Leistungskondiktion und die Nichtleistungskondiktion. Die Vertreter der Trennungstheorie gehen davon aus, dass es sich bei Leistungs- und Nichtleistungskondiktionen um zwei gänzlich verschiedene Kondiktionstypen handele,[242] während die Vertreter der Einheitstheorie die Gemeinsamkeiten beider Kondiktionen betonen.[243]

Zentraler Begriff der Leistungskondiktion ist die Leistung. Mit seiner Anwendung kann die Leistungskondiktion von der Nichtleistungskondiktion abgegrenzt werden. Die ganz herrschende Meinung versteht unter dem Begriff der Leistung die bewusste und zweckgerichtete Mehrung fremden Vermögens.[244] Lediglich vereinzelt wird der Leistungsbegriff anders verstanden. So meint *Harder*, dass die bewusste und zweckgerichtete Mehrung fremden Vermögens eine Ansammlung von „unwahren Elementen“ sei und der bereicherungsrechtliche Leistungsbegriff ein „Gespenst“ darstelle, das im Zivilrecht umgehe.[245] *Kupisch* ist der Ansicht, „der moderne Leistungsbegriff als Basis eines Systems der Leistungskondiktion sei von Grund auf verfehlt“ und es gelte, von diesem Konzept „radikal Abschied zu nehmen, um der methodischen Klarheit wie der Sachgerechtigkeit willen, was… beides nicht zu trennen ist“[246]. *Kupisch* ist der Ansicht, dass insbesondere das Merkmal der Zweckbestimmung von der herrschenden Ansicht über Gebühr betont werde. Daher will *Kupisch* die „Leistung“ ausschließlich wieder im Sinne eines realen Zuwendungsaktes verstanden wissen.[247] Die hauptsächlich in Drei-Personen-Verhältnissen auftretenden Probleme können allerdings mit dem nach dieser Ansicht gefassten „zweckfreien“ Leistungsbegriff nicht gelöst werden – und zwar aus dogmatischen[248] Gründen. Die

---

schiedenheit der Grundlagen, die zu verwischen das Ende jeder Klarheit bedeuten würde“ (S. 113).

241 *Von Caemmerer*, FS Rabel, S. 333 ff. *Von Caemmerer* ordnet die Leistungskondiktion dem Recht der Güterbewegung zu, die Ansprüche wegen Bereicherung in sonstiger Weise dagegen dem Recht des Güterschutzes (S. 353).

242 Vgl. *Giesen*, Jura 1995, 169; Palandt/ *Sprau*, BGB, Einf v § 812 Rn. 2.

243 Vgl. *Pinger*, AcP 179, 301, 314 ff.

244 Vgl. BGHZ 58, 184, 188; BGH NJW 2004, 1169; Palandt/ *Sprau*, § 812 Rn. 14.

245 *Harder*, JuS 1979, 76, 78.

246 *Kupisch*, Bereicherungsrecht, S. 12.

247 *Kupisch*, FG *von Lübtow*, S. 501 ff.

248 Besonders anschaulich ist erstaunlicherweise *Kupisch's* Definition der Dogmatik (*Kupisch*, FG *von Lübtow*, S. 501, 502). Er versteht darunter „… die Bemühungen, mit deren Hilfe auf der Basis einer konkreten Normenordnung die rechtliche, also die generalisierende Entscheidung einer Fallkonstellation nach Tatbestand und Rechtsfolge begrifflich eingeordnet und damit für die Anwendung auf gleich gelagerte Fälle und Folgeprobleme verfügbar, praktikabel gemacht wird.“ *Kupisch* ergänzt seine Definition wie

§§ 812 Abs. 1 S. 2 Alt. 2, 813, 814, 815 BGB legen den Zusammenhang zwischen Leistung und Leistungszweck nahe.[249] Die von dieser Ansicht angenommene Trennung von Leistung und Leistungszweck kann schon deshalb nicht überzeugen. Der moderne Leistungsbegriff ermöglicht außerdem die exakte Bestimmung der Parteien des Kondiktionsschuldverhältnisses, indem die Leistungskondiktion als Rückabwicklung im Leistungsverhältnis verstanden wird.[250] Schlussendlich wird durch den modernen Leistungsbegriff auch die Beachtung des im Gesetz selbst nicht enthaltenen Merkmals der „Unmittelbarkeit der Vermögensverschiebung“ überflüssig.[251]

Ob allerdings allein mit dem Begriff der Leistung die Lehre der Leistungskondiktion vollumfänglich beschrieben werden kann, muss bezweifelt werden. In diesem Zusammenhang ist insbesondere fraglich, ob allein mit Hilfe des Leistungsbegriffes diverse Drei-Personen-Konstellationen einer sachgerechten Lösung zugeführt werden können.[252] Vor allem *Canaris* hat sich im Rahmen dieser Diskussion in den letzten Jahrzehnten besonders hervorgetan. Er beanstandet vornehmlich das bloße Stützen auf die Begrifflichkeit „Leistung“. Nach seiner Ansicht folge aus dem Leistungsbegriff als solchem keinerlei teleologischer Gesichtspunkt, der aber für die Lösung von Drei-Personen-Verhältnissen zwingend notwendig sei.[253] Deshalb will er verschiedene Wertungskriterien berücksichtigen, die ihren Ursprung außerhalb des Leistungsbegriffes haben. Zentrale Elemente sind nach seiner Ansicht der Gedanke der Risikozurechnung und der Grundsatz des Verkehrs- und Vertrauensschutzes.[254]

Dass sich eine sachgerechte Lösung allein mit Hilfe der herkömmlichen Definition des Leistungsbegriffes nicht immer erzielen lässt, zeigen bereits die Fälle der so genannten „defekten Anweisung“. Dabei spielt es keine Rolle, ob die Anweisung überhaupt nicht stattgefunden hat oder nur fehlerhaft war. Es bedarf in derartigen Fällen immer der Berücksichtigung bestimmter Kriterien, die der

---

folgt: „So verstanden ist Dogmatiker per excellence der Gesetzgeber. Spätestens an dieser Stelle wird die eminente rechtspolitische Bedeutung der Dogmatik ersichtlich. Dogmatik dient wie das Gesetz der Rechtsstabilisierung und der Rechtskontinuität und damit, grob gesprochen, der Abwehr von Kadijustiz. Dies gilt unbeschadet der Einsicht, dass Dogmatik so wenig wie das Gesetz dem Wandel der Zeiten entzogen ist Zeit.“

249 Vgl. *Kamionka*, JuS 1992, 929, 934.

250 Vgl. *Medicus/ Petersen*, Bürgerliches Recht, Rn. 666; *Kamionka*, JuS 1992, 845, 847.

251 Vgl. *Kamionka*, JuS 1992, 845, 848. Damit ist nichts anderes gemeint, als dass die Vermögensverschiebung nicht durch einen „Umweg“ erlangt worden sein darf.

252 Hauptkritiker in diesem Zusammenhang ist *Canaris*, der mit Hilfe von Wertungskriterien diesen „Missstand“ beheben möchte. Dazu genauer in diesem Abschnitt weiter unten.

253 *Canaris*, WM 1980, 354, 367 ff.

254 *Canaris*, FS Larenz I, S. 799, 814 ff., 859 ff.

Leistungsbegriff als solcher nicht hergibt. Weist beispielsweise ein Bankkunde seine Bank an, an einen Geschäftspartner einen bestimmten Betrag zu überweisen und widerruft diese Anweisung wirksam, dann stellt sich die Frage, wie rückabzuwickeln ist, wenn die Bank aus Versehen dennoch den Betrag überweist. Es ist also danach zu fragen, ob der Bankkunde seine Bank in Anspruch nehmen kann und diese den Geschäftspartner (so genannte „Rückabwicklung übers Eck") oder ob der Bankkunde sich an seinen Geschäftspartner halten muss. Allein mit der Anwendung des Leistungsbegriffs ist dieser Fall nicht zu lösen. Auch wenn darunter die bewusste und zweckgerichtete Mehrung fremden Vermögens verstanden wird[255] und es dabei grundsätzlich auf die Sichtweise des Leistungsempfängers ankommt,[256] bleibt zunächst ungeklärt, unter welchen Voraussetzungen der Empfänger den Erhalt der Sache bzw. in diesem Fall die Gutschrift des Geldbetrags als Leistung verstehen durfte. Für *Canaris*[257] und andere Vertreter des Schrifttums[258] ist entscheidend, ob der Anweisende einen Rechtsschein gesetzt hat. Dieser soll in derartigen Fällen immer dann vorliegen, wenn der Anweisende zunächst den gesamten Vorgang mit einer wirksamen Anweisung veranlasst bzw. in Gang und damit den entsprechenden Rechtsschein gesetzt hat und der Empfänger im Hinblick auf die Zahlung und deren Tilgungswirkung gutgläubig war. Liegen diese Voraussetzungen vor, dann müssen sich die Beteiligten so behandeln lassen, als wäre die Bank bei der Überweisung mit wirksamer Botenmacht gegenüber dem Dritten aufgetreten und hätte demnach die Zahlung auch mit Tilgungswirkung für den Kunden erbracht. Dann liegt eine Leistung des Kunden gegenüber dem Geschäftspartner vor. Der Kunde kann dann nur innerhalb dieser Leistungsbeziehung abwickeln. Die Bank hingegen kann in diesem Fall nicht gegen den Empfänger vorgehen.[259] Im Gegensatz zu *Canaris*, der den Gedanken der Risikozurechnung und den Grundsatz des Verkehrs- und Vertrauensschutzes als die bindenden Wertungskriterien bestimmt, will sich insbesondere die Rechtsprechung nicht auf bestimmte Wertungskriterien festlegen, obwohl auch den Entscheidungen des BGH gewisse – wenngleich im Einzelfall mitunter schwer erkennbare – Prinzipien zugrunde liegen. Der

---

255 Vgl. BGHZ 58, 184, 188; BGH NJW 2004, 1169; Palandt/ *Sprau*, § 812 Rn. 14.

256 Vgl. Palandt/ *Sprau*, BGB, § 812 Rn. 14.

257 *Larenz*/ *Canaris*, Schuldrecht Bd. II 2, S. 249 f. Dort heißt es: „Es ist somit zwischen solchen Mängeln zu unterscheiden, die durch die Vorschriften über den Rechtsscheinsschutz überwunden werden können und solchen, bei denen das nicht möglich ist; letztere werden hier Zurechenbarkeitsmängel genannt, erstere Gültigkeitsmängel" (S. 250).

258 Vgl. Palandt/ *Sprau*, BGB, § 812 Rn. 52; Erman/ *Buck-Heeb*, BGB, § 812 Rn. 14; *Medicus*/ *Petersen*, Bürgerliches Recht, Rn. 676.

259 Vgl. Palandt/ *Sprau*, BGB, § 812 Rn. 52; Erman/ *Buck-Heeb*, BGB, § 812 Rn. 14.

BGH, der Fälle wie diesen[260] schon mehrfach vorliegen hatte, verweigert also beharrlich eine allgemeinverbindliche Aussage zu den Wertungskriterien. Stattdessen heißt es in den Urteilen zur Abwicklung der Drei-Personen-Verhältnisse wörtlich:

> „Bei den bereicherungsrechtlichen Vorgängen, an denen mehr als zwei Personen beteiligt sind, verbietet sich jede schematische Lösung. Vielmehr sind in erster Linie die Besonderheiten des einzelnen Falles für die sachgerechte bereicherungsrechtliche Abwicklung zu beachten."[261]

Es bleibt festzuhalten, dass die herrschende Meinung, die dem Leistungsbegriff eine überragende Bedeutung zuerkennt und die Ansicht von *Canaris* gar nicht so weit voneinander entfernt sind. Zunächst einmal nimmt die herrschende Meinung gar nicht für sich in Anspruch, alle nur erdenklichen Fallkonstellationen allein mit der herkömmlichen Definition des Leistungsbegriffes lösen zu können.[262] Auch die herrschende Meinung berücksichtigt Wertungskriterien, was dazu führt, dass beide Ansichten im Wesentlichen zu denselben Ergebnissen gelangen. Bei den meisten anderen Fällen, insbesondere bei den so genannten Drei-Personen-Verhältnissen – jedenfalls dann, wenn es sich um die Fälle mit intakter Anweisung handelt –, lässt sich mit Hilfe des Leistungsbegriffs hinsichtlich des Bereicherungsausgleichs eine sachgerechte und schnelle Lösung finden.[263] Zuzugeben ist, dass das „floskelhaft" vom BGH ausgesprochene Verbot einer schematischen Lösung in Drei-Personen-Verhältnissen unbefriedigend ist. Allein vor dem Hintergrund der Rechtssicherheit wäre es wünschenswert, wenn die Rechtsprechung sich zu bindenden Leitsätzen durchringen könnte. Nichts desto trotz ist auch das mitunter „eisern" wirkende Festhalten am Leistungsbegriff durchaus positiv zu bewerten. Das Bereicherungsrecht mit seinen wenigen Vorschriften, aber unzähligen, mitunter höchst abstrakten Theorien, verlangt mehr als jedes andere Rechtsgebiet nach „Eckpfeilern". Diesem Be-

---

260 Vgl. BGHZ 89, 376 ff. In der dortigen Konstellation führte die Bank versehentlich einen vom Auftraggeber längst widerrufenen Dauerauftrag aus. Der BGH entschied, dass die Bank keinen unmittelbaren Bereicherungsanspruch gegen den Zahlungsempfänger hat, weil dieser den Widerruf des Dauerauftrags nicht kannte und auch nicht kennen musste.

261 Vgl. BGHZ 105, 365, 368 f.; 88, 232, 235; BGH NJW 1999, 1393, 1394.

262 Dies ergibt sich bereits aus der Ansicht des BGH, wonach sich bei bereicherungsrechtlichen Vorgängen mit mehr als zwei Personen eine schematische Lösung verbietet (dazu in diesem Abschnitt weiter oben). Letzten Endes beurteilen die herrschende Meinung und *Canaris* den Wert des Leistungsbegriffes für die Rechtsordnung, also das, was er aus sich selbst heraus zu leisten imstande ist, unterschiedlich.

263 In derartigen Konstellationen liegt zwar eine wirksame Anweisung vor, es treten jedoch Fehler im Deckungsverhältnis und bzw. oder im Valutaverhältnis auf.

dürfnis nach ein wenig mehr Sicherheit und besserer Orientierung trägt der Leistungsbegriff aber mit Sicherheit Rechnung. Dazu passt auch die Formulierung von *Medicus*, der meint: „Endlich glaube ich nach wie vor, dass die Dogmatik des Bereicherungsrechts derzeit dringend einer gewissen Beständigkeit bedarf.“[264]

Die Vereinfachung des Bereicherungsrechts vor Augen versuchen diverse Literaturansichten[265], in Anlehnung an die früher vertretene so genannte „Einheitslehre“, zu einem einheitlichen Bereicherungstatbestand zu gelangen. Die Vertreter dieser Ansicht wollen „die Verabsolutierung der Unterscheidung zwischen Eingriffs- und Leistungskondiktion zugunsten einer zumindest im Grundsatz einheitlichen Betrachtungsweise überwinden“[266], wie es *Lieb* formuliert. Auch diese Ansichten wenden sich hauptsächlich gegen den von der herrschenden Meinung herausgearbeiteten Leistungsbegriff und gegen den Grundsatz vom Vorrang der Leistungskondiktion. So wird angeführt, dass die Betonung einer einheitlichen ratio des § 812 BGB als eines gemeinsamen Grundsatzes der verschiedenen Kondiktionstypen geeignet erscheint, „Überspitzungen entgegen zu wirken, die sich im Zuge der allzu weit getriebenen Verselbständigung der verschiedenen Kondiktionstypen ergeben haben. Zu denken sei dabei insbesondere an die Übersteigerung des Leistungsbegriffs“[267]. Dieser sei „zur Prämisse bereicherungsrechtlicher Lösungsvorschläge gemacht worden, die er aus sich selbst heraus nicht zu rechtfertigen vermag“[268].

Diese Rückkehr zur so genannten „Einheitstheorie“ kann weder dogmatisch überzeugen, noch folgt aus ihr irgendein praktischer Nutzen. Das Verlangen nach der Feststellung einer gemeinsamen Korrekturfunktion aller Bereicherungstatbestände ist verständlich und bringt den Wunsch nach einem vereinfachten Umgang mit den §§ 812 ff. BGB zum Ausdruck. Die Unterschiedlichkeit der einzelnen Tatbestände zwänge jedoch dazu, diese Einheitsformel äußerst abstrakt zu verstehen. Aus einem derartigen Verständnis können allerdings keine Rechtsfolgen mehr abgeleitet werden. Dann aber macht die Rückkehr zur so ge-

---

264 *Medicus/ Petersen*, Bürgerliches Recht, Rn. 665.

265 Vgl. *Wilhelm*, JuS 1973, 1 ff.; *Kupisch*, FG *von Lübtow*, S. 501, 511 ff.; *ders.*, JZ 1985, 163 ff.; *Flume*, FG BGH, 525, 534 f. Nach *Flume* ist die ungerechtfertigte Bereicherung als eine Rechtsfigur der vermögensorientierten Bereicherung zu begreifen, so dass es bei der Bereicherung durch Leistung oder in sonstiger Weise gleichermaßen um eine Vermögensveränderung gehe, nämlich dass das Vermögen des Bereicherungsschuldners aus dem Vermögen des Bereicherungsgläubigers ungerechtfertigt bereichert ist (S. 534).

266 MünchKomm/ *Lieb*, BGB (4. Auflage), § 812 Rn. 4; Vgl. *Wilhelm*, JuS 1973, 1 ff.; *Pinger*, AcP 179, 301, 312, 314.

267 MünchKomm/ *Lieb*, BGB (4. Auflage), § 812 Rn. 5.

268 MünchKomm/ *Lieb*, BGB (4. Auflage), § 812 Rn. 27.

nannten „Einheitstheorie" keinen Sinn. Es sollte vielmehr auf den Regelungszweck des Bereicherungsrechts abgestellt werden, der in der Korrektur ungerechtfertigten Vermögenserwerbs besteht.[269] Dies ist unstreitig. Dieser Gedanke kann bei der Lösung problematischer Fälle immer Berücksichtigung finden. Warum darüber hinaus mit aller Macht das Bereicherungsrecht auf einen einzigen Grundtatbestand reduziert werden soll – wenn daraus ohnehin nicht mehr Nutzen folgt, als bei der Feststellung des Regelungszwecks dieses Normenkomplexes –, erschließt sich nicht. § 812 BGB kann daher auch nicht als eine umfassende Generalklausel angesehen werden.

Schlussendlich bleibt festzuhalten, dass der Leistungsbegriff als solcher sicher nicht in der Lage ist, die Leistungskondiktion an sich allein aus sich selbst heraus vollumfänglich zu beschreiben. Dennoch gibt der Leistungsbegriff ein Stück Sicherheit. Er dient der Orientierung der sehr knapp und abstrakt formulierten §§ 812 ff. BGB. Insbesondere in den Drei-Personen-Verhältnissen kann mit seiner Hilfe häufig sehr einfach bestimmt werden, zwischen welchen Parteien rückabzuwickeln ist, auch wenn Fallkonstellationen bleiben, die nur mit dem Begriff der Leistung nicht zu lösen sind bzw. bei der es zusätzlicher Kriterien bedarf, mittels derer der Leistungsbegriff „genauer" definiert wird.

Die Nichtleistungskondiktionen stellen die zweite Gruppe bereicherungsrechtlicher Ansprüche dar. Hierunter fallen alle Konstellationen, in denen der Bereicherungsgläubiger „Etwas" nicht durch Leistung erlangt hat, sondern in „sonstiger Weise".[270] In § 818 BGB sind die Rechtsfolgen bzw. der Umfang des Bereicherungsanspruchs geregelt. Dieser Vorschrift liegt das Prinzip zugrunde, dass nur die im Schuldnervermögen noch vorhandene Bereicherung abgeschöpft werden soll.[271] Dadurch wird der Schuldner gegenüber anderen Herausgabeansprüchen, wie z.B. aus §§ 346 ff., 985 BGB besser gestellt. Ebenso wie im Eigentümer-Besitzer-Verhältnis knüpft die Herausgabepflicht aber an ein Haftungsgefälle an. Die Prüfung des Haftungsumfangs erfolgt in der Reihenfolge der Absätze 1-3 des § 818 BGB. Danach entfällt die grundsätzliche Privilegierung beim Vorliegen des Tatbestandes des § 818 Abs. 4 BGB (so genannte „verschärfte Haftung").

269 Dazu genauer bei § 3 D.

270 Dazu genauer bei § 2 C.

271 Vgl. *Kropholler*, BGB, § 818 Rn. 1.

C. Gegenstand und Rechtsnatur der Ansprüche aus §§ 812-822 BGB

Die ungerechtfertigte Bereicherung stellt ein gesetzliches Schuldverhältnis dar.[272] Dieses hat auf der einen Seite eine eigenständige Funktion, indem es Zufallsereignissen einen gesetzlichen Rahmen gibt. Auf der anderen Seite kann es aber auch zur Anwendung kommen, wenn es an einem erwarteten Vertrag fehlt. Es ist also auch nicht völlig losgelöst von den Rechtsgeschäften.[273]

Nach heute herrschender Ansicht wird zwischen der Leistungskondiktion und der Nichtleistungskondiktion unterschieden.[274] Alle Bereicherungsansprüche haben gemeinsam, dass der Bereicherungsschuldner „etwas erlangt" hat.[275] Dabei ist jeder erlangte Vorteil bzw. Gegenstand unabhängig von seinem Vermögenswert herauszugeben.[276] Als Gegenstand des Bereicherungsanspruchs kommen daher dingliche und obligatorische Rechte, die Befreiung von Verbindlichkeiten oder der Besitz in Betracht.[277] Problematisch wird es immer dann, wenn ungegenständliche Vorteile erlangt werden, wie Dienst- oder Werkleistungen. Diese können nicht in Natur herausgegeben werden, weil sie in dem Moment, in dem sie eintreten, gleich wieder aus dem Vermögen des Empfängers verschwinden. Die ganz überwiegende Meinung im Schrifttum qualifiziert die ungegenständliche Leistung selbst als das „erlangte Etwas" und gewährt daher wegen der Unmöglichkeit der Herausgabe Wertersatz nach § 818 Abs. 2 BGB.[278] Die Rechtsprechung hingegen stellt in derartigen Konstellationen – so auch im berühmten „Flugreise-Fall"[279] – auf die möglicherweise ersparten Aufwendungen

---

272 Vgl. *Deutsch*, VersR 1996, 1309.

273 Vgl. BGH NJW 79, 2034, 2036.

274 Dazu genauer bereits bei § 3 B.

275 Vgl. *Kropholler*, BGB, § 812 Rn. 4; *Giesen*, Jura 1995, 234, 237. Beim „erlangten Etwas" handelt es sich demnach um eine Voraussetzung, die für die Leistungskondiktion und die Nichtleistungskondiktion gleichermaßen gilt.

276 Vgl. Palandt/ *Sprau*, BGB, § 812 Rn. 15; BGH NJW 1995, 53, 54.

277 Vgl. *Giesen*, Jura 1995, 169, 171.

278 Vgl. Palandt/ *Sprau,* BGB, § 812 Rn. 28 f.; *Kropholler*, § 812 Rn. 8.

279 BGHZ 55, 128, 135. Dort hatte der BGH angenommen, dass nichtgegenständliche Zuwendungen, wie die Dienstleistung in Form der Beförderung eines „blinden Passagiers", nicht unter den Begriff des „erlangten Etwas" subsumiert werden können. Nach Ansicht des BGH kann der Bereicherungsgegenstand bei der Inanspruchnahme fremder Sachen und Leistungen nur in der Ersparnis von Aufwendungen gesehen werden. Eine Ersparnis von Aufwendungen lag im vorliegenden Fall aber nicht vor, weil der Passagier sich die Reise niemals hätte leisten können. Der BGH überspringt die selbst geschaffene Hürde, indem er § 819 BGB analog anwendet und davon ausgeht, dass es

ab. Damit setzt die Rechtsprechung die Begriffe „Etwas" aus § 812 Abs. 1 S. 1 BGB und „Bereicherung" im Sinne des § 818 BGB gleich. Sie ist der Auffassung, dass wenn der Empfänger einer nichtgegenständlichen Leistung das Empfangene nicht mehr herausgeben könne und wegen des Fehlens ersparter Aufwendungen auch nicht mehr zum Wertersatz nach § 818 Abs. 2 BGB verpflichtet sei, es bereits am Tatbestand des § 812 Abs. 1 S. 1 BGB fehle.[280] Für den Fall, dass der Bereicherungsschuldner das Fehlen des Rechtsgrundes kennt, wendet die Rechtsprechung § 819 BGB analog an. Die Ansicht der Rechtsprechung überzeugt nicht. Das Gesetz wollte offensichtlich zwischen dem „erlangten Etwas" aus § 812 Abs. 1 S. 1 BGB und der später herausgabepflichtigen Bereicherung im Sinne des § 818 BGB unterscheiden. Dafür spricht insbesondere die unterschiedliche Terminologie in den Absätzen 1 und 3 bei § 812 BGB. Hinzu kommt, dass auch die nichtgegenständlichen Dienstleistungen regelmäßig nur gegen eine Vergütung erbracht werden, der Empfänger also durch die erbrachte Dienstleistung selbst in seinem Vermögen entsprechend des jeweiligen Wertes eine Vermehrung erfahren habe.[281] Die Begriffe sollten daher nicht miteinander vermischt werden. Dementsprechend ist auf der Tatbestandsseite zu prüfen, ob „etwas erlangt" wurde, auf Rechtsfolgenseite hingegen der Umfang der Bereicherung.[282] Die logische Konsequenz daraus ist, dass – entgegen der Auffassung der Rechtsprechung, wie sie sie im „Flugreise-Fall" vertreten hat – durchaus „etwas erlangt" worden sein kann, auch wenn der Bereicherungsschuldner nicht mehr bereichert ist. Anschließend ist auf der Tatbestandsseite zu untersuchen, ob das „erlangte Etwas" durch Leistung oder auf sonstige Weise in das Vermögen des Kondiktionsschuldners gelangt ist, womit gleichzeitig eine Unterscheidung zwischen der Leistungs- und der Nichtleistungskondiktion getroffen wird.

Gerade der Leistungskondiktion kommt in unserem Rechtssystem, dass Leistungen, wie z.B. die Übereignung einer Sache oder die Abtretung einer Forderung im Interesse der Rechtsklarheit als wirksam betrachtet, eine besondere Bedeutung zu.[283] Insgesamt unterscheidet das Bereicherungsrecht mehrere Leistungskondiktionen. Alle bezwecken die Rückabwicklung gezielter, aber fehlgeschlagener Vermögensverschiebungen.[284] Voraussetzung ist jeweils, dass der

demjenigen Bereicherungsschuldner, der das Fehlen des Rechtsgrundes kennt, grundsätzlich verwehrt sei, sich auf das Nichtvorhandensein einer Bereicherung zu berufen.

280 Vgl. BGHZ 55, 128, 134 f.

281 Vgl. Erman/ *Buck-Heeb*, BGB, § 812 Rn. 9; MünchKomm/ *Lieb*, BGB (4. Auflage), § 812 Rn. 359.

282 Vgl. Erman/ *Buck-Heeb*, BGB, § 812 Rn. 9; MünchKomm/ *Lieb*, BGB (4. Auflage), § 812 Rn. 359.

283 Vgl. Staudinger/ *Lorenz*, BGB, Vorbem zu §§ 812 ff. Rn. 1.

284 Vgl. *Kropholler*, BGB, § 812 Rn. 9.

Kondiktionsschuldner durch Leistung des Kondiktionsgläubigers das „erlangte Etwas“ erhalten hat.[285] Weitere Voraussetzung der Leistungskondiktion ist, dass die Leistung ohne rechtlichen Grund erfolgte. Da das Gesetz verschiedene Leistungskondiktionen unterscheidet, knüpft es selbst an unterschiedliche Formen der Fehlerhaftigkeit von Rechtsgründen an.[286] Dabei stellt die Kondiktion wegen des Fehlens eines Rechtsgrunds nach § 812 Abs. 1 S. 1 BGB (so genannte „condictio indebiti“) den Hauptfall der Leistungskondiktion dar. § 813 Abs. 1 S. 1 BGB ergänzt § 812 Abs. 1 S. 1 BGB und findet immer dann Anwendung, wenn in Unkenntnis einer dauerhaften Einrede geleistet wurde. Bei der Kondiktion wegen des Wegfalls des Rechtsgrundes nach § 812 Abs. 1 S. 2 Alt. 1 BGB (so genannte „condictio ob causam finitam“) bestand die causa zwar zur Zeit der Vermögensverschiebung, ist aber später weggefallen. Charakteristisch für die Kondiktion wegen des Nichteintritts des bezweckten Erfolgs nach § 812 Abs. 1 S. 2 Alt. 2 BGB (so genannte „condictio ob rem“) ist, dass der Bereicherungsgläubiger mit seiner Leistung einen Zweck verfolgt, der über die bloße Erfüllung einer Verbindlichkeit hinausgeht. Schlussendlich bestimmt die Kondiktion wegen gesetzes- oder sittenwidrigen Empfangs nach § 817 S. 1 BGB (so genannte „condictio ob turpem vel iniustam causam“), dass derjenige, der durch den Empfang einer Leistung gegen die guten Sitten oder ein gesetzliches Verbot verstößt, das „erlangte Etwas“ herauszugeben hat.

Zuletzt ist immer noch zu prüfen, ob der jeweilige Kondiktionsanspruch nicht ausgeschlossen ist. Zu unterscheiden sind dabei die Kondiktionssperren, die sich auf alle Leistungskondiktionen beziehen, von denen, die nur auf einige wenige Vorschriften Anwendung finden. So beziehen sich die Kondiktionsausschlüsse der § 814 BGB und § 815 BGB nur auf §§ 812 Abs. 1 S. 1 Alt. 1, 813, 817 S. 1 BGB bzw. auf § 812 Abs. 1 S. 2 Alt. 2 BGB, während § 817 S. 2 BGB auf alle Leistungskondiktionen anwendbar ist.

Die Nichtleistungskondiktionen stellen die zweite Gruppe bereicherungsrechtlicher Ansprüche dar. Hierunter fallen alle Konstellationen, in denen der Bereicherungsgläubiger „etwas“ nicht durch Leistung erhalten hat, sondern in „sonstiger Weise“.[287] Die Nichtleistungskondiktionen werden üblicherweise in die Eingriffskondiktion, die Verwendungskondiktion und die Rückgriffskondiktion unterteilt.[288] Die Eingriffskondiktion nach § 812 Abs. 1 S. 1 Alt. 2 BGB stellt dabei den wichtigsten Fall der Nichtleistungskondiktion dar.[289] Sie ist im-

285 Zum Begriff der Leistung bereits genauer bei § 2 B.

286 Vgl. *Kropholler*, BGB, § 812 Rn. 12.

287 Vgl. *Wieling*, Bereicherungsrecht, § 4 a.

288 Vgl. *Giesen*, Jura 1995, 234, 237 ff.

289 Vgl. *Giesen*, Jura 1995, 234, 237.

mer dann einschlägig, wenn jemand in den „Zuweisungsgehalt“[290] eines fremden Rechts eingreift. Zu den speziellen Eingriffskondiktionen gehören §§ 816 Abs. 1 S. 1, 816 Abs. 1 S. 2 und 816 Abs. 2 BGB. § 816 Abs. 1 S. 1 BGB hat zum Ziel, im Wege des Bereicherungsrechts einen Ausgleich für den durch gutgläubigen Erwerb bewirkten Rechtsverlust des ursprünglichen Eigentümers einer Sache zu schaffen. Im Fall des § 816 Abs. 1 S. 2 BGB verfügt ein Nichtberechtigter unentgeltlich über ein Recht des Bereicherungsgläubigers. Diese Vorschrift erlaubt daher ausnahmsweise den Durchgriff auf den gutgläubigen Erwerber der Sache und stellt somit eine Ausnahme dazu da, dass grundsätzlich nur zwischen den Vertragsparteien rückabzuwickeln ist.[291] Von § 816 Abs. 1 S. 2 BGB ist § 822 BGB genau abzugrenzen. § 822 BGB stellt eine Ausnahme zu der grundsätzlichen Nichthaftung für den Fall der Entreicherung gemäß § 818 Abs. 3 BGB dar. § 822 BGB ist immer dann einschlägig, wenn die Entreicherung dadurch eintritt, dass der Bereicherte das Erlangte unentgeltlich einem Dritten zuwendet. In diesem besonderen Fall haftet der Empfänger der unentgeltlichen Zuwendung nach Bereicherungsrecht. Gemäß § 816 Abs. 2 BGB kann der Berechtigte die Herausgabe des Geleisteten verlangen, wenn jemand mit befreiender Wirkung an einen Nichtberechtigten leistet.

Die Verwendungskondiktion nach § 812 Abs. 1 S. 1 Alt. 2 BGB ist immer dann einschlägig, wenn der Vermögensvorteil durch eine Verwendung des Berechtigten selbst auf den Bereicherten übergeht, wobei der Berechtigte dabei irrig annimmt, dass die Verwendung seinem eigenen Vermögen zugute komme oder eine Leistung an einen Dritten darstelle.[292] Problematisch bei der Verwendungskondiktion ist regelmäßig deren Anwendbarkeit.[293] Eine Rückgriffskondiktion kommt in Betracht, wenn jemand die Schuld eines anderen bei einem Dritten begleicht und sich nun bei dem Schuldner schadlos halten will. Allerdings liegt in diesem Fall häufig bereits eine Leistungskondiktion vor, so dass eine Rückgriffskondiktion regelmäßig ausscheidet.[294]

---

290 Mittlerweile hat sich die so genannte Lehre vom Zuweisungsgehalt durchgesetzt. Nach dieser Lehre ist erforderlich, dass in den Zuweisungsgehalt eines Rechtsguts eingegriffen wird, dessen wirtschaftliche Verwertung bzw. Nutzung dem Bereicherungsgläubiger vorbehalten ist. Dabei spielt es keine Rolle, ob dem Bereicherungsgläubiger aus dem zuweisungswidrigen Eingriff ein Vermögensnachteil entstanden ist, weil das Bereicherungsrecht, im Gegensatz zum Deliktsrecht, ausschließlich auf die Abschöpfung unberechtigter Vermögensvorteile abzielt (vgl. *Giesen*, Jura 1995, 234, 237).

291 Vgl. *Kropholler*, BGB, § 816 Rn. 4.

292 Vgl. *Wieling*, Bereicherungsrecht, im Anschluss an § 4 III 3 b in Übersicht.

293 Vgl. *Kropholler*, BGB, § 812 Rn. 41.

294 Vgl. *Giesen*, Jura 1995, 234, 239.

D. Regelungszweck der §§ 812-822 BGB

Das Bereicherungsrecht hat die Aufgabe, einen Ausgleich zu schaffen. Dieser Ausgleich soll immer dann stattfinden, wenn auf Kosten des Einen ein Vermögensvorteil beim Anderen eintritt, den die Rechtsordnung nicht billigt.[295] Hierbei zählt letztlich nicht der Eigentumserwerb, sondern die Beantwortung der Frage, ob das Eigentum mit Rechtsgrund erworben ist. Damit dient das Bereicherungsrecht auch der Stütze des Abstraktionsprinzips.[296] Das Bereicherungsrecht zielt also darauf ab, unberechtigte Vermögensverschiebungen rückgängig zu machen.[297] Die bereicherungsrechtliche Abschöpfung des Überschusses im Vermögen des Schuldners steht ferner im Gegensatz zur schadensrechtlichen Bemessung des Ausgleichs nach der Einbuße im Vermögen des Gläubigers (§§ 249 ff. BGB).[298] Die Kondiktionen stellen eigenständige Ausgleichsansprüche dar, die gleichberechtigt neben andere Ansprüche treten und diese ergänzen. Dabei ist es völlig unerheblich, dass sich die Frage nach dem Vorliegen oder Nichtvorliegen eines rechtlichen Grundes nach anderen Vorschriften bestimmt.[299] Die §§ 812 ff. BGB sind allerdings nicht auf den bloßen Vollzug fremder Wertungen beschränkt, sondern enthalten eigenständige, normative Entscheidungen zum Rückabwicklungsrisiko, so etwa zu den Bestimmungen zum Umfang kondiktionenrechtlicher Herausgabeansprüche.[300] Die enorme Bedeutung des Bereicherungsrechts folgt unter anderem auch aus dessen weiten Anwendungsbereich. Ein Bereicherungsanspruch ist nicht nur Folge jedes Kondiktionstatbestandes, sondern auch in zahlreichen Fällen kraft gesetzlicher Verweisung gegeben.[301] Dabei handelt es sich entweder um Rechtsfolgenverweisungen, wie z.B. §§ 516 Abs. 2 S. 3, 527, 528 BGB oder um Rechtsgrundverweisungen, wie z.B. § 951 Abs. 1 S. 1 BGB.

---

295 Vgl. Palandt/ *Sprau*, BGB, Einf v § 812 Rn. 1; *Kropholler*, BGB, § 812 Rn. 1.

296 Vgl. *Deutsch*, VersR 1996, 1309, 1310.

297 Vgl. *Giesen*, Jura 1995, 169; *Heck*, Grundriß des Schuldrechts, S. 417.

298 Vgl. *von Caemmerer*, FS Rabel I, S. 333, 334 f.

299 Vgl. Bamberger/ Roth/ *Wendehorst*, BeckOK BGB, 01.03.2011, § 812 Rn. 2.

300 Vgl. Bamberger/ Roth/ *Wendehorst*, BeckOK BGB, 01.03.2011, § 812 Rn. 3.

301 Vgl. Bamberger/ Roth/ *Wendehorst*, BeckOK BGB, 01.03.2011, § 812 Rn. 8.

E. Konkurrenzen

Die Ansprüche aus ungerechtfertigter Bereicherung sind grundsätzlich weder subsidiär noch schließen sie andere Ansprüche aus.[302] Problematisch ist das Verhältnis allein zum Rücktritt, zum Widerruf, zur Geschäftsführung ohne Auftrag und natürlich zum Eigentümer-Besitzer-Verhältnis.

Rechtsfolge des Rücktritts ist die in § 346 Abs. 1 BGB nicht ausdrücklich angesprochene Befreiungswirkung, wonach noch nicht erfüllte Primäransprüche ex nunc erlöschen und bereits durchgeführte dingliche Vollzugsgeschäfte unberührt bleiben.[303] Insbesondere sind gemäß § 346 Abs. 1 BGB die empfangenen Leistungen zurück zu gewähren und die gezogenen Nutzungen herauszugeben.[304] An die Stelle des ursprünglichen Schuldverhältnisses tritt ex nunc ein Rückabwicklungsverhältnis.[305] Dieses Rückabwicklungsverhältnis mit vertraglicher Grundlage in den §§ 346 ff. BGB verdrängt die §§ 812 ff. BGB. Gleiches gilt für das Widerrufsrecht, denn gemäß § 357 Abs. 1 S. 1 BGB finden hierauf, soweit nicht ein anderes bestimmt ist, die Vorschriften über den gesetzlichen Rücktritt entsprechende Anwendung.

Neben einer so genannten berechtigten Geschäftsführung ohne Auftrag scheiden bereicherungsrechtliche Ansprüche grundsätzlich aus, da diese einen Rechtsgrund im Sinne des § 812 Abs. 1 BGB bildet.[306] Probleme treten immer dann auf, wenn die Geschäftsbesorgung aufgrund eines beendeten oder nichtigen Vertragsverhältnisses erfolgte. Nach einer weit verbreiteten Literaturansicht müsse in derartigen Fällen das Bereicherungsrecht Anwendung finden, da eine Anwendung der §§ 677 ff. BGB zur Umgehung der §§ 814, 817 S. 2, 818 Abs. 1 BGB führe.[307] Demgegenüber will insbesondere die Rechtsprechung die §§ 677 ff. BGB anwenden.[308] Problematisch ist in diesen Konstellationen regelmäßig der Fremdgeschäftsführungswille. Während die Rechtsprechung trotz vertraglicher Verpflichtung einen Fremdgeschäftsführungswillen annimmt, lehnt dies die Mehrheit im Schrifttum ausdrücklich ab. Immer dann, wenn die Aufwendungen des Geschäftsführers aus einer verbotenen Tätigkeit herrühren, kommt auch die Rechtsprechung nicht zu einem Anspruch aus §§ 677, 683 S. 1, 670 BGB, weil dieser die Aufwendungen nicht für erforderlich halten durfte. In

302 Vgl. *Kropholler*, BGB, § 812 Rn. 3.

303 Vgl. *Kropholler*, BGB, § 346 Rn. 3.

304 Vgl. Palandt/ *Grüneberg*, BGB, § 346 Rn. 5 f.; *Kropholler*, BGB, § 346 Rn. 3.

305 Vgl. Palandt/ *Grüneberg*, BGB, § 346 Rn. 4.

306 Vgl. *Kropholler*, BGB, Vor § 677 Rn. 8.

307 Vgl. MünchKomm/ *Seiler*, BGB, § 677 Rn. 47 f.

308 Vgl. BGH NJW 1993, 3196 f.

diesen Fällen nimmt auch die Rechtsprechung eine Abwicklung über das Bereicherungsrecht vor.[309]

309 Vgl. BGHZ 111, 308, 311.

§ 4 Entstehung des Wertungswiderspruches und dessen Handhabung durch die Rechtsprechung – dargestellt an den wichtigsten Entscheidungen

Der in den Ausgangsfällen aufgezeigte Wertungswiderspruch existiert seit Inkrafttreten des Bürgerlichen Gesetzbuches. Die Rechtsprechung hat seither mit mäßigem Erfolg in zahlreichen Entscheidungen versucht, diesen Wertungswiderspruch in den Griff zu bekommen.

A. Zur Entstehung des Wertungswiderspruches

Die Entstehung des Wertungswiderspruches geht auf eine Fehlleistung des Gesetzgebers zurück.[310] Im ersten Entwurf zum Bürgerlichen Gesetzbuch wurde in § 740 Abs. 2 BGB, der eine Ausnahmevorschrift zu § 740 Abs. 1 BGB sein sollte,[311] wonach sich die Verbindlichkeit zur Herausgabe oder Wertvergütung (nach Maßgabe der Vorschriften des § 733 BGB (Abs. 1 und 2))[312] auf dasjenige erstreckt, was der Empfänger aus dem Geleisteten erworben hat,[313] auch für die bereicherungsrechtliche Haftung des Eigentümers bezüglich der Nutzungen auf das Eigentümer-Besitzer-Verhältnis verwiesen. Es heißt dort:

> „Hat der Empfänger eine zum Eigenthume empfangene Sache herauszugeben …, so bestimmen sich seine Verpflichtungen zur Herausgabe und Vergütung der Nutzungen nach den Vorschriften über die Verpflichtung des Besitzers gegenüber dem Eigenthümer.“[314]

Die Gesetzesverfasser waren also schon damals der Ansicht, diese Fälle müssten gleich behandelt werden.[315] Dies sollte aber entgegen der heute herrschenden Meinung im Schrifttum[316] nach den Regeln der §§ 930, 936 BGB[317] erfolgen.[318]

---

310 Vgl. *Brehm/ Berger*, Sachenrecht, § 8 Rn. 33.

311 Motive Band II, S. 839.

312 Motive Band II, S. 838.

313 *Mugdan*, Materialien II, S. CXXXIII.

314 *Mugdan*, Materialien II, S. CXXXIII.

315 Der historische Gesetzgeber war sich des Wertungswiderspruches, der durch eine Ungleichbehandlung von Vindikations- und Kondiktionsschuldner entstehen würde, also bewusst. Zu den Konsequenzen, die das Wissen um den Wertungswiderspruch nach sich zieht, genauer bei § 5 B. II. 1. c).

316 Im Schrifttum wird trotz des Wortlauts des § 993 Abs. 1 HS 2 BGB mehrheitlich die Anwendbarkeit bereicherungsrechtlicher Vorschriften gefordert (dazu genauer bei § 5 B.).

317 Jetzt §§ 987 ff. BGB.

Vor der Kommission des zweiten Entwurfes wurde beantragt, diesen Schutz allen Kondiktionsschuldnern zukommen zu lassen, auch wenn sie nicht Eigentümer geworden waren. Dies wurde jedoch mehrheitlich abgelehnt und auch § 740 Abs. 2 BGB wurde ersatzlos gestrichen.[319] Der zweite Entwurf sah die später in § 818 Abs. 1 Fall 1 BGB Gesetz gewordene Pflicht zur Herausgabe der Nutzungen vor. Allerdings war die Frage innerhalb der zweiten Kommission heftig umstritten. Die Mehrheit setzte sich mit einem Hinweis auf den Erbschaftsanspruch durch, der eine Pflicht zur Herausgabe von Nutzungen vorsah (heute § 2020 BGB).[320]

Dieser Hinweis kann jedoch nicht überzeugen. Der Erbschaftsbesitzer erlangt den Nachlass ohne Gegenleistung und ist somit unentgeltlicher Besitzer. Den unentgeltlichen Besitzer aber trifft auch vindikationsrechtlich nach § 988 BGB die Nutzungsherausgabepflicht. „Für den entgeltlichen Besitzer jedoch besagt die Regelung beim Erbschaftsanspruch nichts"[321], wie es *Berger* richtigerweise formuliert. Ein Vergleich mit dem Erbschaftsanspruch kann wegen des unterschiedlichen Charakters beider Normen daher nicht überzeugen. Somit hatte der Wertungswiderspruch Einzug ins Bürgerliche Gesetzbuch gehalten.

---

318 Motive Band II, S. 839 = *Mugdan*, Materialien II, S. 468 f. Dort heißt es: „Derjenige, welchem eine Sache (§§ 778 ff.) indebite zum Eigenthume übertragen worden ist, kann nämlich im Falle seines guten Glaubens (§ 741) ohne schwere Inkonsequenz in Ansehung der Verpflichtung zur Herausgabe der Vergütung der Nutzungen nicht anders und ungünstiger behandelt werden, als der gutgläubige Besitzer gegenüber dem die Eigenthumsklage erhebenden Eigenthümer (...).".

319 Protokolle BGB II, S. 710.

320 *Mugdan*, Materialien II, S. 1186.

321 Vgl. *Brehm/ Berger*, Sachenrecht, § 8 Rn. 33.

B. Umgang der Rechtsprechung mit dem Wertungswiderspruch – dargestellt an den wichtigsten Entscheidungen

Mit diesem Wertungswiderspruch hatte sich die Rechtsprechung fortan in zahlreichen Entscheidungen auseinander zu setzen. Die Rechtsprechung hatte sich also immer wieder eine Frage zu stellen:

Muss der redliche Besitzer die gezogenen Nutzungen herausgeben?

Die Rechtsprechung entschied einmal für und dann ein anderes Mal wieder gegen den Besitzer. Die Begründungen für die vertretenen Auffassungen gingen dabei sehr weit auseinander.

I. Die Rechtsprechung des Reichsgerichts

1. Entscheidung 1

In seinem ersten Urteil[322] zu dem hier in Rede stehenden Problem entschied das Reichsgericht, dass der Besitzer die Nutzungen behalten darf. Es begründete seine Entscheidung mit der für diesen Fall fehlenden tauglichen Anspruchsgrundlage im Eigentümer-Besitzer-Verhältnis. Einen bereicherungsrechtlichen Anspruch des Eigentümers auf Nutzungsersatz verweigerte das Reichsgericht, weil es der Auffassung war, die §§ 987 ff. BGB würden insoweit einen rechtlichen Grund für die Vermögensverschiebung bilden.[323] Der Wertungswiderspruch blieb also bestehen. Dieser Entscheidung lag folgender Sachverhalt zugrunde:

Der Verkäufer hatte mit dem Käufer einen Kaufvertrag über ein Grundstück geschlossen und es diesem wenig später auch übergeben. Im Kaufvertrag hatte sich der Verkäufer verpflichtet, dem Käufer das Eigentum am Grundstück zu verschaffen. Dieser hatte sich seinerseits dazu verpflichtet, dem Verkäufer den vereinbarten Kaufpreis zu entrichten sowie eine zu verzinsende Hypothek zu übernehmen. Der Käufer zahlte den Kaufpreis und entrichtete in den darauf folgenden Monaten die Hypothekzinsen an die Hypothekengläubigerin. Zur Eigentumsübertragung ist es nicht mehr gekommen. Es stellte sich heraus, dass der Kaufvertrag nichtig gewesen ist, weil der Verkäufer bei Abschluss des Vertrages geschäftsunfähig war. Daraufhin gab der Käufer dem Verkäufer das Grundstück zurück. Dieser zahlte seinerseits den an ihn entrichteten Kaufpreis einschließlich

322 RG JW 1912, 690 f.

323 RG JW 1912, 690, 691.

Zinsen zurück. Die Rückzahlung der vom Käufer an die Hypothekengläubigerin gezahlten Hypothekzinsen verweigerte er jedoch, woraufhin der Käufer Klage erhob.[324]

Das Landgericht entsprach dem Begehren des Käufers und verurteilte den Verkäufer zur Rückzahlung der Hypothekzinsen.[325] Die Berufung des Verkäufers wurde durch das Oberlandesgericht zurückgewiesen.[326] Nach Auffassung des Berufungsgerichts sollte dem Käufer ein Anspruch auf Rückzahlung der Hypothekzinsen sowohl aus den §§ 994, 995 BGB, als auch aus §§ 812 ff. BGB zustehen. Dagegen lehnte das Berufungsgericht einen in diesem Zusammenhang geprüften Anspruch des Verkäufers auf Nutzungsersatz gemäß §§ 812, 818 BGB mit der Begründung ab, dass der Käufer tatsächlich nie Nutzungen gezogen und bis auf einen einzigen Monat hierzu auch gar keine rechtliche Möglichkeit gehabt habe.[327] Auf die Revision des Verkäufers erkannte auch das Reichsgericht dem Käufer einen Anspruch auf Rückzahlung der Hypothekzinsen zu, allerdings nur aus § 812 Abs. 1 BGB. Einen Anspruch aus §§ 994, 995 BGB lehnte es ebenso ab wie einen etwaigen Nutzungsersatzanspruch des Verkäufers und stimmte insoweit mit dem Ergebnis des Berufungsgerichts überein. Anders als noch das Berufungsgericht begründete das Reichsgericht die Ablehnung des Nutzungsersatzanspruches damit, dass für den Fall, dass aufgrund der §§ 987 ff. BGB eine eingetretene Vermögensverschiebung nicht auszugleichen sei, also ein Besitzer die gezogenen Nutzungen nicht herauszugeben habe, die dies vorschreibenden Gesetzesbestimmungen den rechtlichen Grund für die Vermögensverschiebung bilden würden.[328]

Das Reichsgericht verneint zu Recht das Bestehen eines Anspruches aus §§ 994, 995 BGB des Käufers gegenüber dem Verkäufer, weil die sich aus dem Kaufvertrag ergebende Verpflichtung des Käufers, als persönlicher Schuldner die Forderung der Hypothekengläubigerin zu verzinsen und zu tilgen, zur Berichtigung der Kaufschuld übernommen worden war. Das Reichsgericht stellt in diesem Zusammenhang insoweit fest, dass „im Eigentümer-Besitzer-Verhältnis rechtliche Beziehungen, die sich aus der Berichtigung nicht geschuldeter Kaufgelder ergeben, überhaupt nicht geregelt werden“[329]. Den Ausführungen des Reichsgerichts ist auch dahingehend zu folgen, als dass der Käufer nicht als

324 Auf die der „Sache“ nicht dienlichen Daten- und Detailangaben zum Sachverhalt wurde an dieser Stelle der Verständlichkeit wegen bewusst verzichtet. Zum kompletten Sachverhalt in RG JW 1912, 690.

325 RG JW 1912, 690.

326 RG JW 1912, 690.

327 RG JW 1912, 690 f.

328 RG JW 1912, 690, 691.

329 RG JW 1912, 690, 691.

vermeintlicher Eigentümer die Hypothekzinsen gezahlt hatte, sondern sich bewusst war, dass er noch nicht Eigentümer des Grundstücks war. Seine Zahlung konnte daher nur zur Erfüllung einer vermeintlich bestehenden, in Wahrheit aber nichtigen persönlichen Schuldverbindlichkeit verstanden werden, weshalb ein Anspruch aus den §§ 994, 995 BGB nicht angenommen werden kann.[330] Völlig zu Recht erkennt das Reichsgericht dem Käufer daher lediglich einen Anspruch aus § 812 Abs. 1 BGB zu. Die Anwendung des Bereicherungsrechts durch das Berufungsgericht, dass bereits einen Anspruch aus den §§ 994, 995 BGB angenommen hatte, indessen überzeugt nicht. Bezüglich des Verwendungsersatzes bilden nach Ansicht der herrschenden und überzeugenden Meinung die §§ 994 ff. BGB eine abschließende Sonderregelung für das Verhältnis zwischen nicht besitzendem Eigentümer und nicht berechtigtem Besitzer, weil andernfalls die vom Gesetzgeber geschaffenen Differenzierungen der §§ 994 ff. BGB praktisch aufgehoben und auch die in den §§ 1000 ff. BGB enthaltenen Beschränkungen für die Geltendmachung des Anspruchs ausgeschaltet würden.[331] Wenn also das Berufungsgericht dem Käufer einen Verwendungsersatzanspruch zuerkennt, dann kann es ihm nicht gleichzeitig einen Anspruch aus § 812 Abs. 1 BGB zusprechen. Dies hat auch das Reichsgericht erkannt.[332] Die Begründung des Reichsgerichts hinsichtlich des Nutzungsersatzanspruchs geht allerdings fehl. Es kann dahin gestellt bleiben, ob die §§ 987 ff. BGB überhaupt den „rechtlichen Grund" für eine Vermögensverschiebung bilden können. Entscheidend ist vielmehr die Frage, ob in diesem Fall – angesichts des § 993 Abs. 1 HS 2 BGB – § 812 Abs. 1 BGB überhaupt geprüft bzw. angewendet werden darf.[333] Mit dieser Frage setzt sich das Reichsgericht bei der Prüfung des Nutzungsersatzanspruches überhaupt nicht auseinander. Dies ist schon deshalb verwunderlich, weil das Reichsgericht in derselben Entscheidung im Rahmen der Prüfung des Anspruchs des Käufers gegen den Verkäufer auf Rückzahlung der Hypothekzinsen noch davon ausging, dass die §§ 987 ff. BGB Sondervorschriften bilden, die unter Ausschließung der allgemeinen Vorschriften der §§ 812 ff. BGB zur Anwendung kommen, wenn die für die Sondervorschriften bestimmten Voraussetzungen vorliegen.[334] Die Verneinung eines Anspruchs aus § 812

330 RG JW 1912, 690, 691.

331 Zu den §§ 994 ff. BGB als abschließende Sonderregelung für das Verhältnis zwischen nicht besitzendem Eigentümer und nicht berechtigtem Besitzer bereits genauer bei § 2 E. III. 4. b).

332 RG JW 1912, 690, 691.

333 Zur Bedeutung des Wortlauts des § 993 Abs. 1 HS 2 BGB bereits genauer bei § 2 D. III. sowie bei § 5 B. II. 1. a). Zur Möglichkeit des Hinwegsetzens über einen Gesetzeswortlaut genauer bei § 5 B. II. 2.

334 RG JW 1912, 690, 691.

Abs. 1 BGB auf Nutzungsersatz wegen des Vorliegens eines rechtlichen Grundes überzeugt daher nicht.

2. Entscheidung 2

Es dauerte ca. 18 Jahre bis zur nächsten bedeutenden Weichenstellung durch die Rechtsprechung. Bei dieser bemerkenswerten Entscheidung[335] distanzierte sich das Reichsgericht von seiner bis zu diesem Zeitpunkt vertretenen Auffassung, dass die §§ 987 ff. BGB als Sondervorschriften den allgemeinen Vorschriften der §§ 812 ff., 823 ff. BGB ausnahmslos vorgehen.[336] Das Reichsgericht entschied, dass der Eigentümer nur auf die Vindikation beschränkt ist und auch mit Hilfe des Bereicherungsrechts keine über die §§ 987 ff. BGB hinausgehende Nutzungsherausgabe verlangen kann, wenn der Besitzer die Sache von einem Dritten erworben hat. Im Gegensatz dazu soll dem Eigentümer immer dann, wenn er die Sache selbst dem Besitzer aufgrund eines unwirksamen Vertrages verschafft hat, wahlweise neben der Eigentumsklage die Besitzkondiktion mit ihrer aus § 818 Abs. 1 Fall 1 BGB folgenden Erweiterung auf die Nutzungen zustehen.[337] Dem Urteil des IV. Zivilsenates des Reichsgerichts vom 23. Juni 1930 lag folgender Sachverhalt zugrunde:

Die Verkäuferin machte am 29. November 1923 dem Käufer das notarielle Angebot, ihm ein Hausgrundstück gegen Übernahme einer Hypothek und Zahlung einer monatlichen Rente zu verkaufen. Die Annahmefrist sollte mit Ablauf des Jahres 1928 enden. Dem Käufer wurde das Grundstück am 1. Januar 1924 übergeben. Seit dieser Zeit leistete er die Rentenzahlungen, trug die Lasten des Grundstücks und zog die Nutzungen. Die Verkäuferin machte zu Beginn des Jahres 1927 die Nichtigkeit des notariellen Angebots geltend und erzielte in einem Vorprozess ein rechtskräftig gewordenes Urteil. Daraufhin verlangte der Käufer, der das Grundstück schon Anfang desselben Jahres zurück gegeben hatte, Rückerstattung der bereits gezahlten Kaufpreisraten sowie Ersatz für die von ihm gemachten Verwendungen. Die Verkäuferin verlangte vom Käufer Nutzungsersatz.[338]

Das Landgericht verurteilte die Verkäuferin durch Teilurteil zur Zahlung einer Geldsumme.[339] Der Berufung der Verkäuferin blieb der Erfolg versagt.[340] Die

335 RGZ 129, 307 ff.

336 Dazu genauer bereits bei § 4 B. I. 1.

337 RGZ 129, 307, 310 f.

338 Auf die der „Sache“ nicht dienlichen Daten- und Detailangaben zum Sachverhalt wurde an dieser Stelle der Verständlichkeit wegen bewusst verzichtet. Zum kompletten Sachverhalt in RGZ 129, 307, 308.

339 RGZ 129, 307, 308.

Revision hingegen führte zur Aufhebung und zur Zurückverweisung.[341] Der Grund für die Zurückverweisung ist, dass das Reichsgericht – im Gegensatz zum Berufungsgericht – der Verkäuferin einen Nutzungsersatzanspruch gegen den Käufer zuerkannte und diesen, im Rahmen der Prüfung der Ansprüche des Käufers gegen die Verkäuferin, mitberücksichtigte. Nach Ansicht des Berufungsgerichts hatte der Käufer die Teilzahlungen auf den Kaufpreis in Erwartung des Zustandekommens des Kaufvertrages geleistet und konnte diese später nach § 812 Abs. 1 BGB zurückfordern, da der mit der Leistung bezweckte Erfolg nicht eingetreten sei. Einen Anspruch auf Nutzungsersatz erkannte das Berufungsgericht der Verkäuferin nicht zu und begründete seine Entscheidung mit der Ausschließlichkeit der §§ 987 ff. BGB gegenüber den allgemeinen Vorschriften.[342] Diesbezüglich ging das Berufungsgericht mit der bis dato geltenden Rechtsprechung[343] konform. Das Reichsgericht sprach dem Käufer ebenfalls einen Anspruch aus § 812 BGB wegen der durch diesen auf den Kaufpreis getätigten Zahlungen gegen die Verkäuferin zu. Hinsichtlich eines etwaigen Nutzungsersatzanspruches widersprach das Reichsgericht den Ausführungen des Berufungsgerichts jedoch und verwies bei seiner Begründung auf zahlreiche frühere Urteile des Reichsgerichts.[344] Der IV. Zivilsenat erkannte der Verkäuferin den Nutzungsersatzanspruch nicht nur zu, sondern führte zudem aus, dass ein solcher Anspruch bei der Ausgleichsberechnung Berücksichtigung finden müsse und dass dafür die so genannte Saldotheorie gelten solle.[345] Schließlich verwies

---

340 RGZ 129, 307, 308.

341 RGZ 129, 307, 308.

342 RGZ 129, 307, 309.

343 Das Berufungsgericht stimmte bei seiner Entscheidung mit dem Urteil des Reichsgerichts vom 1. April 1912 überein (RG JW 1912, 690 f.). Dazu genauer bereits bei § 4 B. I. 1.

344 Das Reichsgericht bezog sich in seiner Urteilsbegründung explizit auf die Urteile des V. Zivilsenats vom 27. Oktober 1926, des VI. Zivilsenates vom 24. Oktober 1927, des erkennenden Senats vom 16. April 1928 und insbesondere auf das Urteil des V. Zivilsenats vom 28. Juni 1922, in dem ausgeführt wird, dass wegen der Rückgängigmachung des zur Erfüllung von beiden Seiten Geleisteten das Bereicherungsrecht Anwendung findet, wenn – wie in diesem Fall – die Nichtigkeit eines Kaufvertrages über ein Grundstück wegen Formmangels geltend gemacht ist (RGZ 129, 307, 309).

345 Das Reichsgericht bezog sich in seiner Urteilsbegründung explizit unter anderem auf das Urteil des V. Zivilsenats vom 14. März 1903 (RGZ 54, 137, 141). Dort heißt es: „... Hiernach könnte es scheinen, daß der Herausgabeanspruch unabhängig von etwaigen Gegenansprüchen besteht, daß letztere selbständig geltend gemacht und dann nach den Grundsätzen über Aufrechnung und Zurückbehaltung beurteilt werden müssten. Aber dies ist nicht der Sinn des Gesetzes. Wie sich schon aus der Überschrift des Titels: „ungerechtfertigte Bereicherung“ ergibt, und wie insbesondere aus § 818 Abs. 3 gefolgert

der erkennende Senat bei seiner Entscheidung auch auf das Urteil vom 1. April 1912 und stimmte mit der Grundaussage dieser früheren Entscheidung[346] zumindest für den Fall überein, dass der redliche Besitzer nicht auf Nutzungsersatz haftet, wenn er die Sache nicht vom Eigentümer selbst, sondern von einem Dritten bekommen hat. In dem Urteil heißt es:

> „Ein solcher Fall wird regelmäßig vorliegen, wenn der Besitzer die Sache von einem Dritten erworben hat. Dann kann der Eigentümer nicht anders als durch den Nachweis seines Eigentums den Besitzer aus seiner Stellung verdrängen."[347]

Etwas anderes hingegen soll nach Meinung des IV. Zivilsenats in Zwei-Personen-Verhältnissen gelten:

> „Dagegen ist der Eigentümer keineswegs auf die Eigentumsklage angewiesen, wenn er selbst die Sache dem Besitzer übergeben hat und sie später zurückfordert, weil der zugrunde liegende Vertrag sich als nichtig herausstellt. In solchen Fällen konkurriert die Eigentumsklage mit der Bereicherungsklage, das heißt, der Eigentümer hat zwischen beiden die Wahl."[348]

Den Entscheidungsgründen des Reichsgerichts fehlt es an einer überzeugenden Begründung. Dennoch liegen ihnen einige interessante Überlegungen zugrunde. § 818 Abs. 1 BGB wurde § 2020 BGB nachempfunden.[349] Letztere Norm regelt ein Zwei-Personen-Verhältnis und konkurriert typischerweise mit Herausgabeansprüchen aus § 985 BGB sowie § 812 BGB. § 988 BGB hingegen wurde von der Kommission auf den gleichen Rechtsgedanken wie § 816 Abs. 1 S. 2 BGB zurückgeführt[350] und damit einer Vorschrift, die Drei-Personen-Verhältnisse regelt. Daraus könnte geschlossen werden, den redlichen Besitzer im Zwei-Personen-Verhältnis auf Nutzungsersatz haften zu lassen und im Drei-Personen-

---

werden muss, wonach die Verpflichtung zur Herausgabe oder zum Ersatz bei nicht mehr gegebener Bereicherung ausgeschlossen ist, kann und muß unter dem nach § 812 herauszugebendem „etwas" nicht etwa ein beliebiger einzelner aus dem Vermögen des Einen in das des Anderen hinübergeflossener Wert, sondern nur die Gesamtheit des Hinübergelangten unter gleichzeitiger Berücksichtigung der dafür gegebenen Werte und der auf dem Empfangenen ruhenden Lasten verstanden werden" (RGZ 129, 307, 310).

346 Zur Erinnerung: Dort entschied das Reichsgericht, dass der Besitzer die Nutzungen behalten darf. Es begründete seine Entscheidung mit der für diesen Fall fehlenden tauglichen Anspruchsgrundlage im Eigentümer-Besitzer-Verhältnis. Einen bereicherungsrechtlichen Anspruch des Eigentümers auf Nutzungsersatz verweigerte das Reichsgericht, weil es der Auffassung war, die §§ 987 ff. BGB würden insoweit einen rechtlichen Grund für die Vermögensverschiebung bilden. Nach dieser Entscheidung blieb der Wertungswiderspruch also bestehen. Dazu genauer bereits bei § 4 B. I. 1.

347 RGZ 129, 307, 310.

348 RGZ 129, 307, 310 f.

349 Dazu genauer bereits bei § 4 A.

350 Vgl. Staudinger/ *Gursky*, § 988 Rn. 1.

Verhältnis nicht. Die Haftung im Zwei-Personen-Verhältnis ergebe sich aus § 818 Abs. 1 BGB. Der Regelungsbereich des § 988 BGB ist in dieser Konstellation nicht berührt. Die Haftung im Drei-Personen-Verhältnis richtet sich ausschließlich nach § 988 BGB.

Eine derartige Differenzierung ist jedoch nicht gerechtfertigt. Insoweit ist zunächst zu beachten, dass der Hinweis auf § 816 Abs. 1 S. 2 BGB nicht etwa deshalb erfolgte, weil es sich bei dieser Vorschrift um eine Drei-Personen-Konstellation handelt, sondern wegen der dort geregelten Herausgabepflicht des unentgeltlichen Erwerbers. Der Begriff „Unentgeltlichkeit" ist also der entscheidende Anknüpfungspunkt. Dass es sich bei § 816 Abs. 1 S. 2 um eine Drei-Personen-Konstellation handelt spielt hingegen keine Rolle. Gegen eine solche Sichtweise spricht ferner ein systematisches Argument. Der Anwendungsbereich des § 988 BGB für den Fall des doppelnichtigen Leistungsgeschäftes bei Vorliegen eines unentgeltlichen Verpflichtungsgeschäftes ist angesichts des eindeutigen Gesetzeswortlauts offensichtlich eröffnet. Hätte der Gesetzgeber mit Hilfe des § 988 BGB ausschließlich Drei-Personen-Konstellationen regeln wollen, dann liegt es nahe, dass sich seine Absicht im Gesetzestext niedergeschlagen hätte. Dies aber ist nicht der Fall. Der Gesetzgeber hat demnach § 988 BGB auch für Zwei-Personen-Konstellationen vorgesehen. Ob § 818 Abs. 1 BGB auch auf eine Fallkonstellation anzuwenden ist, so wie sie sich im Ausgangsfall darstellt, ist äußerst fraglich. Der bloße Hinweis auf § 2020 BGB überzeugt jedenfalls nicht. Richtig ist insoweit nur, dass es sich bei § 2020 BGB um eine Vorschrift handelt, denen Zwei-Personen-Verhältnisse zugrunde liegen. Daraus kann aber nicht geschlossen werden, dass § 818 Abs. 1 BGB auch die entscheidende Norm für den Ausgangsfall ist. Der Gesetzgeber stand bei der Schaffung des § 818 Abs. 1 BGB vor der Entscheidung, dem rechtsgrundlosen Eigentümer die Nutzungen zu belassen nach dem Vorbild der heutigen §§ 987 ff. BGB oder eine Nutzungsherausgabepflicht anzuordnen, so wie es § 2020 BGB vorsieht. Der Gesetzgeber entschied sich für letztere Lösung.[351] Damit hat er aber keine Aussage dahingehend treffen wollen, ob § 818 Abs. 1 BGB auch in Fällen des doppelnichtigen Leistungsgeschäfts anzuwenden ist. Einer derartigen Ausweitung des Anwendungsbereichs des § 818 Abs. 1 BGB steht § 993 Abs. 1 HS 2 BGB entgegen. Diese Norm scheint die Haftung des gutgläubigen Besitzers nach den allgemeinen Vorschriften auszuschließen.[352] Ob § 818 Abs. 1 BGB tatsächlich auf den Ausgangsfall Anwendung findet hängt also ganz wesentlich davon ab, wie § 993 Abs. 1 HS 2 BGB zu verstehen ist. Da diese Norm den Anwendungsbereich allgemeiner Vorschriften – und somit auch die Anwendung

351 Dazu genauer bereits bei § 4 A.

352 Dazu genauer bei § 5 B. II.

des § 818 Abs. 1 BGB – auszuschließen scheint, stellt sich nur die Frage, ob § 993 Abs. 1 HS 2 BGB möglicherweise mehr Fälle regelt, als vom Gesetzgeber gewollt. Dann könnte über eine teleologische Reduktion des § 993 Abs. 1 HS 2 BGB die bereicherungsrechtliche Norm § 818 Abs. 1 BGB doch noch Anwendung finden.[353] Die teleologische Reduktion des § 993 Abs. 1 HS 2 BGB setzt aber in jedem Fall mehr voraus als die Tatsache, dass sich der Gesetzgeber bei der Schaffung des § 818 Abs. 1 BGB und der Frage nach der Nutzungsherausgabe an dem heutigen § 2020 BGB orientiert hat. Insoweit fehlt der Bezug zu § 993 Abs. 1 HS 2 BGB.

Der erkennende Senat schafft es nicht, die unterschiedliche Behandlung von Zwei- und Drei-Personen-Verhältnissen zu begründen. Auch die zahlreichen Verweise auf frühere Entscheidungen bringen kein Licht ins Dunkel. Durch das Urteil des erkennenden Senats wird der unbefriedigende Lösungsansatz des Reichsgerichts aus dem Jahr 1912[354] daher nicht nur nicht korrigiert, sondern um ein weiteres Problem ergänzt. Besonders hervorzuheben ist, dass die Rechtsprechung im Rahmen dieser Entscheidung zum allerersten Male überhaupt an die Möglichkeit gedacht hat, den Wertungswiderspruch mit Hilfe des § 988 BGB zu beheben. So war es der IV. Zivilsenat, der dem Berufungsgericht, das eine mögliche Inanspruchnahme des Käufers unter Berücksichtigung seiner Redlichkeit lediglich im Hinblick auf § 993 Abs. 1 HS 1 BGB prüfte, vorwarf, vorschnell eine Haftung des redlichen Besitzers, zu verneinen.[355] Nach Ansicht des erkennenden Senats hätte das Berufungsgericht die Möglichkeit einer Haftung nach § 988 BGB untersuchen müssen. Umso überraschender ist es, dass das Reichsgericht selbst diesbezüglich keine Stellungnahme formulierte, wenngleich es wegen des Zuerkennens eines Nutzungsersatzanspruches aus §§ 812 Abs. 1, 818 BGB dies auch gar nicht musste.[356]

3. Entscheidung 3

In einer weiteren, die nächsten Jahre prägenden, Entscheidung aus dem Jahr 1932,[357] kehrte die Rechtsprechung zur früheren Auffassung[358] zurück. Sie ver-

353 Dazu genauer bei § 5 B. II. 2.

354 Zur Erinnerung: Unbefriedigend ist dieser Lösungsansatz deshalb, weil es ihm an einer Auseinandersetzung mit dem Wertungswiderspruch fehlt.

355 RGZ 129, 307, 312.

356 Mit dem Zusprechen eines Nutzungsersatzanspruches aus §§ 812 Abs. 1, 818 BGB entfiel für den erkennenden Senat zumindest die Pflicht einer näheren Untersuchung des § 988 BGB, weil es beim Stattgeben eines entsprechenden Antrags grundsätzlich ausreichend ist, dass die Entscheidung von einer einzigen Anspruchsgrundlage getragen wird (vgl. *Anders/ Gehle*, Assessorexamen, lit. B Rn. 36).

357 RGZ 137, 206 ff.

trat nun wieder den Standpunkt, dass die §§ 987 ff. BGB, soweit es sich bei der Auseinandersetzung zwischen Eigentümer und redlichem Besitzer um den Umfang der Herausgabepflicht des Besitzers in Ansehung der gezogenen Nutzungen handelt, eine erschöpfende Sonderregelung darstellen. Diese Sonderregelungen sollen den allgemeinen Vorschriften des Bereicherungsrechts vorgehen.[359] Dieser Entscheidung lag folgender Sachverhalt zugrunde:

Der Vater und Erblasser der beiden Klägerinnen hatte durch notariellen, aber behördlich nicht genehmigten Vertrag an die Mutter und Erblasserin des Beklagten Hausgrundstücke verkauft und übergeben. Später verlangten die Klägerinnen vom Beklagten auf der Grundlage dieses behördlich nicht genehmigten Vertrages die Herausgabe der Grundstücke sowie Nutzungsersatz.[360]

Der Beklagte wurde daraufhin zur Herausgabe der Grundstücke und zur Einwilligung in die Berichtigung des Grundbuchs auf den Namen der Klägerinnen rechtskräftig verurteilt.[361] Den geltend gemachten Nutzungsersatzanspruch sprach der erkennende Senat den Klägerinnen nicht zu. Der V. Zivilsenat setzte sich bei seiner Entscheidung hinsichtlich des Nutzungsersatzanspruches insbesondere mit der bis dato letzten Entscheidung zu diesem Problembereich des IV. Zivilsenates aus dem Jahr 1930 auseinander.[362] Der erkennende Senat distanzierte sich rasch von dieser Entscheidung, nach der der Eigentümer die Wahl zwischen der Eigentums- und der Bereicherungsklage hat für den Fall, dass der Besitzer die Sache vom Eigentümer selbst bekommen hat, nach der der Eigentümer aber ausschließlich Ansprüche aus den §§ 985 ff. BGB geltend machen kann, wenn der Besitzer die Sache von einem Dritten erlangt hat und führte in seinem Urteil folgende Begründung gegen diese Differenzierung zwischen Zwei- und Drei- Personenverhältnissen an:

> „Gegen diese Unterscheidung erhebt sich das Bedenken, daß sie bei einem Tatbestande, der – wovon der IV. Zivilsenat selbst ausgeht – dem Eigentümer die Wahl zwischen der Eigentums – und der Bereicherungsklage läßt, also bei gleicher tatsächlicher Grundlage den Umfang der dem Eigentümer der Sache wegen der vom Besitzer gezogenen Nutzungen zustehenden Ansprüche abhängig macht von der rechtlichen Natur der erhobenen Klage und damit, falls die Partei selbst sich in dieser Beziehung festzulegen vermieden haben sollte, von deren Auffassung durch den erkennenden Richter. Es steht ihr aber weiter entgegen, daß – mag auch in Anse-

358 Dazu bereits bei § 4 B. I. 1.

359 RGZ 137, 206, 211.

360 Auf die der „Sache“ nicht dienlichen Daten- und Detailangaben zum Sachverhalt wurde an dieser Stelle der Verständlichkeit wegen bewusst verzichtet. Zum kompletten Sachverhalt in RGZ 137, 206 f.

361 Dazu insoweit das Teilurteil des erkennenden Senats vom 2. Mai 1931 in JW 1931, 2900 ff.

362 Dazu genauer bereits bei § 4 B. I. 2.

> hung der herauszugebenden Sache selbst mit der Klage bald dinglich das Eigentum des Klägers, bald schuldrechtlich die ungerechtfertigte Bereicherung des Gegners geltend gemacht werden können – doch der Nebenanspruch auf Herausgabe der gezogenen Nutzungen, mindestens soweit es sich um Geldnutzungen handelt, die in das Eigentum des nutzenden Besitzers übergegangen sind, immer schuldrechtlicher Natur ist, so daß solchenfalls für seinen Umfang nur entweder § 818 Abs. 1 BGB. oder die insoweit auch schuldrechtlichen Vorschriften der §§ 987 flg. das. maßgebend sein dürfen."[363]

Der V. Zivilsenat wandte sich von der Entscheidung des IV. Zivilsenats ab und stellte obendrein klar:

> „Soweit es sich bei der Auseinandersetzung zwischen Eigentümer und Besitzer um den Umfang der Herausgabepflicht des Besitzers in Ansehung der gezogenen Nutzungen handelt, stellen die §§ 987 ff. BGB. eine erschöpfende Sonderregelung dar, die den allgemeinen Vorschriften des Bereicherungsrechts in den §§ 812 flg. BGB., diese ausschließend, vorgeht."[364]

Der erkennende Senat begründete seine Entscheidung mit der Entstehungsgeschichte des Gesetzes, verwies auf die Motive zum Entwurf des Bürgerlichen Gesetzbuches und führte aus:

> „Der erste Absatz des § 930 BGB – jetzt § 993 BGB – enthält eine positive Ausnahme von den Bestimmungen über die Haftung des Besitzers oder des Inhabers aus ungerechtfertigter Bereicherung, sofern die Bereicherung in den Nutzungen besteht, welche der Besitzer oder der Inhaber aus der fremden Sache gezogen hat und welche nach der Vorschrift des § 748 Abs. 1 BGB – jetzt § 818 Abs. 1 BGB – herauszugeben sein würden. … Die Vorschrift über die Nichtkondizierbarkeit der von dem Besitzer gezogenen Nutzungen entspricht im Wesentlichen dem geltenden Rechte… Die regelmäßige Kondizierbarkeit der vom Besitzer oder dessen Vertreter in der Ausübung der tatsächlichen Gewalt gezogenen Nutzungen würde zu einer Überspannung des Eigentumsschutzes führen, zu den Vorschriften über den Fruchterwerb des redlichen Besitzers nicht passen und eine schadenbringende Haftung ohne Verschulden des Haftenden entstehen lassen. Aus diesen Gründen lässt der Entwurf nur nach den Ausnahmebestimmungen der folgenden Paragraphen eine Haftung des Besitzers bzw. des Inhabers eintreten."[365]

Die Entscheidung des erkennenden Senats kann nicht vollends überzeugen. Der V. Zivilsenat macht deutlich, dass es sich bei dem Nutzungsherausgabeanspruch um einen schuldrechtlichen Anspruch handelt, für den wegen § 930 Abs. 2 BGB

---

363 RGZ 137, 206, 209 f.

364 RGZ 137, 206, 210.

365 RGZ 137, 206, 210 = Motive Band III, S. 401. Mit dem Hinweis auf die Motive zum Entwurf des BGB stellt das Reichsgericht die Wichtigkeit der Rolle des historischen Gesetzgebers heraus. Zum Einfluss des Willens des historischen Gesetzgebers auf die Auslegung und Rechtsfortbildung einer Norm genauer bei § 5 B. II.

(heute § 993 Abs. 1 HS 2 BGB) nur die §§ 987 ff. BGB als taugliche Anspruchsgrundlagen in Betracht kommen. Mit dieser Lösung hat sich der erkennende Senat im Ergebnis der Entscheidung aus dem Jahr 1912 angeschlossen und daher auch nicht den durch den Ausgangsfall und die Fallvariation zu Tage tretenden Wertungswiderspruch zwischen Vindikations- und Bereicherungsrecht beseitigt. Leider hat es das Reichsgericht versäumt, hierzu konkret Stellung zu beziehen.

4. Entscheidung 4 („Rübengelder-Fall")

Eine weitere grundlegende Entscheidung stammt aus dem Jahr 1940.[366] Dort hatte der Große Zivilsenat zur Behebung des Wertungswiderspruches eine Lösung mit Hilfe des § 988 BGB gesucht. Diese Lösung geht davon aus, dass die §§ 987 ff. BGB den allgemeinen Vorschriften, mithin auch denen des Bereicherungsrechts vorgehen, stellt aber den rechtsgrundlosen Erwerb dem unentgeltlichen Erwerb im Sinne des § 988 BGB gleich.[367] Dieser Entscheidung lag folgender Sachverhalt zugrunde:

Die Beklagten kauften vom Erblasser der Kläger dessen Rittergut und von seiner Ehefrau das in deren Eigentum stehende, wirtschaftlich aber zum Rittergut gehörende Vorwerk. Nach der Übergabe bewirtschafteten sie die Güter. Wenig später wurde der Erblasser der Kläger wegen Altersschwachsinns entmündigt. Seine Tochter erstritt gegen ihn ein Urteil, welches die Nichtigkeit des Verkaufs des Ritterguts wegen Geschäftsunfähigkeit des Verkäufers beim Vertragsschluss feststellte. Auf Verlangen des Vormunds des Entmündigten räumten daraufhin die Beklagten die Liegenschaften wieder. Eine Auflassung und eine Umschreibung im Grundbuch hatten bis zu diesem Zeitpunkt noch nicht stattgefunden. Die Kläger verlangten Nutzungsersatz für die Ernte vom Rittergut und vom Vorwerk.[368]

Die Beklagten sind in erster und zweiter Instanz durch Teilurteil zum Nutzungsersatz verurteilt worden.[369] Das Berufungsgericht stellte bei seiner Entscheidung auf den Wertungswiderspruch ab und entschied, dass der Besitzer, der die Sache aufgrund eines unwirksamen Kaufvertrages erlangt hat, diese Sache auch unentgeltlich im Sinne des § 988 BGB erhalten hat.[370] Mit dieser Entschei-

366 RGZ 163, 348 ff.

367 RGZ 163, 348, 349, 357.

368 Auf die der „Sache" nicht dienlichen Daten- und Detailangaben zum Sachverhalt wurde an dieser Stelle der Verständlichkeit wegen bewusst verzichtet. Zum kompletten Sachverhalt in RGZ 163, 348.

369 RGZ 163, 348 f.

370 RGZ 163, 348, 349.

dung stellte sich das Berufungsgericht ausdrücklich gegen die bis zu diesem Zeitpunkt in der Rechtsprechung vorherrschende Rechtsauffassung.[371] Im Rahmen der Revision setzte sich auch der große Zivilsenat mit dem Wertungswiderspruch auseinander und entschied im Ergebnis wie das Berufungsgericht, sprach den Klägern also einen Nutzungsersatzanspruch zu. Im Urteil des erkennenden Senats heißt es an der entscheidenden Stelle:

> „Bei nichtigem Verkauf, aber gültiger Übereignung kann der ursprüngliche Eigentümer gemäß den dann anzuwendenden Bereicherungsvorschriften von dem Sachbesitzer die Herausgabe oder den Wert nicht bloß der Sache selbst, sondern auch der daraus gezogenen Nutzungen verlangen (§ 818 Abs. 1 und 2 BGB.). Es kann darum nicht der Wille des Gesetzes sein, daß dann, wenn nicht nur der Verkauf, sondern auch die Übereignung rechtsunwirksam ist, der Besitzer also eine schlechtere Rechtsstellung erlangt hat, der Eigentümer ihm gleichwohl die im guten Glauben an sein Besitzrecht (§ 990 BGB.) gezogenen Sachnutzungen sollte belassen müssen."[372]

Der Große Senat für Zivilsachen rückte folglich den Wertungswiderspruch in den Mittelpunkt seiner Entscheidung. Dabei prüfte er zunächst, ob die Ungleichbehandlung von Vindikations- und Bereicherungsschuldner nicht doch gerechtfertigt sei. Aus diesem Grund stellte der Große Senat zuerst auf die generellen Vorteile des Kondiktionsschuldners gegenüber dem Vindikationsschuldner ab. Der erkennende Senat wies darauf hin, „dass die Verpflichtung desjenigen, der Eigentum ohne Rechtsgrund erlangt hat, dadurch beschränkt sei, dass er gegen die ihm ohne Rechtsgrund zugeflossenen Vorteile bis zur Höhe ihres Wertes etwaige ihm durch dasselbe Ereignis oder in innerem Zusammenhang damit erwachsene Nachteile nach Billigkeit zur Ausgleichung bringen dürfe"[373]. „Außerdem könne der Kondiktionsschuldner den geschuldeten Wertersatz für gezogene Nutzungen kürzen um die für die ordnungsgemäße Bewirtschaftung der Sache aufgewandten Kosten … oder die Herausgabe der Nutzungen von deren Zugumzugerstattung bis zu jener Wertgrenze abhängig machen."[374] Darüber hinaus mindere sich grundsätzlich die Verpflichtung des Bereicherten auf die zur Zeit der Anhängigmachung des Herausgabe- oder Vergütungsanspruches bei

371 Zur Erinnerung: Mit dem Urteil des V. Zivilsenates aus dem Jahre 1932 entschied das Reichsgericht, dass der Besitzer die Nutzungen behalten darf und schloss sich im Ergebnis der Auffassung des Reichsgerichts aus dem Jahr 1912 an. Das Reichsgericht vertrat nun wieder den Standpunkt, dass die §§ 987 ff. BGB, soweit es sich bei der Auseinandersetzung zwischen Eigentümer und redlichem Besitzer um den Umfang der Herausgabepflicht des Besitzers in Ansehung der gezogenen Nutzungen handelt, eine erschöpfende Sonderregelung darstellen. Dazu genauer bereits bei § 4 B. I. 3.

372 RGZ 163, 348, 349 f.

373 RGZ 163, 348, 350.

374 RGZ 163, 348, 350.

ihm noch vorhandene Vermögensmehrung, so hingegen der „nur“ Besitzende dann, wenn ihm die Nutzungen verblieben, die Ausgaben für die Gewinnung der Nutzungen, die gewöhnlichen Erhaltungskosten für die Sache und die Aufwendungen zur Bestreitung der nicht auf dem Stammwert der Sache ruhenden Lasten selbst zu tragen haben würde (§§ 994 Abs. 1 S. 2, 995 BGB).[375] Für den Großen Senat waren die Vorteile des Kondiktionsschuldners gegenüber dem Vindikationsschuldner allerdings nur solche von geringer Bedeutung, die eine Besserstellung des Besitzers hinsichtlich der Pflicht zur Herausgabe von Nutzungen für den Fall des rechtsgrundlosen Erwerbs der Sache nicht rechtfertigt.[376]

In seinem Bestreben, den Wertungswiderspruch zu beheben, suchte der erkennende Senat eine Lösung mit Hilfe des § 988 BGB und setzte sich dabei als Erstes mit der Möglichkeit auseinander, § 988 BGB analog anzuwenden.[377] Dabei ging der Große Zivilsenat sowohl davon aus, dass das Eigentümer-Besitzer-Verhältnis abschließende Sonderregelungen enthält, die den allgemeinen Vorschriften des Bereicherungsrechts grundsätzlich vorgehen,[378] als auch davon, dass es etliche Ausnahmen von diesem Ausschließlichkeitsgrundsatz gibt, die bestehende Lücken schließen sollen.[379] In diesem Zusammenhang wies er unter anderem auf die Problematik des Fremdbesitzerexzesses hin.[380] Der Große Senat glaubte, dass man die – mittlerweile durch die Zulassung von Ausnahmevorschriften einer sachgerechten Lösung zugeführten – innerhalb der §§ 987 ff. BGB nicht geregelten Fälle bei der Fassung des Gesetzes „entweder übersehen oder aber geglaubt habe, von ausdrücklichen Vorschriften absehen zu können, weil sich die richtige Regelung ohne weiteres ergebe“[381]. Vor diesem Hintergrund stellte sich der Senat die Frage, ob denn die Regelung des rechtsgrundlosen Besitzerwerbs einer Sache möglicherweise auch vom Gesetzgeber übersehen worden sei und die dadurch entstehende Lücke durch eine analoge Anwendung des § 988 BGB geschlossen werden könne, mithin § 988 BGB auch eine Aus-

375 RGZ 163, 348, 350. Zu den Vorteilen des Kondiktionsschuldners gegenüber dem Vindikationsschuldner vgl. auch bei § 5 C. Dort wird der Vorschlag *Wieling's* untersucht, der – entgegen der herrschenden Meinung – den Wertungswiderspruch durch eine vollständige Angleichung des Bereicherungsrechts an das Vindikationsrecht erreichen möchte für den Fall, dass der Besitzer oder der Bereicherte die Sache aufgrund eines unwirksamen Vertrages erhalten hat.

376 RGZ 163, 348, 350. Dies sieht insbesondere *Wieling* anders. Dazu genauer bei § 5 C.

377 RGZ 163, 348, 353.

378 RGZ 163, 348, 352.

379 RGZ 163, 348, 353.

380 RGZ 163, 348, 353. Zur generellen Problematik des Fremdbesitzerexzesses genauer bereits bei § 2 E. II.

381 RGZ 163, 348, 353.

nahme zum Ausschließlichkeitsgrundsatz darstellen könne.[382] Diese, für eine analoge Anwendung einer Norm notwendige planwidrige Regelungslücke verneinte der Große Zivilsenat mit dem Argument, dass es sich in diesem Fall nicht um einen leicht zu übersehenden, seltenen oder einer besonderen Regelung nicht bedürftigen, wenig bedeutsamen Tatbestand handele.[383]

Dann widmete sich der Große Senat der Überlegung, § 988 BGB direkt anzuwenden.[384] Sowohl die Rechtsprechung, als auch das Schrifttum hatten sich zu dieser Zeit bereits mit dieser Frage auseinander gesetzt. Nach Meinung des Großen Senats konnte von einer einheitlichen Rechtsauffassung aber keine Rede sein.[385] Im Rahmen der Prüfung, ob es sich beim rechtsgrundlosen auch um ei-

382 RGZ 163, 348, 353.

383 RGZ 163, 348, 353. Mit der Prüfung, ob denn die Regelungslücke planwidrig sei, stellt das Reichsgericht die Wichtigkeit der Rolle des historischen Gesetzgebers erneut heraus. Zur Erinnerung: In der 3. grundlegenden Entscheidung des Reichsgerichts zu dieser Fallkonstellation (vgl. § 4 B. I. 3.) stützte der erkennende Senat sein Urteil im Wesentlichen auf die Motive zum Entwurf des BGB. Zum Einfluss des Willens des historischen Gesetzgebers auf die Auslegung und Rechtsfortbildung einer Norm genauer bei § 5 B. II. Zur Frage, ob es in diesem Fall tatsächlich an einer planwidrigen Regelungslücke oder bzw. und an einer anderen Voraussetzung für eine analoge Anwendung des § 988 BGB fehlt genauer bei § 5 A. I. 1. b).

384 RGZ 163, 348, 353 ff.

385 RGZ 163, 348, 354. Mit dieser Feststellung hatte der erkennende Senat Recht. Insbesondere im Schrifttum wurde die Anwendbarkeit des § 988 BGB auf die hier in Rede stehende Fallkonstellation diskutiert. Gegen die Anwendung des § 988 BGB für den Fall eines nichtigen Vertrages – bei dessen Wirksamkeit von einem entgeltlichen Vertrag ausgegangen würde – z.B. *Kober* (Staudinger/ *Kober*, BGB (10. Auflage), Rn. 2 b) zu § 988). *Kober* formulierte insoweit: „Die Frage, ob Unentgeltlichkeit oder Entgeltlichkeit vorliegt, wenn ein Kaufvertrag sich als nichtig erweist, ist in letzterem Sinne zu entscheiden; denn es kommt nicht darauf an, ob ein Entgelt geleistet wurde oder unbeglichen blieb, vielmehr ist das Unterscheidungsmerkmal lediglich darin zu suchen, ob ein Entgelt vereinbart wurde … .“; *Schack* argumentierte genauso und führte aus: „… Ebenso wird das gegen Bezahlung erlangte Bucheigentum nicht dadurch zum unentgeltlich erlangten, daß der Bucheigentümer den Kaufpreis wegen Nichtigkeit des Vertrages zurückgefordert hat. … Die ursprünglichen Vertragsabreden sind maßgebend, nicht die spätere Gestaltung der Sachlage“ (RGRK/ *Schack*, BGB (9. Auflage), Bem. 2 zu § 988); Planck/ *Brodmann*, BGB, 5. Auflage Bem. 2 b zu § 988. Für die Anwendung des § 988 BGB z.B. *von Thur* (vgl. BGB AT, S. 141 f.), *Werner* (vgl. JW 1930, S. 3210 f., Anmerkung zum Urteil des RG vom 30.06.1930 – 251/ 29 IV). Auch *Liebisch* stellt dem Begriff der Unentgeltlichkeit die Rechtsgrundlosigkeit gleich (vgl. Leipziger rechtswissenschaftliche Studien, Heft 27 S. 54). Zur Erinnerung: Auch in der Rechtsprechung wurde die Frage, ob denn § 988 BGB auf den Fall des rechtsgrundlosen Besitzerwerbs angewendet werden solle, uneinheitlich behandelt. Während der VI. Zivilsenat mit Urteil vom 24. September 1931 (RGZ 133, 283 ff.) und der V. Zivilsenat mit den Urteilen

nen unentgeltlichen Besitzerwerb handele, bemühte der erkennende Senat die bis dato geltende Rechtslehre über entgeltliche und unentgeltliche Zuwendungen und führte aus:

„Danach ist zunächst festzustellen, daß Entgeltlichkeit und Unentgeltlichkeit keine rein tatsächlichen Eigenschaften bedeuten, sondern Bezeichnungen für besondere Rechtslagen darstellen. Unentgeltlicher Erwerb insbesondere ist etwas wesentlich anderes als kostenloser Erwerb. Ein Erwerb kann unentgeltlich sein trotz erheblicher dafür vom Erwerber gemachter Aufwendungen (z.B. Anwaltsgebühren, Reisegeld, Beurkundungskosten u.ä.); er kann entgeltlich sein, auch wenn er den Erwerber bisher noch nichts gekostet hat und dieser auch dafür künftig nichts ausgeben wird, z.B. weil er nichts hat. Das ist für den Erwerb zufolge eines gültigen Rechtsgrundgeschäftes außer allem Streit. Ebenso wenig aber, wie es bei einem Erwerb aufgrund eines gültigen Kaufs für seine Kennzeichnung darauf ankommt, ob der Erwerber auf den Kaufpreis bereits irgend etwas gezahlt hat, kann das für Entgeltlichkeit oder Unentgeltlichkeit bei ungültigem Grundgeschäft entscheidend sein. Der Gedanke, den durch einen nichtigen Kauf erlangten Sachbesitz als unentgeltlich erworben anzusehen, wenn der Besitzer noch nichts auf den Kaufpreis gezahlt hat (vielleicht auch, wenn er zwar solche Zahlungen geleistet hat, das Geld aber leicht zurückbekommen kann), als entgeltlich erworben aber, wenn diese Voraussetzung nicht zutrifft, muß darum von vornherein abgelehnt werden, weil die Ähnlichkeit der Sachlage, die er annimmt, in Wirklichkeit gar nicht besteht. Seine Durchführung würde aber auch zu unerträglichen praktischen Schwierigkeiten führen, wenn der Besitzer nur einen Teil des vereinbarten Preises entrichtet hat oder nicht zurückbekommen kann. Ähnliche Schwierigkeiten ergeben sich zwar ebenso bei einem Besitzerwerb aufgrund einer gültigen, sogenannten gemischten Schenkung, können aber hier, da es sich um verhältnismäßig seltene Fälle handelt, unbedenklich in Kauf genommen werden. Zudem wird bei dem Verkauf einer Sache kaum jemals ein besonderer Preis für die Besitzüberlassung ausgemacht, so daß sich hier überhaupt nicht feststellen lassen würde, ob und inwieweit diese durch die betreffende Teilzahlung abgegolten wäre. Noch unmöglicher als die hierbei vorausgesetzte Zerlegung des Erwerbs in einen entgeltlichen und einen unentgeltlichen Teil aber würde es sein, wollte man jede noch so geringe Teilzahlung des Besitzers genügen lassen, um seinen Besitzerwerb zu einem entgeltlichen zu machen mit der Folge, daß er ihretwegen die gezogenen Nutzungen ohne Rücksicht auf deren vielleicht weit höheren Wert behalten dürfte, während er sie sonst an den Eigentümer herauszugeben hätte. Für den Fall offenbarer Unbilligkeit etwa dem Eigentümer Abhilfe durch Anwendung des § 242 BGB. in Aussicht zu stellen, ihn also statt einer klaren gesetzlichen Regelung auf eine allge-

---

vom 05. März und 09. Juli 1932 (RGZ 137, 206 ff.; dazu genauer bei § 4 B. I. 3.) noch davon ausgingen, dass § 988 BGB auf die hier in Rede stehende Konstellation nicht angewendet werden könne, ließ der IV. Zivilsenat in seinem Urteil vom 23. Juni 1930 (RGZ 129, 307 ff.) die Frage nach der Möglichkeit der Anwendbarkeit des § 988 BGB unbeantwortet.

meine Vorschrift zu verweisen, deren Auswirkung im Einzelfall sich nicht übersehen läßt, würde auf sachenrechtlichem Gebiet am allerwenigsten erträglich sein.

Entgeltlich ist ein Erwerb, wenn er kraft Gesetzes oder kraft rechtsgeschäftlicher Bestimmung rechtlich abhängig ist von einer als Ausgleichung aufgefaßten eigenen Zuwendung in dem Sinne, daß er nur zusammen mit dieser endgültig sein soll. Dabei kann jene Abhängigkeit geschaffen sein sowohl durch wechselseitige Verpflichtung als auch durch Setzung einer entsprechenden Bedingung oder eines entsprechenden Rechtszweckes (sogenannte synallagmatische, konditionale, kausale Verknüpfung); die Zuwendung kann auch – unmittelbar mit dem Erwerbe rechtlich verbunden sein. Unentgeltlich ist ein Erwerb, wenn durch Gesetz oder Rechtsgeschäft festgesetzt ist, daß er von einer solchen ausgleichenden eigenen Zuwendung rechtlich nicht abhängen soll. Durch ein nichtiges Rechtsgeschäft kann aber eine derartige Abhängigkeit weder begründet noch ausgeschlossen werden. Besteht daher bei einem Erwerbe weder eine gesetzliche Bestimmung hierüber noch eine gültige rechtsgeschäftliche, so ist für die Bezeichnung des Erwerbs, der dann übrigens von der Rechtsordnung auch niemals als endgültig anerkannt wird, als entgeltlich oder unentgeltlich in der dargelegten Bedeutung überhaupt kein Raum. Neben den Fällen des entgeltlichen und des unentgeltlichen Erwerbs in diesem ursprünglichen Sinne stehen also die des rechtsgrundlosen, ungerechtfertigten Erwerbs als eine selbständige dritte Gruppe."[386]

Die Schlussfolgerung des hier erkennenden Senats, den rechtsgrundlosen Besitzerwerb als eigenständige dritte Gruppe anzusehen, veranlasste ihn aber nicht dazu, in einem solchen Fall überhaupt nicht von Entgeltlichkeit bzw. Unentgeltlichkeit zu sprechen. Der Große Senat wollte vielmehr in einem „übertragenen Sinne"[387] auch bei einem rechtsgrundlosen Erwerb die Begriffe Entgeltlichkeit und Unentgeltlichkeit thematisieren[388] und formulierte wie folgt:

„In einem Zusammenhang aber, in dem es allein darauf ankommt, ob der Erwerb in seiner Endgültigkeit von einer ausgleichenden Zuwendung rechtlich abhängt, in dem es aber belanglos ist, ob rechtswirksam feststeht, daß er davon nicht abhängen soll, oder ob es an einer gültigen Bestimmung hierüber fehlt und der Erwerb darum der Endgültigkeit ermangelt, kann es ebensowenig verwehrt sein, die Fälle rechtsgrundlosen Erwerbs mit den Fällen unentgeltlichen Erwerbs im eigentlichen Sinne zu einer Gruppe zusammenzufassen und den Fällen entgeltlichen Erwerbes als solche nicht entgeltlichen oder unentgeltlichen Erwerbs im weiteren Sinne gegenüberzustellen."[389]

Der erkennende Senat stellte die Fälle des rechtsgrundlosen Erwerbs mit den Fällen des unentgeltlichen Erwerbs im Ergebnis gleich, was ihm schließlich die Anwendung des § 988 BGB auf die hier in Rede stehende Fallkonstellation er-

386 RGZ 163, 348, 355 f.
387 RGZ 163, 348, 356 f.
388 RGZ 163, 348, 356 f.
389 RGZ 163, 348, 357.

möglichte. Zur Begründung seines Lösungsansatzes verwies der Große Senat zudem auf die Entstehung des Wertungswiderspruches. Er erinnerte daran, dass schon die Verfasser des ersten Entwurfes zum Bürgerlichen Gesetzbuch die Gleichstellung des rechtsgrundlosen mit dem unentgeltlichen Besitzer angestrebt hatten.[390] Außerdem war der Große Senat der Überzeugung, dass sich dieser Lösungsansatz harmonisch in den Gesamtkomplex einfüge.[391]

Der Große Senat erkannte aber auch, dass durch die Anwendung des § 988 BGB auch für den Fall des rechtsgrundlos erlangten Besitzes, § 993 Abs. 1 HS 2 BGB an Bedeutung verlieren würde, wies aber gleichsam darauf hin, dass diese Norm keinesfalls gegenstandslos werden würde.[392] Bezüglich des noch verbliebenen Anwendungsbereiches des § 993 Abs. 1 HS 2 BGB hinsichtlich des Nutzungsersatzes führte der Große Senat an:

> „...; Sie bleibt z.B. anwendbar für den Fall, daß der Besitzer den Besitz auf Grund eines gültigen Kaufes erlangt und nur die Eigentumsübertragung nichtig ist."[393]

Darüber hinaus ist nach Ansicht des Reichsgerichts die Anwendung des § 988 BGB in einem solchen, wie dem hier in Streit stehenden Fall, auch keine unbillige Belastung für den Besitzer, weil sich Inhalt und Umfang der Herausgabepflicht nach Bereicherungsrecht richten. In diesem Zusammenhang verwies das Reichsgericht auf die Funktion der §§ 812 ff. BGB als Billigkeitsrecht.[394] Es machte auf die vielfältigen Möglichkeiten desjenigen Besitzers aufmerksam, der vom Eigentümer zur Nutzungsherausgabe bzw. zum Nutzungsersatz aufgefordert wurde und führte hierzu einige Beispiele an:

> „Hiernach darf der Besitzer den für gezogene Nutzungen zu leistenden Wertersatz um den Betrag nicht nur solcher Verwendungen kürzen oder die Herausgabe in Natur bis zur Höhe des Wertersatzes der Nutzungen von der Zugumzugerstattung nicht nur solcher Verwendungen abhängig machen, deren Ersatz er nach den §§ 994 flg. BGB. vom Eigentümer auch dann verlangen kann, wenn ihm die Nutzungen ver-

390 RGZ 163, 348, 358. Zum Erkennen des Wertungswiderspruches durch die Gesetzesverfasser sowie zur Überlegung, diesen zu beseitigen und den Gründen, die eine Gleichstellung des rechtsgrundlosen mit dem unentgeltlichen Besitzer letztendlich verhinderten genauer bereits bei § 4 A. Mit diesem Hinweis stellt das Reichsgericht abermals (wie bereits in der 3. grundlegenden Entscheidung des Reichsgerichts zu dieser Fallkonstellation (vgl. § 4 B. I. 3.)) und wie auch bereits in dieser Entscheidung (vgl. weiter oben) die Wichtigkeit der Rolle des historischen Gesetzgebers heraus. Zum Einfluss des Willens des historischen Gesetzgebers auf die Auslegung und Rechtsfortbildung einer Norm genauer bei § 5 B. II.

391 RGZ 163, 348, 359.

392 RGZ 163, 348, 359.

393 RGZ 163, 348, 359.

394 RGZ 163, 348, 359 f.

> bleiben, sondern er ist in gleicher Weise geltend zu machen berechtigt die in ordnungsgemäßer Wirtschaft auf die Gewinnung der Nutzungen verwendeten Kosten (vgl. § 102 BGB.) sowie die von ihm für die Sache selbst aufgewendeten gewöhnlichen Erhaltungskosten einschließlich der Ausgaben für solche Belastungen der Sache, die nicht auf deren Stammwert gelegt anzusehen sind (§§ 994 Abs. 1 Satz. 2, § 995 BGB.). Das gleiche Recht steht ihm aber wegen solcher Aufwendungen zu, die er für den Erwerb der Sache gemacht hat. Hierzu gehören vor allem etwaige Zahlungen, die er auf den Kaufpreis geleistet hat, und zwar ohne Rücksicht darauf, ob er vom Eigentümer auch deren Herausgabe an ihn verlangen könnte oder diesem, z.B. weil er nicht mehr bereichert ist, eine solche Verpflichtung nicht obliegt. Das gilt selbst dann, wenn die Sache dem Besitzer nicht von dem Eigentümer, sondern von einem Dritten verkauft worden ist und deshalb auch nicht jener, sondern dieser das Geld erhalten hat. Auf einen etwa begründeten Schadenersatz – oder Bereicherungsanspruch gegen den Dritten braucht der Besitzer sich nicht verweisen zu lassen, sondern ist gegebenenfalls nur gehalten, dem Eigentümer auch diesen Anspruch herauszugeben."[395]

Auch diese Entscheidung überzeugt nur teilweise. Bemerkenswert ist, wie umfangreich der Große Zivilsenat seine Entscheidung begründet hat. Der erkennende Senat hat nicht nur den Wertungswiderspruch aufgezeigt und ihn einer Lösung zugeführt, sondern insbesondere auch die nicht in Betracht kommenden Lösungsansätze bewertet. Dabei hat er sowohl umfassend einschlägige Rechtsprechung, als auch die bis zu diesem Zeitpunkt aktuellen Ansichten im Schrifttum bemüht. Gänzlich neu bis zu diesem Zeitpunkt ist die äußerst detaillierte Auseinandersetzung mit den vielfältigen Möglichkeiten des vom Eigentümer zur Nutzungsherausgabe in Anspruch genommenen Besitzers. Die Darstellungen hierzu gleichen denen *Wieling's,*[396] wenngleich der Große Zivilsenat nicht so weit geht, die Vorteile des Kondiktionsschuldners mit denen des Vindikationsschuldners auf eine Stufe zu stellen. Der erkennende Senat war an dieser Stelle ersichtlich bestrebt, die Lösung mit Hilfe des § 988 BGB für die Fälle, in denen der nur „Besitzende" vom Eigentümer auf Nutzungsersatz in Anspruch genommen wird mit der Lösung der §§ 812 Abs. 1, 818 Abs. 1 BGB für die Fälle, in denen der rechtsgrundlose Eigentümer auf Nutzungsersatz haftet, als zwei Lösungsansätze für zwei nahezu identische Fallkonstellationen darzustellen. Diese Vorgehensweise überzeugt nicht vollends. Der Große Senat verkennt, dass beide Konstellationen durchaus auch Unterschiede aufweisen. So spricht das Reichsgericht mit keiner Silbe an, dass § 988 BGB lediglich auf § 818 BGB verweist und der Ausgangsfall und die Fallvariation hinsichtlich der Ausschlussgründe der §§ 814, 815, 817 BGB somit unterschiedlich behandelt werden.[397] Einen

---

395 RGZ 163, 348, 360.

396 Dazu genauer bei § 5 C.

397 Dazu genauer bei § 5 A. I. 1. b) bb) (2) (d).

Vorschlag zur Vereinheitlichung beider Fälle bezüglich der Ausschlussgründe hat das Reichsgericht nicht unterbreitet. Die Gleichstellung des rechtsgrundlosen mit dem unentgeltlichen Besitzer mit dem Hinweis auf die fehlende unbillige Belastung des Besitzers – weil sich Inhalt und Umfang der Herausgabepflicht nach Bereicherungsrecht richten – überzeugt auch nicht vollständig. Insbesondere der Verweis des Reichsgerichts auf die Möglichkeit des Besitzers, dem Nutzungsersatz verlangenden Eigentümer den an einen Dritten gezahlten Kaufpreis entgegenhalten zu können, überzeugt nicht. Insoweit fehlt es bereits an einer Begründung. Das Reichsgericht hätte sich zumindest die Frage stellen müssen, ob denn die Kaufpreiszahlung mit dem Nutzungsersatz derart verbunden ist, dass der Besitzer sie im Rahmen des § 818 Abs. 3 BGB „in Abzug bringen“ dürfe.[398]

Halbherzig ist auch die vom Großen Senat geführte Diskussion rund um die Entstehungsgeschichte des Wertungswiderspruches. Der erkennende Senat verweist in seinem Urteil zu Recht auf die anfängliche Idee der Gesetzesverfasser. Diese wollten – für den Fall, dass jemand ohne rechtlichen Grund Eigentümer einer Sache geworden ist –, durch die Einführung eines zusätzlichen Satzes in die Bereicherungsvorschriften erreichen, dass sich die Verpflichtung des Eigentümers zur Herausgabe und Vergütung der Nutzungen nach den Vorschriften der §§ 987 ff. BGB bestimmen. Dieser Vorschlag wurde durch die Kommission der zweiten Lesung abgelehnt.[399] Eine Erklärung, inwiefern oder ob eine solche Entscheidung durch den Gesetzgeber korrigierbar ist, bleibt der Große Zivilsenat jedoch schuldig.[400] Stattdessen unterbreitet er lediglich den Vorschlag, eine entsprechende Norm ins Eigentümer-Besitzer-Verhältnis einzufügen. Dabei hätte eine detaillierte Auseinandersetzung, insbesondere mit dem Willen des historischen Gesetzgebers und dessen Bindungswirkung, doch so nahe gelegen. Der erkennende Senat selbst hat doch mit der Ablehnung einer analogen Anwendung des § 988 BGB zur Behebung des Wertungswiderspruches mangels einer planwidrigen Regelungslücke aufgezeigt, dass der Wille des Gesetzgebers stets zu berücksichtigen ist. Dass der erkennende Senat an dieser Stelle einen Lösungsvorschlag formuliert, der den Willen des Gesetzgebers außen vor lässt, ist deshalb umso unverständlicher.

Völlig zu Recht bemüht das Revisionsgericht bei seiner Entscheidungsfindung die bis dato geltenden Ansichten in Rechtsprechung und Schrifttum über entgeltliche und unentgeltliche Zuwendungen und stellt bei der Frage nach der Einordnung des rechtsgrundlosen Besitzerwerbs überzeugend auf den Fall der

398 Dazu genauer bei § 5 A. I. 1. b) bb) (2) (c).

399 Dazu genauer bereits bei § 4 A.

400 Dazu genauer bei § 5 B. II. 2.

Gültigkeit des zugrunde liegenden Vertrages ab. Die hierauf vom erkennenden Senat vorgenommene Subsumtion indes überzeugt nicht. Der erkennende Senat erklärt bereits nicht, weshalb es nach seiner Meinung gleichgültig sein könnte, dass der Erwerb in seiner Endgültigkeit von einer ausgleichenden Zuwendung abhängt. Schon deshalb kann seine Schlussfolgerung, dass dann auch rechtsgrundlose und unentgeltliche Rechtsgeschäfte gleich behandelt werden, nicht überzeugen. Schlussendlich geht auch der vom erkennenden Senat gemachte Hinweis zum verbleibenden Anwendungsbereich des § 993 Abs. 1 HS 2 BGB fehl. Für den Fall, dass der Besitzer eine Sache aufgrund eines gültigen Kaufvertrags erlangt und nur die Eigentumsübertragung nichtig ist finden die Regeln des Eigentümer-Besitzer-Verhältnisses ohnehin keine Anwendung. Es mangelt insoweit bereits an einer Vindikationslage. Dann aber ist nicht zu erkennen, weshalb § 993 Abs. 1 HS 2 BGB überhaupt eine Rolle spielen soll. Diese Norm dient dem Schutz des redlichen und unverklagten unrechtmäßigen Besitzers,[401] findet also nur dann Anwendung, wenn die §§ 987 ff. BGB einschlägig sind, was vorliegend jedoch nicht der Fall ist. Die Lösung des erkennenden Senats ordnet sich daher nur auf den ersten Blick harmonisch in den Gesamtkomplex ein, weil auch sie zu viele Fragen unbeantwortet lässt. Der Wertungswiderspruch wird immerhin behoben.

5. Weitere Entwicklung

Das Reichsgericht[402] hat diese Rechtsprechung fortgesetzt und § 988 BGB auch auf den Fall des rechtsgrundlosen Besitzerwerbs angewendet. Dabei hat es weiterhin darauf verzichtet, mit dem Begriff der „Analogie“ zu arbeiten. Die Nutzungsherausgabepflicht für den redlichen und unverklagten unrechtmäßigen Besitzer wurde vielmehr mit der „erweiternden“ Bestimmung des § 988 BGB begründet.[403]

401 Dazu genauer bereits bei § 2 D. III.

402 Vgl. RG DRW 1940, 1949, 1950; 1942, 1278, 1279.

403 Vgl. RG DRW 1940, 1949, 1950. In dieser Entscheidung stellte der erkennende Senat explizit auf das Urteil des Reichsgerichts vom 30.01.1940 ab (RGZ 163, 348 ff.) und formulierte insoweit: „ ... in dem die Rechtsmeinung zum Ausdruck gelangt ist, daß ein Grundstückskäufer, dem das Grundstück vom Verkäufer auf Grund nichtigen Kaufvertrags übergeben ist, den Besitz am Grundstück i.S. des § 988 BGB. unentgeltlich erlangt hat. Bei Übertragung dieses Rechtsgedankens auf den vorl. Fall ist gegen die Anwendung der Grundsätze über ungerechtfertigte Bereicherung auf die Herausgabe- und Ersatzpflicht der Bekl. auf dem Wege über § 988 BGB nichts zu erinnern“ (1950).

II. Die Rechtsprechung des Bundesgerichtshofes

Der Bundesgerichtshof[404] und die instanzgerichtliche Rechtsprechung[405] haben die Rechtsprechung des Reichsgerichts fortgesetzt. Dabei haben auch sie es zunächst unterlassen, mit dem Begriff der „Analogie" zu arbeiten. Die Nutzungsherausgabepflicht für den redlichen und unverklagten unrechtmäßigen Besitzer wurde auch durch den BGH zunächst mit der „erweiternden" Bestimmung des § 988 BGB begründet.[406] Erst später sprach der BGH dem Eigentümer einen Nutzungsherausgabeanspruch aus § 988 BGB analog zu,[407] was allerdings nicht dazu führte, dass der BGH seither an dieser Handhabe stringent festhält. Der BGH begründet die Haftung auf Nutzungsersatz für den rechtsgrundlosen Besitzer auch weiterhin – offensichtlich nach Belieben – mit einem bloßen Hinweis auf die ständige Rechtsprechung, ohne den Begriff der Analogie zu gebrauchen.[408]

404 Vgl. BGHZ 7, 208, 210; 10, 350, 357; 32, 76, 94; 71, 216, 226; 109, 179, 190 f,; 120, 204, 215; BGH NJW 1952, 778, MDR 1963, 577; WM 1964, 21; NJW 1983, 164, 165; 1995, 454; 1995, 2627.

405 Vgl. OLGR Celle 1996, 231, 232; Düsseldorf 1996, 153.

406 Dabei orientierte sich auch der BGH an der 4. grundlegenden Entscheidung des Reichsgerichts (RGZ 163, 348 ff. Dazu genauer bereits bei § 4 B. I. 4.). So heißt es in der Entscheidung des BGH vom 08.10.1953: „...Damit wären aber die Voraussetzungen des § 988 BGB gegeben, da der rechtsgrundlose Besitzerwerb einer „unentgeltlichen" Erlangung des Besitzes gleichzustellen ist (vgl. RGZ 163, 348, 357) ... . Sie müsste also die Nutzungen nach den Vorschriften über die Herausgabe einer ungerechtfertigten Bereicherung herausgeben" (BGHZ 10, 350, 357).

407 Vgl. BGHZ 109, 179, 190. In der Entscheidung des BGH heißt es: „Das Berufungsgericht spricht der Eigentümergemeinschaft analog § 988 BGB einen Anspruch auf Herausgabe der Nutzungen zu, welche die Klägerin aus dem Heizwerk gezogen hat. Die Klägerin habe den Besitz an dem Heizwerk rechtsgrundlos erlangt, weil der zugrundeliegende Kaufvertrag ... nichtig sei. ... jedenfalls gibt § 988 BGB ... einen Anspruch auf Herausgabe von Nutzungen der Sache, deren Besitz der Besitzer unentgeltlich erlangt hat. ... in diesem Umfang kommt ein Anspruch auch bei analoger Anwendung auf rechtsgrundlosem Besitzerwerb in Frage" (190 f.).

408 Vgl. BGHZ 120, 204, 215. In dieser Entscheidung heißt es: „Dies ergibt sich ... aus § 988 BGB, der nach der Rechtsprechung auch auf das Verhältnis des Eigentümers zum rechtsgrundlosen Besitzer anzuwenden ist" (215).

§ 5 Aktueller Forschungsstand zum Umgang mit dem Wertungswiderspruch

Die Lösung des Ausgangsfalles und der damit einher gehende Umgang mit dem Wertungswiderspruch erfolgt je nach Ansicht auf ganz unterschiedliche Weise. Die verschiedenen Lösungsansätze von Literatur und Rechtsprechung unterscheiden sich mitunter nicht nur sehr stark hinsichtlich ihrer Konstruktion, sondern führen den Ausgangsfall teilweise auch verschiedenen Ergebnissen zu.

Die Rechtsprechung[409] und Teile des Schrifttums[410] wollen den Wertungswiderspruch durch die Gleichstellung des Besitzers mit dem Bereicherten aufheben. Dies soll durch eine – mittlerweile analoge[411] – Anwendung des § 988 BGB geschehen. In der Literatur[412] herrscht die Ansicht vor, den Ausgangsfall durch die Anwendung des Bereicherungsrechts – je nach Auffassung in unterschiedlichem Umfang – zu lösen. Nach beiden Ansichten muss der redliche und unverklagte unrechtmäßige Besitzer die Nutzungen herausgeben. Der Wertungswiderspruch wird behoben. Eine andere Ansicht in der Literatur[413] behebt den Wertungswiderspruch, indem sie die Regeln des Vindikationsrechts auf das Bereicherungsrecht anwendet. Hiernach haftet der redliche Besitzer nicht auf Nutzungsherausgabe. Die Gleichstellung von Besitzer und Bereichertem erfolgt vielmehr dadurch, dass auch der Bereicherte die gezogenen Nutzungen behalten darf. Teilweise wird auch vertreten, demjenigen, der nur den Besitz an der Sache ohne Rechtsgrund erlangt hat, die Nutzungen zu belassen und denjenigen, der ohne Rechtsgrund Eigentümer der Sache geworden ist, auf Nutzungsersatz haften zu lassen.[414] Die Vertreter dieser Ansicht argumentieren hauptsächlich mit dem Wortlaut des § 993 Abs. 1 HS 2 BGB.

---

409 Dazu genauer bereits bei § 4 B. I. 4. und II.

410 Vgl. *Haymann*, JherJb 1927, 188, 243, 263; *Weimar*, MDR 1959, 268, 269.

411 Dazu genauer bereits bei § 4 B. II.

412 Vgl. *Berg*, JuS 1971, 638; *Kindl*, JA 1996, 115, 120 f.; *Medicus/ Petersen*, Bürgerliches Recht, Rn. 600; *Hager*, JuS 1987, 877, 880; *Waltjen*, AcP 175, 109, 120; *Köbl*, S. 222 ff. Dazu genauer bei § 5 B.

413 *Wieling*, AcP 169, 137 ff. Dazu genauer bei § 5 C.

414 Vgl. *Weber*, Sachenrecht I, § 16 Rn. 56; *Brehm/ Berger*, Sachenrecht, § 8 Rn. 33. Dazu genauer bei § 5 D.

A. Gleichstellungstheorie[415]

Die Befürworter der Gleichstellungstheorie gehen davon aus, dass die §§ 987 ff. BGB bezüglich der Nutzungsherausgabe eine erschöpfende Sonderregelung darstellen. Ein Rückgriff auf die Vorschriften des Bereicherungsrechts ist hiernach nicht möglich. Diese vornehmlich von der Rechtsprechung[416] vertretene Ansicht erkennt den Wertungswiderspruch ebenfalls und möchte den Besitzer dem Bereicherten gleichstellen. Dies soll jedoch durch eine analoge Anwendung des § 988 BGB geschehen. Dabei wird der rechtsgrundlose Besitzerwerb einem unentgeltlichen Besitzerwerb im Sinne des § 988 BGB „gleich gestellt".

Für die Gleichstellung des rechtsgrundlosen mit dem unentgeltlichen Besitzerwerb werden im Wesentlichen zwei Argumente angeführt, von denen aber nur eines auf Anhieb überzeugt. Zweifellos wird durch die Gleichstellung von rechtsgrundlosem und unentgeltlichem Besitzerwerb die Besserstellung des Erwerbers bei doppelnichtigen Veräußerungsgeschäften im Vergleich zu bloß kausalnichtigen auf eine sehr einfache Weise vermieden ohne dabei das Dogma von der abschließenden Wirkung der Regelung des Eigentümer-Besitzer-Verhältnis (§ 993 Abs. 1 HS 2 BGB) zu durchbrechen.[417] Entgegen der Ansicht der Befürworter der Gleichstellungstheorie ist aber nicht so eindeutig, ob dem Vindikationsgegner beim rechtsgrundlosen Besitzerwerb fehlende Schutzwürdigkeit zu attestieren und er dem unentgeltlichen Besitzerwerber ohne weiteres gleich zu stellen ist. Die Vertreter dieser Ansicht stellen auf die fehlende Schutzwürdigkeit des Besitzers ab, weil dieser für den Erwerb der Sache aus juristischer Sicht mangels Vorliegens eines wirksamen Vertrages keine Gegenleistung verspro-

---

415 Die Bezeichnung „Gleichstellungstheorie" geht auf den durch das Reichsgericht entwickelten Lösungsweg zurück. Die markanten Formulierungen, wie z.B. „das spricht entscheidend dafür, dass das Gesetz auch hier mit dem Wort „unentgeltlich" jenen weiteren Begriff bezeichnen, also unter unentgeltlicher Besitzerlangung auch den rechtsgrundlosen Besitzerwerb mitverstanden wissen will" (RGZ 163, 348, 357), wodurch der rechtsgrundlose Besitzer dem unentgeltlichen Besitzer „gleichgestellt" wurde, haben zu dieser Namensgebung mit Sicherheit einen großen Teil beigetragen. Aktuell wird dieser Begriff häufig gebraucht (vgl. *Gursky*, EBV, Problem Nr. 9).

416 Dazu genauer bereits bei § 4.

417 Zur Erinnerung: Bereits das Reichsgericht begründete seine Entscheidung in RGZ 163, 348, 359 unter anderem damit, dass „sich die Vorschrift des § 988 BGB auch so verstanden durchaus harmonisch in die Gesamtheit der Bestimmungen über die Eigentumsansprüche einfüge". Dazu genauer bereits bei § 4 B. I. 4. Zum Verständnis des Wortlauts des § 993 Abs. 1 HS 2 BGB genauer bereits bei § 2 D. III. sowie zur Möglichkeit sich im Wege der Rechtsfortbildung über diese Norm hinweg zu setzen genauer bei § 5 B. II. 2.

chen hat. Folglich könne er auch nicht zur Erbringung einer solchen gezwungen werden. Für den Fall, dass der Besitzer die Gegenleistung zwischenzeitlich schon erbracht habe, könne er sie nach § 812 Abs. 1 S. 1 Alt. 1 BGB zurückfordern. Entscheidend sei daher, dass er letztendlich kein Opfer für den Erwerb der Sache erbracht habe. Insofern ist nach dieser Meinung der Erwerb des Besitzers im weitesten Sinne ein unentgeltlicher.[418] Diese Ansicht lässt allerdings die Fallkonstellation unberücksichtigt, in der der Vindikationsgegner die Sache nicht mehr hat und auch keinen Ersatz hierfür leisten kann. Ob in dieser Konstellation noch davon gesprochen werden kann, den rechtsgrundlosen und unentgeltlichen Besitzerwerb gleichzustellen, ist äußert fraglich.[419]

Dieser Lösungsansatz ist von der herrschenden Meinung im Schrifttum aus den verschiedensten Gründen kritisiert worden. Gegen die Lösung der Rechtsprechung werden sowohl methodische,[420] als auch systematische Argumente[421] aufgeführt, die eine analoge Anwendung des § 988 BGB verbieten sollen.

I. Kritik

1. Kritik in methodischer Hinsicht

Im Schrifttum wird bereits die Konstruktion der Rechtsprechung, den Ausgangsfall mittels einer Analogie zu § 988 BGB zu lösen, abgelehnt.[422] Ob diese Kritik gerechtfertigt ist, hängt ganz wesentlich davon ab, wie § 988 BGB in direkter Anwendung zu verstehen ist. Nur so kann beispielsweise überhaupt festgestellt werden, ob eine vergleichbare Interessenlage vorliegt und damit eine notwendige Voraussetzung für die analoge Anwendung des § 988 BGB.

a) § 988 BGB in direkter Anwendung

Nach § 988 BGB haftet auch der redliche Besitzer auf Nutzungsersatz. Damit stellt diese Norm – genau wie § 993 Abs. 1 HS 1 BGB – eine Ausnahme von der grundsätzlichen Haftungsfreistellung des redlichen Besitzers im Eigentümer-Besitzer-Verhältnis dar.[423]

---

418 Vgl. RGZ 163, 348, 357.

419 Damit ist insbesondere die Frage angesprochen, wer in derartigen Fällen das Insolvenzrisiko zu tragen hat. Dazu genauer bei § 5 A. I. 1. b) bb) (2) (b) und (c).

420 Dazu im Folgenden genauer bei § 5 A. I. 1.

421 Dazu genauer bei § 5 A. I. 2.

422 Dazu genauer bei § 5 A. I. 1. b).

423 Zur Darstellung des Haftungsgefälles und dessen Erreichung im Eigentümer-Besitzer-Verhältnis insgesamt sowie zu den hierzu diskutierten Ausnahmen genauer bereits bei § 2 B.

aa) Sinn und Zweck des § 988 BGB

Der unentgeltliche Besitzer wird – wie auch in § 816 Abs. 1 S. 2 BGB – für weniger schutzwürdig gehalten.[424] Sein Schutz erfolgt lediglich durch die Verweisung auf das Bereicherungsrecht und die daraus folgende Anwendbarkeit des § 818 Abs. 3 BGB.[425] § 988 BGB ist eine dem § 816 Abs. 1 S. 2 BGB ähnliche Vorschrift.[426] Dennoch darf § 988 BGB nicht dahingehend reduziert werden, dass der Bereicherungsausgleich bei unentgeltlichem Erwerb vom Nichtberechtigten sich auf diejenigen Fälle erstreckt, in denen der Besitzer zwar nicht Eigentümer der Sache, wohl aber der aus ihr gewonnenen Früchte geworden ist. Der Grund dafür ist, dass § 988 BGB nicht nur den gutgläubigen Erwerb des Eigentums an Früchten nach §§ 955, 957 BGB korrigiert, sondern auch den redlichen Besitzer, der den Besitz unentgeltlich erlangt hat, zur wertmäßigen Herausgabe der von ihm gezogenen Gebrauchsvorteile verpflichtet, bei denen ein Gutglaubenserwerb nach der Natur der Sache überhaupt nicht in Betracht kommt.[427] „§ 988 BGB durchbricht damit die in § 993 Abs. 1 HS 2 BGB aufgestellte Regel, dass der gutgläubige Besitzer die von ihm vor Eintritt der Rechtshängigkeit gezogenen Nutzungen dem Eigentümer der Hauptsache weder herausgeben, noch vergüten muss."[428] Für *Köbl* stellt das durch diese Regel grundsätzlich gewährte Nutzungsbehaltungsrecht seinerseits einen partiellen Ersatz für die Versagung eines Lösungsrechts dar, also gleichsam eine „Minimalform gutgläubigen Erwerbs"[429]. „Die Außerkraftsetzung dieser Regel im Falle des unentgeltlichen Besitzerwerbs ist nachvollziehbar, weil der Besitzer hier ohnehin nicht das Risiko eines für den Besitzerwerb erbrachten Entgelts trägt."[430]

bb) Anspruchsvoraussetzungen

§ 988 BGB setzt neben dem Vorliegen einer Vindikationslage den unentgeltlichen Besitzerwerb durch den redlichen und unverklagten unrechtmäßigen Besitzer voraus. Entgegen dem Wortlaut hat die Rechtsprechung die Vorschrift auch auf den Fremdbesitzer ausgedehnt, der aufgrund eines schuldrechtlichen Nut-

---

424 Vgl. *Kropholler*, BGB, § 988 Rn. 1.

425 Vgl. BGH NJW 1998, 1709, 1710.

426 Vgl. *Esser/ Weyers*, Schuldrecht Bd. II 2, S. 126.

427 Vgl. Staudinger/ *Gursky*, BGB, § 988 Rn. 2.

428 Staudinger/ *Gursky*, BGB, § 988 Rn. 2. Zur Darstellung des Haftungsgefälles und dessen Erreichung im Eigentümer-Besitzer-Verhältnis insgesamt sowie zu den hierzu diskutierten Ausnahmen genauer bereits bei § 2 B.

429 *Köbl*, EBV, S. 227.

430 Staudinger/ *Gursky*, BGB, § 988 Rn. 2.

zungsrechts die Sache besitzt.[431] Zu beachten ist außerdem, dass § 988 BGB auch dann gilt, wenn der Besitzer an den Früchten Eigentum erworben hat, z.B. über § 955 BGB.[432]

(1) Tatbestandsseite

In § 988 BGB ist vom Eigen- und vom Fremdbesitzer die Rede. Der Wortlaut beim Fremdbesitzer ist begrenzt auf den Fall, dass der „zum Zwecke der Ausübung eines ihm in Wirklichkeit nicht zustehenden Nutzungsrechts an der Sache besitzt", womit ausdrücklich nur der Fremdbesitzer mit einem dinglichen Nutzungsrecht gemeint ist. Allerdings führt *Baldus* zu Recht an, „dass diese Formulierung an § 955 Abs. 2 BGB anschließt. Bei dieser Formulierung wurde allerdings nicht beachtet, dass der nachträglich eingefügte § 957 BGB den Fruchterwerb auch durch einen Fremdbesitzer erlaubt, der ein dem Eigentümer gegenüber wirkendes obligatorisches Fruchtziehungsrecht annimmt. § 988 BGB ist somit auf diesen wichtigen Fall zu erweitern"[433]. Darüber hinaus setzt § 988 BGB voraus, dass der Besitz unentgeltlich erlangt wurde. Bei abgeleitetem Erwerb kommen damit nur eine Schenkung, eine schenkweise Bestellung eines dinglichen Nutzungsrechts, eine Leihe oder die Vereinbarung eines unentgeltlichen Besitz- und Fruchtziehungsrechts in Betracht.[434] Demgegenüber reicht ein Besitzerwerb aufgrund eines gegenseitigen Vertrages nicht aus, nicht einmal wenn der Besitzer das versprochene Entgelt tatsächlich noch nicht erbracht hat.[435] Gleiches gilt für die Konstellation, in der der Besitzer nachträglich irrtümlich eine Entgeltvereinbarung annimmt oder dem Eigentümer ein (von diesem nicht akzeptiertes) Angebot zum Abschluss eines solchen entgeltlichen Rechtsgeschäftes macht und darum das Entgelt zahlt.[436] Für § 988 BGB ist die tatsächliche Einigung über die Unentgeltlichkeit genügend. Eine etwaige Unwirksamkeit ist also irrelevant.[437]

(2) Rechtsfolgenseite

Bei unentgeltlichem Besitzerwerb muss der Vindikationsgegner alle Nutzungen, die er zwischen der Entstehung der Vindikationslage und dem Eintritt der Haf-

431 Vgl. BGHZ 71, 216, 225.
432 Vgl. Palandt/ *Bassenge*, BGB, § 988 Rn. 5.
433 MünchKomm/ *Baldus*, BGB, § 988 BGB Rn. 3.
434 Vgl. BGH WM 1995, 1848, 1854.
435 Vgl. Staudinger/ *Gursky*, BGB, § 988 Rn. 5.
436 Vgl. BGHZ 32, 76, 94.
437 Vgl. Staudinger/ *Gursky*, BGB, § 988 Rn. 5.

tungsverschärfung gemäß § 987 BGB oder den §§ 990, 987 BGB zieht, nach Bereicherungsgrundsätzen herausgeben.

(a) Nutzungen

Nutzungen sind nach der Definition des § 100 BGB neben den Früchten einer Sache oder eines Rechts, auch die Vorteile, die der Gebrauch der Sache oder des Rechts gewährt. Da § 988 BGB einen Nebenanspruch zur Vindikation darstellt, können in diesem Fall nur die Sachnutzungen gemeint sein.[438] Darunter versteht man die unmittelbaren (§ 99 Abs. 1 BGB) und mittelbaren (§ 99 Abs. 3 BGB) Sachfrüchte sowie die Vorteile aus dem Sachgebrauch (§ 100 BGB), nicht hingegen die Rechtsfrüchte (§ 99 Abs. 2 und Abs. 3 BGB) oder die Vorteile aus dem Rechtsgebrauch (§ 100 BGB).

Sachfrüchte lassen sich in unmittelbare Sachfrüchte (§ 99 Abs. 1 Alt. 1 und 2 BGB) und mittelbare Sachfrüchte (§ 99 Abs. 3 BGB) unterscheiden. Unmittelbare Sachfrüchte (§ 99 Abs. 1 Alt. 1 BGB) sind die organischen Erzeugnisse einer Sache.[439] Dieser Begriff wird von der Verkehrsauffassung geprägt.[440] Er umfasst Tier- und Bodenprodukte.[441] So ist das Ei Frucht des Huhnes und die geschorene Wolle Frucht des Schafes.[442] Getrennte Pflanzen und Bäume sind Früchte des Bodens.[443] Dies gilt allerdings nur, soweit sie im Sinne von § 94 Abs. 1 BGB wesentliche Bestandteile eines Grundstücks sind oder geworden sind.[444] Für den Fruchtbegriff spielt es keine Rolle, ob das Erzeugnis noch mit der Muttersache zusammen hängt oder von ihr getrennt ist.[445] Es kommt auch nicht darauf an, ob die Trennung der Erzeugnisse von der Muttersache deren wirtschaftlicher Bestimmung entspricht oder sich im Rahmen wirtschaftlicher Erzeugung hält.[446] Daher gehört zu den Früchten im Sinne von § 99 BGB z.B. auch das Holz, das infolge Windbruchs anfällt.[447] Unerheblich ist ferner, durch wen die Gewinnung erfolgt (befugt oder unbefugt). Wichtig ist, dass die Substanz der Muttersache für die Fruchtgewinnung nicht verbraucht werden darf. So stellt das Fleisch eines geschlachteten Tieres nicht dessen Erzeugnis dar.[448] Zu

438 Vgl. *Kropholler*, BGB, § 988 Rn. 5 i.V.m. § 987 Rn. 2.
439 Vgl. Erman/ *Michalski*, BGB, § 99 Rn. 4.
440 Vgl. MünchKomm/ *Holch*, BGB, § 99 Rn. 2.
441 Vgl. Palandt/ *Heinrichs*, BGB, § 99 Rn. 2; Soergel/ *Marly*, BGB, § 99 Rn. 6.
442 Vgl. Erman/ *Michalski*, BGB, § 99 Rn. 4.
443 Vgl. Erman/ *Michalski*, BGB, § 99 Rn. 4.
444 Vgl. RGZ 109, 190, 192.
445 Vgl. MünchKomm/ *Holch*, BGB, § 99 Rn. 2.
446 Vgl. MünchKomm/ *Holch*, BGB, § 99 Rn. 3.
447 Vgl. MünchKomm/ *Holch*, BGB, § 99 Rn. 3; Erman/ *Michalski*, BGB, § 99 Rn. 4.
448 Vgl. MünchKomm/ *Holch*, BGB, § 99 Rn. 3.

den Früchten einer Sache gehört auch die sonstige Ausbeute nach § 99 Abs. 1 Alt. 2 BGB. Darunter versteht man Früchte, die nicht unter den Begriff der Erzeugnisse fallen, wenn sie aus der Sache ihrer Bestimmung gemäß gewonnen werden.[449] Anders als bei den Erzeugnissen wird die Ausbeute der Substanz der Sache entnommen. Es kann hier sogar eine völlige Ausbeutung der Sache erfolgen.[450] Unter den Begriff der Ausbeute im Sinne von § 99 Abs. 1 Alt. 2 BGB fallen z.B. Bodenschätze, die in Bergwerken, Steinbrüchen oder Gruben aus Grundstücken gewonnen werden. Dazu gehören Kohle, Eisenerz, Mineralien, Steine, Kies, usw.[451] Eine sonstige Grundstücksausbeute kann auch die Kapazität einer ausgebeuteten Kiesgrube darstellen, die als Deponie zur Abraumverfüllung geeignet und bestimmt ist.[452]

Nach § 99 Abs. 3 Alt. 1 BGB sind Früchte auch die Erträge, die eine Sache aufgrund eines Rechtsverhältnisses über die Sache gewährt, das auf Erzielung des Ertrages gerichtet ist. Dabei handelt es sich hauptsächlich um wiederkehrende Gegenleistungen für die Überlassung einer Sache. Hier sei beispielhaft die Überlassung der Sache zum Gebrauch aufgrund eines Mietvertrages oder zur Nutzung aufgrund eines Nießbrauches genannt.[453] Auch die Zinsen für ein Darlehen sind mittelbare Sachfrüchte und fallen unter § 99 Abs. 3 Alt. 1 BGB, weil es sich bei den Zinsen um die Gegenleistung für die Überlassung einer Sache zum Gebrauch handelt.[454]

Gebrauchsvorteile einer Sache sind die Vorteile, welche der Gebrauch der Sache gewährt, ohne dass es sich dabei um Früchte gemäß § 99 BGB handelt.[455] Die Gebrauchsvorteile werden im Wesentlichen durch den Besitz des Gegenstandes vermittelt.[456] Welche Vorteile der Gebrauch konkret gewährt, ergibt sich meist aus der Natur der Sache. Dazu gehört das Bewohnen eines Hauses, die Benutzung eines Kraftwagens, Gebäudes oder Platzes für gewerbliche Zwecke, das Tragen eines Anzuges, usw.[457] Zu beachten ist ferner, dass der Gebrauchsvorteil nicht zwangsläufig in einem Vermögensvorteil bestehen muss, weshalb auch die Möglichkeit, ein Reitpferd zu benutzen einen Gebrauchsvorteil im Sinne des § 100 BGB darstellt.[458] Keine Nutzungen nach § 100 BGB sind die Vor-

449 Vgl. Soergel/ *Marly*, BGB, § 99 Rn. 8.
450 Vgl. MünchKomm/ *Holch*, BGB, § 99 Rn. 4.
451 Vgl. MünchKomm/ *Holch*, BGB, § 99 Rn. 4.
452 Vgl. MünchKomm/ *Holch*, BGB, § 99 Rn. 4.
453 Vgl. MünchKomm/ *Holch*, BGB, § 99 Rn. 6.
454 Vgl. MünchKomm/ *Holch*, BGB, § 99 Rn. 6.
455 Vgl. MünchKomm/ *Holch*, BGB, §100 Rn. 2.
456 Vgl. Erman/ *Michalski*, BGB, § 100 Rn. 2.
457 Vgl. Erman/ *Michalski*, BGB, § 100 Rn. 2.
458 Vgl. MünchKomm/ *Holch*, BGB, § 100 Rn. 3.

teile, die sich aus dem Verbrauch, der Veräußerung und der Belastung ergeben[459], obwohl das Gesetz in § 92 BGB davon ausgeht, dass der bestimmungsgemäße Gebrauch einer Sache in ihrem Verbrauch bestehen kann.[460] So sind die beim Verkauf von Aktien erzielten Kursgewinne keine Gebrauchsvorteile der Aktie im Sinne von § 100 BGB. Der Verkauf der Aktie, durch den der Kursgewinn realisiert wird, geht zu weit über die bloße Gebrauchmachung hinaus[461], ebenso wie die aufgrund der Zerstörung eines Gebäudes durch Brand erlangte Brandversicherungssumme.[462]

(b) § 988 BGB als Rechtsfolgenverweisung

Der Besitzer hat nach § 988 BGB dem Vindikationsgegner alle Nutzungen, die er zwischen der Entstehung der Vindikationslage und dem Eintritt der Haftungsverschärfung gemäß § 987 BGB oder §§ 990, 987 BGB, nach Bereicherungsgrundsätzen herauszugeben. § 988 BGB enthält demnach eine Rechtsfolgenverweisung auf die §§ 818 f., 822 BGB. Die gezogenen Nutzungen sind vom Besitzer in Natur herauszugeben (§ 818 Abs. 1 BGB) oder unter den Voraussetzungen des § 818 Abs. 2 BGB dem objektiven Wert nach zu vergüten. Dies gilt jedoch nur bis zur Grenze seiner Bereicherung (§ 818 Abs. 3 BGB). Der Schuldner kann sich somit in bestimmten Fällen auf Entreicherung berufen. Diesbezüglich stellte die Rechtsprechung bislang hauptsächlich auf eine reine Kausalitätsbetrachtung ab.[463] Der Schuldner sollte diejenigen Vermögensnachteile „verrechnen" dürfen, die im weitesten Sinne kausal auf dem rechtsgrundlosen Erlangen beruhen. Dieses Vorgehen ist im Schrifttum scharf kritisiert worden.[464] Darum sind in der Literatur eine Reihe von Fallgruppen entwickelt worden, die Ausnahmeregelungen zur Kausalitätsbetrachtung der Rechtsprechung bilden bzw. diese eingrenzen.[465] Im Übrigen ist der BGH in einer neueren umstrittenen Entscheidung selbst von seiner bis dahin vertretenen Auffassung ein Stück abgerückt und hat im Rahmen der Rückabwicklung eines formnichtigen Grundstücksvertrages in Bezug auf die Kosten der Eintragung einer Auflassungsvormerkung dem Käufer die Berufung auf § 818 Abs. 3 BGB ebenso versagt wie bezüglich seiner Finanzierungskosten.[466]

459 Vgl. Erman/ *Michalski*, BGB, § 100 Rn. 3.
460 Vgl. MünchKomm/ *Holch*, BGB, § 100 Rn. 5; Soergel/ *Marly*, BGB, § 100 Rn. 5.
461 Vgl. OLG Bremen WM 1970, 1206, 1207.
462 Vgl. BGH FamRZ 1991, 1290.
463 Vgl. RGZ 94, 253, 254; 106, 4, 7; BGHZ 1, 75, 81.
464 Vgl. *Halfmeier*, JA 2007, 492, 494; *Strutz*, NJW 1968, 141 f.
465 Vgl. MünchKomm/ *Schwab*, § 818 Rn. 124 ff.
466 BGHZ 116, 251, 256 f.

Das Berufen auf Entreicherung wird durch §§ 818 Abs. 4, 819 Abs. 1 BGB eingeengt. Es gilt allerdings zu beachten, dass die §§ 818 Abs. 4, 819 Abs. 1 BGB im Hinblick auf § 988 BGB keine große Rolle spielen. § 988 BGB knüpft an die Redlichkeit des Besitzers. Sollte der Besitzer unredlich werden oder Rechtshängigkeit eintreten, dann würde der Besitzer bereits nach den §§ 987, 989, 990 Abs. 1 BGB haften. Ein Unterschied besteht jedoch hinsichtlich des Bezugspunktes. Die §§ 818 Abs. 4, 819 Abs. 1 BGB stellen auf die Rechtshängigkeit und Unredlichkeit hinsichtlich der Nutzungen ab, die §§ 987, 989, 990 Abs. 1 BGB hinsichtlich der zu vindizierenden Sache.[467]

(c) Einbeziehung des Ausgangsfalles

Der Gebrauch eines Pkw stellt einen Gebrauchsvorteil dar und unterfällt damit dem Oberbegriff der Nutzungen (§ 100 BGB) auf den § 988 BGB verweist. Dies ist in der Rechtsprechung seit langem anerkannt.[468] Dabei richtet sich die Bewertung der Gebrauchsvorteile nach dem objektiven Wert, den der Gebrauchsvorteil allgemein für Nutzende der betreffenden Art hat.[469] Der Wert von Gebrauchsvorteilen bei beweglichen Sachen – wie die Nutzung eines Pkws – wird grundsätzlich nach der „Wertverzehrstheorie" nach dem Verhältnis der tatsächlichen zur voraussichtlichen Gesamtnutzungsdauer der Sache berechnet.[470] Die Nutzungsersatzpflicht des redlichen und unverklagten unrechtmäßigen Besitzers für die Benutzung eines Pkw für den Zeitraum von sechs Monaten hängt demnach insbesondere auch von der zu erwartenden Gesamtnutzungsdauer ab. Bei Kraftfahrzeugen wird die Nutzungsdauer regelmäßig in Kilometern bemessen. Bei gebrauchten Kraftfahrzeugen ist der konkrete Altwagenpreis mit der voraussichtlichen Restfahrleistung ins Verhältnis zu setzen und mit der tatsächlichen Fahrleistung des Käufers zu multiplizieren.[471]

b) § 988 BGB in analoger Anwendung

Die vorstehenden Ausführungen zur direkten Anwendung des § 988 BGB gelten für den Besitzer, der die Sache unentgeltlich erhalten hat, also z.B. durch eine unwirksame Schenkung oder eine unwirksame Leihe. Ob der Eigentümer auch von demjenigen Besitzer Nutzungsersatz verlangen kann, der den Besitz an der Sache „nur" rechtsgrundlos, nicht aber unentgeltlich im engeren Sinne, erhalten hat, ist umstritten. Problematisch ist insoweit, ob der Begriff „Rechtsgrundlosig-

---

467 Vgl. MünchKomm/ *Baldus*, BGB, § 988 Rn. 11.
468 Vgl. BGHZ 39, 186, 187.
469 Vgl. BGH NJW 1995, 2627, 2628.
470 Vgl. BGH NJW 1995, 2159, 2161; 2006, 1582, 1583.
471 Vgl. BGH NJW 1995, 2159, 2161.

keit“ dem Begriff „Unentgeltlichkeit“ gleich gesetzt werden kann.[472] Dabei wirft die insbesondere von der Rechtsprechung favorisierte Lösung des Ausgangsfalles mittels einer Analogie zu § 988 BGB schon in methodischer Hinsicht zahlreiche Fragen auf. Es ist bereits fraglich, ob überhaupt die Voraussetzungen vorliegen, die zu einer analogen Anwendung des § 988 BGB berechtigen. Da die Analogie ein Instrument der Rechtsfortbildung[473] ist, lässt sich diese Frage nur durch einen Abgleich mit den in Rechtsprechung und Schrifttum gleichermaßen anerkannten Prinzipien der Methodenlehre beantworten.

aa) Begriff, Funktion und systematische Einordnung der Analogie

„Unter einer Analogie versteht man die Übertragung der für einen Tatbestand (A) oder für mehrere, untereinander ähnliche Tatbestände im Gesetz gegebenen Regel auf einen vom Gesetz nicht geregelten, ihm „ähnlichen“ Tatbestand (B)“[474], wie es *Canaris* formuliert. Die Analogie ist ein Instrument der Rechtsfortbildung, worunter eine über die Gesetzesauslegung hinausgehende Form der angewandten Rechtswissenschaft verstanden und mit der geltendes Recht geschaffen wird.[475] „Methodisch geleitete Rechtsfortbildung über die Grenze der Auslegung im engeren Sinne hinaus, aber noch im Rahmen des ursprünglichen Plans, der Teleologie des Gesetzes selbst, ist Lückenausfüllung im engeren Sinne (gesetzesimmanente Rechtsfortbildung).“[476] Gerichte sind mitunter gezwungen, sich dieses Instruments zu bedienen, weil auch ein noch so sorgsam bedachtes Gesetz nicht für jeden einer Regelung bedürftigen Fall, der dem Regelungsbereich des Gesetzes zuzurechnen ist, eine Lösung enthalten kann.[477] Die Rechtsfortbildung ist notwendig, um unbefriedigende Ergebnisse zu vermeiden. Die Voraussetzungen für die Zulässigkeit einer Rechtsfortbildung folgen sowohl aus der Auslegungslehre, als auch aus dem Verfassungsrecht.[478] Nach der im Schrifttum und Rechtsprechung gleichermaßen vertretenen Theorie der Wortsinngrenze[479] bedarf es zunächst immer der Feststellung, dass sich das gewünschte Ergebnis nicht schon im Wege der Auslegung erreichen lässt, ob sich

472 Dazu genauer bei § 5 A. I. 1. b) bb) (2).

473 Dazu genauer bei § 5 B. II. 2.

474 Diese Definition sowie noch weitere nachfolgende Ausführungen zur Methodenlehre sind nunmehr *Canaris* zuzuordnen, der ab der 3. Auflage allein Verantwortung trägt für das von *Larenz* begründete Buch „Methodenlehre der Rechtswissenschaft“ (*Larenz/ Canaris*, Methodenlehre, S. 202).

475 Vgl. *Schmalz*, Methodenlehre, Rn. 417. Dazu genauer bei § 5 B. II. 2.

476 *Larenz/ Canaris,* Methodenlehre, S. 187. Dazu genauer bei § 5 B. II. 2. a).

477 Vgl. *Larenz/ Canaris*, Methodenlehre, S. 187.

478 Vgl. *Wank*, Auslegung, S. 84.

479 Dazu genauer bei § 5 B. II. 1. a).

also nicht doch eine Interpretationsmöglichkeit finden lässt, die noch vom möglichen Wortsinn der Vorschrift umfasst ist. Die Rechtsfortbildung geht mithin einen Schritt weiter als die gesetzesimmanente Auslegung, wenn sie auch nicht völlig losgelöst davon betrachtet werden kann. Es besteht vielmehr ein fließender Übergang, wenn auch beide Instrumente klar voneinander abzugrenzen sind. Verboten ist eine Rechtsfortbildung einerseits im Hinblick auf eine Analogie zu Lasten des Täters im Strafrecht gemäß Art. 103 Abs. 2 GG[480] und andererseits in den Fällen, in denen der Gesetzgeber eine Aufzählung wählt mit der Folge, dass die Norm nur in den genannten Fällen angewandt werden darf.[481] „Offensichtlich erlaubt ist die Rechtsfortbildung immer dann, wenn der Gesetzgeber einen weiteren Regelungsbedarf gesehen hat, dem er selber aber nicht nachkommen wollte oder konnte und so die Frage bewusst einer Klärung durch Rechtsprechung und Lehre überlassen hat."[482]

Die allermeisten Fälle – und so auch der Ausgangsfall – sind nicht so eindeutig. Insbesondere die Beantwortung der Frage bzw. Fragen, ob der Gesetzgeber einen weiteren Regelungsbedarf überhaupt gesehen hat und wenn ja, ob er die Klärung dieser Frage bewusst der Rechtsprechung und Lehre überlassen hat oder ob er eine abschließende Regelung treffen wollte, ist äußerst schwierig. Hier muss eine für die Rechtsfortbildung notwendige Gesetzeslücke noch explizit festgestellt werden. Dabei unterscheidet man die offene von der verdeckten Gesetzeslücke. Fehlt eine Regelung, die nach dem Regelungszweck zu erwarten wäre, dann liegt eine offene Lücke vor. Diese kann dann mittels einer Analogie geschlossen werden.[483] Eine verdeckte Lücke liegt immer dann vor, wenn eine gesetzliche Regelung entgegen ihrem Wortsinn, aber gemäß der immanenten Teleologie des Gesetzes einer Einschränkung bedarf, die im Gesetz nicht enthalten ist.[484] Verdeckte Lücken können im Wege der teleologischen Reduktion geschlossen werden. Für die Lösung des Ausgangsfalles fehlt es an einer Vorschrift, nach der auch der entgeltlich Besitzende im Falle eines doppelnichtigen Veräußerungsgeschäftes auf Nutzungsersatz haftet. Die Rechtsprechung, die sowohl am Wortlaut des § 993 Abs. 1 HS 2 BGB festhalten möchte, als auch den Wertungswiderspruch beseitigen will, bleibt folgerichtig nur die Möglichkeit einer Analogie zu § 988 BGB. Bei der analogen Anwendung des § 988 BGB handelt es sich um einen Fall der Gesetzes- bzw. Einzelanalogie. Hierfür

480 Vgl. *Schwintowski*, S. 112.
481 Vgl. *Wank*, Auslegung, S. 82.
482 *Wank*, Auslegung, S. 82.
483 Vgl. *Wank*, Auslegung, S. 83.
484 Vgl. *Larenz/ Canaris*, Methodenlehre, S. 210.

ist kennzeichnend, dass nur eine einzelne Vorschrift für die Analogie herangezogen wird.[485]

bb) Voraussetzungen der Analogie

Die analoge Anwendung einer Norm setzt neben einer planwidrigen Regelungslücke[486] das Bestehen einer vergleichbaren Interessenlage voraus.[487]

(1) Planwidrige Regelungslücke

Nach den Vorschriften des Eigentümer-Besitzer-Verhältnisses haftet der redliche und unverklagte unrechtmäßige Besitzer auf Nutzungsersatz nur in den Fällen des § 993 Abs. 1 HS 1 BGB und § 988 BGB, wobei § 988 BGB voraussetzt, dass der Besitzer die Sache unentgeltlich erlangt hat. Die §§ 987 ff. BGB enthalten keine Regelungen, wonach auch der rechtsgrundlose, aber nicht unentgeltliche redliche Besitzer die Nutzungen herausgeben muss. Insofern fehlt es an einer positiv gesetzlich normierten Regelung.

Problematisch ist, ob diese Regelungslücke auch planwidrig ist. Planwidrig ist eine Regelungslücke immer dann, wenn der Gesetzgeber einen Regelungsbedarf nicht gesehen hat.[488] Die Gesetzgebungsmaterialien zeigen, dass § 988 BGB erst von der zweiten Kommission eingefügt worden und dass diese Vorschrift § 816 Abs. 1 S. 2 BGB nachgebildet ist.[489] *Gursky* bringt es auf den Punkt: „Die … Vorschrift wurde von der Kommission auf den gleichen Rechtsgedanken wie § 816 Abs. 1 S. 2 zurückgeführt, ja als notwendige Konsequenz der letzteren Norm verstanden … .“[490] Fraglich ist, ob der Umgang mit § 816 Abs. 1 S. 2 BGB durch die Rechtsprechung und die Vertreter der Literatur Rückschlüsse auf § 988 BGB zulässt, weil auch bei § 816 Abs. 1 S. 2 BGB problematisch ist, ob der rechtsgrundlose Erwerber den Verfügungsgegenstand ebenso wie der unentgeltliche Erwerber herausgeben muss.[491] Sollte eine derartige Herausgabepflicht

485 Vgl. *Wank*, Auslegung, S. 85.

486 Vgl. *Schmalz*, Methodenlehre, Rn. 383; BGH NJW 2007, 992, 993.

487 Vgl. *Wank*, Auslegung, S. 85.

488 Vgl. *Schmalz*, Methodenlehre, Rn. 385 f.

489 Protokolle BGB III, S. 350. Dort heißt es: „Die zu den §§ 839, 880 gefaßten Beschlüsse gingen von dem Gesichtspunkt aus, daß es im Interesse des Verkehrs nicht erforderlich sei, auch den gutgläubigen rein lukrativen Erwerb auf Kosten des wahren Berechtigten im vollen Umfange zu schützen. Der Umstand, daß nur ein lukrativer Erwerb vorliege, solle zwar nicht dahin führen, den Eigenthumserwerb überhaupt auszuschließen, wohl aber solle er zur Folge haben, daß der Erwerber nach den Grundsätzen über die ungerechtfertigte Bereicherung dem Eigenthümer haftbar sei.“

490 Staudinger/ *Gursky*, BGB, § 988 Rn. 1.

491 Vgl. Palandt/ *Sprau*, BGB, § 816 Rn. 16.

von den Gesetzesverfassern angenommen worden sein, dann würde auch der hier in Rede stehende Fall von § 988 BGB umfasst – zumindest dann, wenn man eine Entscheidung auf der Grundlage des Willens des historischen Gesetzgebers festmachen möchte –, eben weil diese Norm § 816 Abs. 1 S. 2 BGB nachempfunden ist. Leider findet sich darauf keine klare Antwort, weil die Gesetzgebungsmaterialien hierzu schweigen. Die Rechtsprechung hat sich bisher zu § 816 Abs. 1 S. 2 BGB – der eine Durchbrechung des Grundsatzes vom Vorrang der Leistungskondiktion darstellt[492] – noch nicht eindeutig positioniert. Das Problem wurde in der Rechtsprechung bei der Entscheidung der so genannten „Spielbank-Fälle"[493] lediglich angerissen. Eine Übertragung der Ansicht des BGH auf den hier in Rede stehenden Fall ist daher nicht möglich. Im ersten Urteil wendete der BGH § 816 Abs. 1 S. 2 BGB entsprechend an, weil der Spieler für das unterschlagene Geld in Gestalt der Zulassung zum Spiel keinen Gegenwert erhalten habe, auf den der frühere Eigentümer zurückgreifen könne. Dabei profitierte der BGH aber von der Tatsache, dass bis dato die gebotene Gewinnchance in Rechtsprechung und Schrifttum noch nicht als geldwerte Gegenleistung anerkannt war. Bei der zweiten Spielbankentscheidung – bei der die gebotene Gewinnchance als geldwerte Gegenleistung angesehen wurde – erfolgte keine Stellungnahme zu dem hier in Rede stehenden Problem, weil in diesem Fall von der Gültigkeit des Spielvertrages ausgegangen werden konnte.[494] Tatsächlich hat der BGH also noch gar nicht darüber entschieden, ob der Begriff „rechtsgrundlos" mit dem Begriff „unentgeltlich" gleich zu setzen ist.

Nach der im Schrifttum wohl herrschenden Lehre von der Doppelkondiktion muss der rechtsgrundlose Erwerber den Gegenstand zwar herausgeben, allerdings nur an seinen Vertragspartner.[495] Der Grund dafür ist, dass, anders als beim unentgeltlichen Erwerb, ihm bei einer Herausgabepflicht gegenüber dem Altberechtigten seine Einwendungen im Verhältnis zum Verfügenden abgeschnitten wären.[496] Bei einer Direktkondiktion könnte der Erwerber der Sache z.B. für den Fall, dass er noch einen Anspruch auf Rückzahlung des Kaufpreises hat, kein Zurückbehaltungsrecht an der Sache geltend machen. Nach herrschender Meinung kann der Berechtigte daher nur den Rückgabeanspruch des Verfügenden kondizieren ("Kondiktion der Kondiktion"). Dadurch bleiben dem Dritten auch seine Einreden erhalten (§ 404 BGB). Nach der Lehre von der Einheitskondiktion hingegen kann der Altberechtigte auch vom rechtsgrundlosen

---

492 Vgl. *Kropholler*, BGB, § 816 Rn. 1.

493 BGHZ 37, 363 ff. (1.Urteil) und BGHZ 47, 393 ff. (2.Urteil).

494 Vgl. BGHZ 47, 393, 398 f.

495 Vgl. Palandt/ *Sprau*, § 816 Rn. 19; Erman/ *Buck-Heeb*, § 816 Rn. 10.

496 Vgl. *Bayreuther*/ *Arnold*, JuS 2003, 769, 772.

Erwerber entsprechend Abs. 1 S. 2 Herausgabe fordern.[497] Hiernach muss für den Erwerb ohne Rechtsgrund „erst recht" das angenommen werden, was schon für den unentgeltlichen Erwerb mit Rechtsgrund gelte.[498]

Auf die Beantwortung der Frage, ob im Rahmen der Anwendung des § 816 Abs. 1 S. 2 BGB der rechtsgrundlose dem unentgeltlichen Erwerber gleichgestellt wird, kommt es aber gar nicht an – jedenfalls dann nicht, wenn sich der historische Gesetzgeber hierzu nicht geäußert hat. Entscheidend ist darum vielmehr ein anderer Punkt. Es wurde gezeigt, dass sich die Gesetzesverfasser bei der Schaffung des § 818 BGB dem Wertungswiderspruch durchaus bewusst waren, ihn aber in Kauf nahmen wegen eines Hinweises auf den Erbschaftsanspruch, der eine Pflicht zur Herausgabe von Nutzungen vorsah (heute § 2020 BGB).[499] Damit hat der historische Gesetzgeber den hier in Rede stehenden Fall gesehen. Mithin fehlt es an einer planwidrigen Regelungslücke. Fraglich ist demnach allein, ob der eindeutige Wille des historischen Gesetzgebers durch die Inanspruchnahme des redlichen und unverklagten unrechtmäßigen Besitzers mit Hilfe der analogen Anwendung des § 988 BGB unterlaufen werden darf.[500]

(2) Vergleichbare Interessenlage

Fraglich ist, ob eine vergleichbare Interessenlage vorliegt. Davon spricht man immer dann, wenn ein geregelter und ein oder mehrere nicht geregelte Sachverhalte einander ähnlich sind, sie also in einigen Hinsichten übereinstimmen, in anderen nicht.[501] „Die Tatbestände dürfen demnach weder gleich, noch absolut ungleich sein. Entscheidend ist, dass sie gerade in den für die rechtliche Bewertung maßgebenden Hinsichten übereinstimmen."[502] Ob dies beim unentgeltlich erlangten Besitz und beim rechtsgrundlos erlangten Besitz der Fall ist, ist umstritten. Während insbesondere die Rechtsprechung eine vergleichbare Interessenlage grundsätzlich annimmt, wird die Gleichsetzung von „Rechtsgrundlosigkeit" und „Unentgeltlichkeit" im Schrifttum größtenteils abgelehnt.

(a) Begriff „Unentgeltlichkeit"

Gegen die Ansicht der Rechtsprechung spricht, dass der Begriff „unentgeltlich" im Bürgerlichen Gesetzbuch ausschließlich solche Vermögensverschiebungen

---

497 Vgl. *Kropholler*, BGB, § 816 Rn. 4.

498 Vgl. Staudinger/ *Lorenz*, BGB, § 816 Rn. 18.

499 Dazu bereits genauer bei § 4 A.

500 Dazu genauer bei § 5 B. II.

501 Vgl. *Larenz*/ *Canaris*, Methodenlehre, S. 202.

502 *Larenz*/ *Canaris*, Methodenlehre, S. 202.

meint, die in freigebiger Absicht geschehen,[503] wie z.B. bei der Schenkung (§ 516 BGB) und der Leihe (§ 598 BGB). Bei einem entgeltlichen Vertrag, z.B. einem Kaufvertrag, erfolgt die Vermögensverschiebung ob der Gegenleistung willen. Daran ändert auch die Nichtigkeit des Vertrages nichts.

(b) Verschiebung des Insolvenzrisikos im Zwei-Personen-Verhältnis

Die Schlechterstellung des rechtsgrundlosen gegenüber dem unentgeltlichen Besitzer wird auch dann deutlich, wenn man den Ausgangsfall nur ein wenig abändert und nach den wechselseitigen Ansprüchen fragt:

A verkauft (§ 433 BGB) und übereignet (§ 929 S. 1 BGB) seinen Pkw an B. Nach einem halben Jahr stellt sich heraus, dass A sowohl bei der Vornahme des Verpflichtungs-, als auch des Verfügungsgeschäftes geschäftsunfähig (§§ 104, 105 BGB) war, weshalb sowohl der Kaufvertrag, als auch die dingliche Einigung und mithin die Übereignung nichtig sind. B wusste von der Geschäftsunfähigkeit des A nichts. Allerdings ist bereits einen Tag nach Verkauf und Übereignung das Insolvenzverfahren über das Vermögen des A eröffnet worden. Der Insolvenzverwalter X verlangt nun die Herausgabe des Pkws sowie Nutzungsersatz. Den an A geleisteten Kaufpreis will er jedoch nicht vollumfänglich zurück erstatten und verweist B insoweit auf die Insolvenzquote. B ist der Ansicht, sein an A bereits gezahlter Kaufpreis müsse doch gegenüber den geltend gemachten Ansprüchen des Insolvenzverwalters X Berücksichtigung finden.

Ausgangspunkt aller Überlegungen muss an dieser Stelle sein, dass der Gesetzgeber den Besitzer, der die Sache vom Eigentümer unentgeltlich erhalten hat, für weniger schutzwürdig gehalten hat. Sein Schutz erfolgt lediglich durch die Verweisung auf das Bereicherungsrecht und die daraus folgende Anwendbarkeit des § 818 Abs. 3 BGB.[504] Aus diesem Grund hat der unentgeltliche und redliche Besitzer dem Eigentümer die Nutzungen nach § 988 BGB herauszugeben. Er verliert damit insgesamt nichts, außer seinem „Geschenk". Der unentgeltliche Besitzer hat lediglich die Sache und die Nutzungen herauszugeben, die er ohne Abwicklung der Geschäfte sowieso nicht gehabt hätte. Dass der unentgeltliche Besitzer die Nutzungen nicht behalten darf ist eine Wertungsdifferenzierung, die auf der Tatsache beruht, dass der unentgeltliche Besitzer keinerlei eigenes wirtschaftliches Risiko trägt.[505]

---

503 Vgl. Staudinger/ *Gursky*, BGB, Vorbem zu §§ 987-1003 BGB Rn. 44. Falsch ist darum die Ansicht *Weimar's*, dass der Begriff der Unentgeltlichkeit bei § 988 BGB weiter gehe, als bei der Schenkung (*Weimar*, MDR 1959, 268, 269).

504 Dazu genauer bereits bei § 5 A. I. 1. a) aa).

505 Dazu bereits bei § 5 A. I. 1. a) aa).

Im Umkehrschluss bedeutet das allerdings, dass der redliche und unverklagte unrechtmäßige, aber nicht unentgeltliche Besitzer nicht auch den von ihm an den Eigentümer gezahlten Kaufpreis verlieren darf. Ansonsten würde er den Kaufpreis verlieren und zugleich Nutzungsersatz leisten müssen. Er stünde schlechter als der unentgeltliche Besitzer dar. Diese Konstellation kann auch nicht mit einem Hinweis auf eine Wertungsdifferenzierung erklärt werden, weil der rechtsgrundlose, aber nicht unentgeltliche Besitzer das volle wirtschaftliche Risiko trägt.

Daher stellt sich zunächst die Frage, ob der Insolvenzverwalter des Verkäufers die gelieferte Kaufsache herausverlangen und den Käufer wegen des Kaufpreises auf die Insolvenzquote verweisen kann. Ein Anspruch auf Herausgabe des Pkws könnte dem Insolvenzverwalter sowohl aus § 985 BGB, als auch aus § 812 Abs. 1 S. 1 Alt. 1 BGB zustehen. Problematisch – und für das Bejahen oder Verneinen beider Anspruchsgrundlagen einzig maßgeblich – ist, ob der Käufer beiden Anspruchsgrundlagen den von ihm an den Verkäufer gezahlten Kaufpreis einredeweise entgegenhalten kann. Fest steht, dass er dies jedenfalls nicht mit Hilfe der §§ 320 ff. BGB tun kann. Die §§ 320 ff. BGB sind auf die Rückabwicklung nichtiger Verträge unanwendbar.[506]

Bezüglich der anderen „Gegenrechte" ist zu differenzieren. Fraglich ist zunächst, ob der Käufer wegen seines an den Verkäufer geleisteten Kaufpreises ein Zurückbehaltungsrecht nach § 273 BGB[507] gegenüber dem Insolvenzgläubiger hat, das er dem Anspruch aus § 985 BGB einredeweise entgegenhalten kann. Nach einer Ansicht[508] ist ein Zurückbehaltungsrecht aus § 273 BGB immer dann insolvenzfest, wenn es schon vor Verfahrenseröffnung dem Insolvenzschuldner gegenüber begründet worden ist. Hiernach könnte der Käufer dem Herausgabeverlangen des Insolvenzgläubigers den an den Verkäufer gezahlten Kaufpreis entgegenhalten, weil sein Anspruch (§ 812 Abs. 1 S. 1 BGB) bereits einen Tag vor der Insolvenzeröffnung entstanden ist. Nach herrschender Ansicht jedoch stellt auch ein vor Eröffnung des Insolvenzverfahrens über das Vermögen des Schuldners entstandener Anspruch eine reine Insolvenzforderung dar.[509] Danach

506 Vgl. RGZ 94, 309, 310; Palandt/ *Grüneberg*, BGB, Einf v § 320 Rn. 11 sowie § 320 Rn. 2.

507 Voraussetzungen für ein Zurückbehaltungsrecht nach § 273 BGB sind ein fälliger Gegenanspruch – wobei im Gegensatz zur Aufrechnung die Gleichartigkeit von Anspruch und Gegenanspruch gerade nicht erforderlich ist – und die Tatsache, dass Anspruch und Gegenanspruch auf demselben rechtlichen Verhältnis beruhen, also die Konnexität (vgl. Palandt/ *Grüneberg*, BGB, § 273 Rn. 6 ff.; *Kropholler*, BGB, § 273 Rn. 2 ff.).

508 OLG Celle, Urteil vom 19.03.2008, Az.: 7 U 123 /07. Die Ansicht des OLG Celle ist dargelegt in der Entscheidung des BGH in dieser Sache in WM 2010, 473, 474.

509 Vgl. BGHZ 150, 138, 145; BGHZ 161, 241, 252 f.; BGH MDR 2010, 591, 593.

hat ein allein auf § 273 BGB gestütztes Zurückbehaltungsrecht im Insolvenzverfahren zugunsten eines einfachen Insolvenzgläubigers keine Wirkung. Es stellt ein Zwangsmittel zur Durchsetzung einer rein persönlichen Gegenforderung dar, das in der Insolvenz über die Grenzen des § 51 Nr. 2, 3 InsO hinaus nicht zugelassen werden kann, weil es im Widerspruch zum Grundsatz der gleichmäßigen Gläubigerbefriedigung steht.[510] Für die zweite Ansicht spricht entscheidend der Gesetzeswortlaut. § 51 InsO bestimmt, dass nur in bestimmten Fällen Zurückbehaltungsrechte insolvenzfest sein sollen. Auch Gründe der Billigkeit (§ 242 BGB) gebieten es nicht, dem Käufer den Pkw auf Kosten anderer Insolvenzgläubiger zu belassen.

Der Insolvenzverwalter könnte zudem einen Anspruch aus § 812 Abs. 1 S. 1 Alt. 1 BGB geltend machen. Fraglich ist insoweit, ob der Käufer dem Insolvenzverwalter den von ihm an den Verkäufer gezahlten Kaufpreis mit Hilfe der Saldotheorie entgegenhalten kann. Es ist gefestigte Rechtsprechung des BGH, dass die Rückabwicklung unwirksamer gegenseitiger Verträge bereicherungsrechtlich nach den Grundsätzen der Saldotheorie zu erfolgen hat.[511] Anders als bei der so genannten Zwei-Kondiktionen-Theorie, wonach die Bereicherungsansprüche selbständig geprüft und durch Zurückbehaltungsrechte (§ 273 BGB) gegeneinander aufgehoben werden können,[512] versteht die Saldotheorie den Bereicherungsausgleich als eine Einheit.[513] Im Falle ungleichartiger Gegenleistungen hat der klagende Bereicherungsgläubiger die Rückgewähr seiner Gegenleis-

510 Vgl. BGHZ 150, 138 = BGH NJW 2002, 2313, 2315. In dieser Entscheidung des BGH hatte der Käufer eines Grundstücks versucht – nachdem sich der Kaufvertrag als nichtig herausstellte, er den Kaufpreis bereits geleistet hatte und zu seinen Gunsten eine Vormerkung eingetragen war – dem Begehren des Klägers (das war in diesem Fall der Insolvenzverwalter des Insolvenzschuldners) auf Löschung der zugunsten des Beklagten eingetragenen Auflassungsvormerkung ein Zurückbehaltungsrecht wegen des von ihm gezahlten Kaufpreises geltend zu machen. Der BGH verneinte ein solches Zurückbehaltungsrecht und begründete es unter anderem so: „Der Kläger macht einen Anspruch geltend, der einseitig aus dem originären dinglichen Recht der Konkursmasse folgt. Er wurzelt nicht im Kaufvertrag mit dem Beklagten, sondern dieser ist nur der Anlaß für die unrichtige Grundbucheintragung. Der Berichtigungsanspruch steht der … als Eigentümerin zu. Nachdem die Verfügungsbefugnis über diesen Anspruch auf den Kläger als Konkursverwalter übergegangen ist, vermag der Beklagte ihm den bereicherungsrechtlichen Anspruch auf Kaufpreisrückgewähr – der eine bloße Konkursforderung darstellt – nicht (mehr) entgegenzuhalten“ (BGHZ 150, 138, 146 f.).

511 Vgl. BGHZ 150, 138, 146.

512 Vgl. MünchKomm/ *Schwab*, BGB, § 818 Rn. 209.

513 Vgl. BGH NJW 2006, 2847, 2852; BGH NJW 2005, 884, 887.

tung Zug-um-Zug anzubieten.[514] Im vorliegenden Fall müsste der Insolvenzverwalter X also den Kaufpreis anbieten.

Die Saldotheorie erlangt immer dann besondere Bedeutsamkeit, wenn ein Bereicherungsschuldner nicht mehr in der Lage ist, die Sache herauszugeben. Die hauptsächliche Wirkung der Saldotheorie besteht daher in einer Verschiebung des Entreicherungsrisikos nach § 818 Abs. 3 BGB.[515] Die durch Leistung und Gegenleistung gekennzeichnete Risikoordnung bei gegenseitigen Verträgen wird auch im Fall ihrer Unwirksamkeit in das Bereicherungsrecht hinüber genommen. Man spricht insoweit von einem faktischen Synnallagma.[516] Daraus folgt, dass grundsätzlich nur diejenige Partei kondizieren darf, für die sich ein positiver Saldo ergibt, und zwar in der Höhe, in der der Kondiktionsschuldner noch bereichert ist. Dabei gilt es zu beachten, dass die eigene Entreicherung zum Abzugsposten des eigenen Bereicherungsanspruchs wird. Auf diese Weise soll vermieden werden, dass ein selbst entreicherter Vertragspartner die eigene Leistung bzw. deren Wert ganz zurück verlangen kann und selbst nicht zu leisten braucht. Die Saldotheorie basiert einerseits auf rechtlicher Konstruktion, indem sie nämlich im Rahmen des § 818 Abs. 3 BGB ansetzt und diese Vorschrift aufgrund ihres weit gefassten Wortlauts dies auch eindeutig hergibt,[517] andererseits ganz wesentlich auf Wertungen, indem sie immer dann eingeschränkt wird, wenn die mit ihr verbundene Risikoverteilung der Billigkeit nicht entspricht. Daher können sich insbesondere Minderjährige und sonstige in der Geschäftsfähigkeit beschränkte Personen,[518] aber auch arglistig getäuschte Schuldner, wenn sie das Rechtsgeschäft angefochten haben,[519] nach § 818 Abs. 3 BGB auf Entreicherung berufen, ohne sich die Saldotheorie entgegen halten lassen zu müssen. Die Berücksichtigung von Wertungskriterien ist für das Bereicherungsrecht als Billigkeitsrecht insgesamt kennzeichnend.[520]

Fraglich ist, ob die Saldotheorie auch in der Insolvenz einer Einschränkung unterliegt. Nach der Rechtsprechung gelten in der Insolvenz die Grundsätze der Saldotheorie nur in abgewandelter Form.[521] Der Grund dafür ist, so der BGH in

---

514 Vgl. BGH NJW 2002, 2313, 2315; BGH NJW 1999, 1181; BGH NJW 1995, 454, 455.

515 Vgl. BGH JuS 2005, 464, 465.

516 Vgl. BGH JuS 2005, 464, 465; Erman/ *Buck-Heeb*, BGB, § 818 Rn. 41.

517 Dazu genauer bei § 5 C. II.

518 Vgl. MünchKomm/ *Schwab*, BGB, § 818 Rn. 238.

519 Vgl. MünchKomm/ *Schwab*, BGB, § 818 Rn. 238.

520 Die Berücksichtigung von Wertungskriterien tritt explizit immer dann hervor, wenn der Normtext keine abschließende Regelung trifft. Dies wird im Bereicherungsrecht insbesondere in den so genannten Drei-Personen-Konstellationen deutlich. Dazu genauer bei § 3 B.

521 Vgl. BGHZ 161, 241, 250.

mehreren Entscheidungen, „dass ein nichtiger Vertrag in der Insolvenz keine stärkeren Wirkungen erzeugen soll als ein gültiger Vertrag. Denn allgemein sieht das Insolvenzrecht keine besonderen Regelungen für Rückabwicklungsansprüche aus nichtigen Rechtsgeschäften aus der Zeit vor der Insolvenzeröffnung vor.“[522] Die Saldotheorie ist daher nicht dazu gedacht, Forderungen, die ohne Saldierungsmöglichkeit bloße Insolvenzforderungen wären, zu verdinglichen oder zu Masseforderungen zu erheben.[523] Fraglich ist deshalb, ob der Käufer dem Insolvenzverwalter den an den Verkäufer gezahlten Kaufpreis entgegenhalten könnte, wenn der Vertrag wirksam gewesen wäre. Nicht wirklich weiter hilft der Vergleich mit der Konstellation, in der der Vertrag von beiden Seiten erfüllt worden ist. In diesem Fall bestehen keinerlei Ansprüche mehr. Daran ändert auch eine spätere Verfahrenseröffnung nichts mehr.[524] Sind die Leistungen ausgetauscht, ist aber eine Partei vom Vertrag zurückgetreten, dann findet § 103 InsO Anwendung. In diesem Fall kann der Insolvenzverwalter die Rückgewähr der Sache verlangen, muss seinerseits aber anstelle des Schuldners das Erlangte zurückerstatten. Lehnt der Insolvenzverwalter die Rückabwicklung ab, dann kann der Vertragspartner seine Forderung nur zur Tabelle anmelden. Der Insolvenzgläubiger ist also bei der Rückabwicklung eines gegenseitigen – anders als beim Herausgabeanspruch nach § 985 BGB –, aber wirksamen Vertrages geschützt. Dann aber braucht es keiner weiter gehenden Einschränkung der Saldotheorie. Der Insolvenzgläubiger steht beim Vorliegen eines nichtigen Vertrages nicht besser da, als wenn der Vertrag wirksam wäre. Die Saldotheorie kann folglich in gewohntem Maße angewendet werden. Das bedeutet, der Insolvenzverwalter hat die Rückgewähr seiner Gegenleistung Zug-um-Zug anzubieten. Tut er das nicht, dann bekommt er die Sache auch nicht zurück. Im Ausgangsfall kann B zumindest dem Anspruch aus § 812 Abs. 1 S. 1 BGB des Insolvenzverwalters X den an A gezahlten Kaufpreis entgegenhalten.

Schlussendlich bleibt es jedoch dabei, dass der Käufer gemäß § 985 BGB den Pkw an den Insolvenzverwalter herausgeben müsste, ohne den an den Verkäufer gezahlten Kaufpreis einredeweise entgegenhalten zu können. Damit steht der rechtsgrundlose entgeltliche Besitzer schlechter da, als der unentgeltliche Besitzer. Der unentgeltliche Besitzer hat nichts geleistet und kann folglich nichts verlieren. Fraglich ist, ob in diesem Fall dem rechtsgrundlosen Besitzer wenigstens die gezogenen Nutzungen verbleiben. Es ist bereits zweifelhaft, ob ein etwaiges Nutzungsbehaltungsrecht des rechtsgrundlosen Besitzers mit dem fehlenden Risiko eines drohenden Verlustes des zu Unrecht gezahlten Kaufpreises

522 Vgl. BGHZ 149, 326, 334; 161, 241, 250.

523 Vgl. BGHZ 161, 241, 250 f.

524 Vgl. *Foerste*, Insolvenzrecht, Rn. 206.

derart vergleichbar ist, dass von einer vergleichbaren Interessenlage gesprochen werden kann. Einer Beantwortung dieser Frage bedarf es aber jedenfalls dann nicht, wenn ein solches Nutzungsbehaltungsrecht überhaupt nicht existiert. Dann nämlich würde der rechtsgrundlose Besitzer sowohl die Nutzungen, als auch einen Großteil seines Kaufpreises[525] verlieren und stünde spürbar schlechter als der unentgeltliche Besitzer dar, der nur die Nutzungen herauszugeben hat.

Entscheidend ist daher, ob B in der Fallvariation die Nutzungen behalten darf. Der Insolvenzverwalter könnte seinen Anspruch möglicherweise auf § 988 BGB analog stützen. Fraglich ist, ob der Käufer mit Hilfe der Saldotheorie dem Herausgabeverlangen des Insolvenzverwalters den von ihm an den Verkäufer gezahlten Kaufpreis entgegenhalten kann, weil § 988 BGB eine Rechtsfolgenverweisung darstellt und sich die Herausgabe der gezogenen Nutzungen nach den §§ 812 ff. BGB richtet.[526] Ob § 988 BGB aber überhaupt mit der Saldotheorie in Zusammenhang zu bringen ist, ist durchaus problematisch. Zu beachten ist insoweit, dass die Saldotheorie auf ein synallagmatisches Verhältnis abstellt. In einem solchen steht die Nutzungsherausgabepflicht mit der Kaufpreiszahlung jedoch nicht. Selbst wenn man die Saldotheorie anwenden möchte, so müsste sie doch zumindest eingeschränkt werden. Dies folgt aus den §§ 95, 96 InsO. Aus jenen Vorschriften ergibt sich, dass der Käufer – für den Fall, dass der Kaufvertrag wirksam gewesen wäre – keine insolvenzbeständige Aufrechnungs- oder Verrechnungsposition nach §§ 95, 96 InsO erworben hätte. Diese Rechtsgedanken gelten auch im Rahmen der bereicherungsrechtlichen Rückabwicklung.[527] Wenn es dem Käufer also versagt gewesen wäre, mit seinem Kaufpreisrückzahlungsanspruch gegen den nach Insolvenzeröffnung entstandenen Nutzungsersatzanspruch des Verkäufers aufzurechnen für den Fall, dass der Kaufvertrag nicht nichtig wäre, dann kann im Falle der Nichtigkeit des Kaufvertrages nichts anderes gelten. Insoweit würde die Saldotheorie eingeschränkt. An dieser Stelle würde die Formulierung des BGH greifen, „dass ein nichtiger Vertrag in der Insolvenz keine stärkeren Wirkungen erzeugen soll als ein gültiger Vertrag“[528]. Aus diesem Grund mindert sich nicht der Nutzungsersatzanspruch der Masse um den von B geltend gemachten Abzugsposten in Form der Kaufpreiszahlung. Dem Käufer steht auch nicht das Recht zu, mit Hilfe des § 320 BGB die ihm obliegende Leistung, also die Zahlung des Nutzungsersatzes bis zur Bewirkung der Gegenleistung, also der Kaufpreisrückzahlung, zu verweigern. Die §§ 320 ff.

525 Der Käufer würde auf die Insolvenzquote verwiesen und erhielte lediglich einen kleinen Teil seines Geldbetrages zurück.

526 Dazu genauer bereits bei § 5 A. I. 1. a) bb) (2) (b).

527 Vgl. BGH NJW 2005, 884, 887.

528 Vgl. BGHZ 149, 326, 334; 161, 241, 250.

BGB sind auf die Rückabwicklung nichtiger Verträge unanwendbar.[529] Die Rückabwicklung erfolgt ausschließlich nach den Regeln für den Ausgleich ungerechtfertigter Bereicherungen. Ein allein auf § 273 Abs. 1 BGB gestütztes Zurückbehaltungsrecht hat zu Gunsten bloßer Insolvenzgläubiger innerhalb der Insolvenz keine Wirkung.[530] Auch Gründe der Billigkeit (§ 242 BGB) gebieten es nicht, dem Käufer den Pkw auf Kosten anderer Insolvenzgläubiger zu belassen.

Schlussendlich bleibt festzuhalten, dass der rechtsgrundlose Besitzer in dieser Fallvariation sowohl den Pkw, als auch die Nutzungen herauszugeben hat. Er selbst wird mit seinem eigenen Anspruch lediglich auf die Insolvenzquote verwiesen. Dieses von der Rechtsprechung favorisierte Ergebnis ist allerhöchstens im Hinblick auf eine gerechte Gläubigerbefriedigung nachvollziehbar. Es zeigt aber auch, wie unterschiedlich im Ergebnis der unentgeltliche und der rechtsgrundlose Besitzer behandelt werden. Während der unentgeltliche Besitzer nur die gezogenen Nutzungen herausgeben bzw. Ersatz dafür leisten muss, läuft der rechtsgrundlose Besitzer Gefahr, „alles" zu verlieren. Insbesondere der Verweis auf die Quote hinsichtlich seines Kaufpreisrückzahlungsanspruches wird ihm kein Trost sein, da in derartigen Konstellationen die Quote regelmäßig nur einen kleinen Bruchteil des ursprünglich gezahlten Kaufpreises darstellt. Die Gleichstellung des rechtsgrundlosen mit dem unentgeltlichen Besitzer benachteiligt den redlichen und unverklagten unrechtmäßigen Besitzer im Ergebnis über Gebühr. Damit liegt keine vergleichbare Interessenlage vor.

(c) Verschiebung des Insolvenzrisikos im Drei-Personen-Verhältnis

Die Diskrepanz zwischen unentgeltlichem und rechtsgrundlosem Besitzerwerb wird noch deutlicher, wenn man die Konstellation untersucht, in der der Besitzer die Sache von einem Dritten erhält. Der folgende Beispielsfall soll dies verdeutlichen:

D verkauft das gestohlene Auto des E an B unter Vorlage gefälschter, aber täuschend echt aussehender Papiere. B zahlt den Kaufpreis sofort. Da er beruflich viel unterwegs ist, macht er vom Auto ausgiebigen Gebrauch. Erst nach zwei Jahren klärt sich der Sachverhalt auf. Dabei stellt sich auch heraus, dass der zwischen D und B geschlossene Kaufvertrag von Anfang an und für B unerkennbar nichtig war. E verlangt nun von B Ersatz für die Nutzung des Autos.[531]

Literatur und Rechtsprechung sind sich darüber einig, dass dem E weder ein direkter Anspruch auf Nutzungsersatz aus dem Eigentümer-Besitzer-Verhältnis,

529 Dazu genauer bereits weiter vorne in diesem Abschnitt.

530 Vgl. BGHZ 150, 138, 145.

531 Bsp. aus Aufsatz von *Schreiber*, Jura 1992, 533, 534.

noch aus dem Bereicherungsrecht zusteht. Ein Anspruch aus dem Eigentümer-Besitzer-Verhältnis nach den §§ 987 ff. BGB besteht deshalb nicht, weil B in diesem Fall weder bösgläubig war, noch später geworden ist und auch keine Klage gegen ihn rechtshängig war. Der gutgläubige und unverklagte unrechtmäßige Besitzer haftet gemäß § 993 Abs. 1 HS 2 BGB nicht nach den §§ 987 ff. BGB, da er insoweit schutzwürdig ist. Ein Anspruch des E gegen B aus Bereicherungsrecht besteht wegen des Vorrangs der Leistungskondiktion nicht,[532] weil B das Auto nicht durch Leistung des E, sondern des D erhalten hat. Die Rechtsprechung hatte bisher nur in so genannten Zwei-Personen-Konstellationen zu entscheiden, also in den Fällen, in denen der Besitzer die Sache vom Eigentümer selbst erlangt hat.[533] Zur Vermeidung des Wertungswiderspruches wendete sie § 988 BGB analog an.[534] Die analoge Anwendung des § 988 BGB in der Drei-Personen-Konstellation führt dazu, dass der gutgläubige B dem E die Nutzungen ersetzen muss, obwohl er an den D den vollen Kaufpreis gezahlt hat und nicht sicher sein kann, diesen zurück erstattet zu bekommen. Es stellt sich also die Frage, ob der B dem Nutzungsersatzverlangen des E den an D gezahlten Kaufpreis entgegen halten kann. Nach der in der Literatur vorherrschenden Ansicht[535] kann sich der E in dieser Konstellation nicht unmittelbar an B halten. Danach kann E nur über den Umweg D gegen B vorgehen. E kann von D Nutzungsersatz nach §§ 987, 990 Abs. 1 S. 1 BGB verlangen. Darüber hinaus steht ihm ein Anspruch gegen D aus §§ 992, 823 Abs. 1, 249 BGB zu für Nutzungen, die er selbst gezogen hätte. Für Nutzungen, die er nicht selbst gezogen hätte, steht ihm ein Anspruch aus §§ 687 Abs. 2, 681 S. 2, 667 BGB zu. Möglich ist außerdem, dass D dem E seinen Anspruch auf Nutzungsersatz aus §§ 812 Abs. 1 S. 1 Alt. 1, 818 Abs. 1 BGB abtritt. Dann aber kann der B zumindest wegen § 404 BGB (Einwendungen des Schuldners) seinen Anspruch auf Kaufpreisrückzahlung im Rahmen des § 818 Abs. 3 BGB entgegenhalten.

Deutlich schwieriger ist es, mittels des von der Rechtsprechung favorisierten Lösungsansatzes den redlichen Besitzer vom Insolvenzrisiko des D zu befreien. Die Rechtsprechung, die ersichtlich den redlichen und unverklagten unrechtmäßigen Besitzer schützen und so die gesetzliche Wertung der §§ 987 ff. BGB

532 Dazu genauer bereits bei § 3 B.

533 Dazu genauer bereits bei § 4.

534 Zur Erinnerung: In den ersten Entscheidungen vermied es die Rechtsprechung noch, den Begriff der Analogie zu gebrauchen. Sie begründete die Pflicht zur Nutzungsherausgabe des redlichen und unverklagten unrechtmäßigen Besitzers mit der „erweiternden“ Anwendung des § 988 BGB. Dazu genauer bereits bei § 4 B. I. 5.

535 Vgl. Staudinger/ *Gursky*, BGB, Vorbem zu §§ 987-993 Rn. 48; MünchKomm/ *Baldus*, BGB, § 988 Rn. 8; Palandt/ *Bassenge*, BGB, § 988 Rn. 7; *Schapp*/ *Schur*, Sachenrecht, Rn. 141.

nicht unterlaufen wollte, suchte zunächst eine Lösung mit Hilfe des § 818 Abs. 3 BGB. So kam das Reichsgericht zu der Auffassung, dass auch der an einen Dritten erbrachte Erwerbspreis im Rahmen des § 818 Abs. 3 BGB abgesetzt werden dürfe. In der maßgeblichen Entscheidung[536] heißt es:

> „... Hiernach darf der Besitzer den für gezogene Nutzungen zu leistenden Wertersatz um den Betrag nicht nur solcher Verwendungen kürzen oder die Herausgabe in Natur bis zur Höhe des Wertes der Nutzungen von der Zugumzugerstattung nicht nur solcher Verwendungen abhängig machen, deren Ersatz er nach den §§ 994 flg. BGB. vom Eigentümer auch dann verlangen kann, wenn ihm die Nutzungen verbleiben, sondern er ist in gleicher Weise geltend zu machen berechtigt die in ordnungsgemäßer Wirtschaft auf die Gewinnung der Nutzungen verwendeten Kosten (vgl. § 102 BGB.) sowie die von ihm für die Sache selbst aufgewendeten gewöhnlichen Erhaltungskosten einschließlich der Ausgaben für solche Belastungen der Sache, die nicht als auf deren Stammwert gelegt anzusehen sind (§§ 994 Abs. 1 Satz 2, § 995 BGB.). Das gleiche Recht steht ihm aber wegen solcher Aufwendungen zu, die er für den Erwerb der Sache gemacht hat. Hierzu gehören vor allem etwaige Zahlungen, die er auf den Kaufpreis geleistet hat, und zwar ohne Rücksicht darauf, ob er vom Eigentümer auch deren Herausgabe an ihn verlangen könnte oder diesem, z.B. weil er nicht mehr bereichert ist, eine solche Verpflichtung nicht obliegt. Das gilt selbst dann, wenn die Sache dem Besitzer nicht von dem Eigentümer, sondern von einem Dritten verkauft worden ist und deshalb auch nicht jener, sondern dieser das Geld erhalten hat. Auf einen etwa begründeten Schadenersatz- oder Bereicherungsanspruch gegen den Dritten braucht der Besitzer sich nicht verweisen zu lassen, sondern ist gegebenenfalls nur gehalten, dem Eigentümer auch diesen Anspruch herauszugeben.“[537]

Dieser Lösungsansatz kann im Rahmen von Drei-Personen-Verhältnissen jedoch nicht überzeugen, weil die Kaufpreiszahlung kein Folgenachteil der Nutzung ist.[538] Der Weg über § 818 Abs. 3 BGB ist somit nicht möglich. Auch ein Zurückbehaltungsrecht kommt hier mangels Gegenseitigkeit nicht in Betracht.[539] Dies musste auch die Rechtsprechung einsehen und distanzierte sich von dieser Auffassung zum allerersten Male im berühmten „Jungbullen-Fall“[540]. Diesem Fall lag folgender Sachverhalt zugrunde:

Ein Dieb stahl dem klagenden Landwirt zwei Jungbullen und verkaufte sie an den gutgläubigen Beklagten. Dieser verwertete die Tiere in seiner Fleischwarenfabrik zu Wurst. Der Landwirt verlangte nun Wertersatz vom Beklagten.

---

536 RGZ 163, 348 ff. Dazu genauer bereits bei § 4 B. I. 4.

537 RGZ 163, 348, 360.

538 Vgl. Staudinger/ *Gursky*, BGB, Vorbem zu §§ 987-993 BGB Rn. 45; Palandt/ *Bassenge*, BGB, § 988 Rn. 7; *Kindl*, JA 1996, 115, 120 f.

539 Vgl. Palandt/ *Bassenge*, BGB, § 988 Rn. 7.

540 BGHZ 55, 176 ff.

Der BGH entschied, dass derjenige, welcher eine gestohlene Sache kauft und sie verarbeitet – und zwar so, dass er gemäß § 950 BGB Eigentümer der neuen Sache wird –, dem Eigentümer der gestohlenen Sache Geldersatz gemäß § 951 Abs. 1 BGB zu leisten hat.[541] Darüber hinaus soll der Käufer den an den Dieb gezahlten Kaufpreis nicht anrechnen dürfen. Hierzu heißt es in der Entscheidung:

„... In diesen Fällen kann nach gefestigter Rechtsprechung (BGHZ 9, 333; 14, 7; NJW 1970, 2059) der aus § 812 oder § 816 BGB in Anspruch genommene frühere Besitzer die für den Erwerb der Sache einem Dritten erbrachte Leistung nicht gemäß § 818 BGB in Ansatz bringen. Denn der Bereicherungsanspruch ist an die Stelle des Herausgabeanspruchs nach § 985 BGB getreten. Diesem gegenüber könnte der Besitzer sich nicht auf die einem Dritten erbrachte Leistung berufen. Deshalb kann er es auch nicht gegenüber dem Bereicherungsanspruch (BGHZ 47, 128, 130 f.). Er ist vielmehr darauf angewiesen, seine Leistung von dem, dem er sie erbracht hat, zurückzufordern. Dasselbe gilt für den Fall des § 951 Abs. 1 Satz 1 BGB (so schon: RG 106, 4, 6). Der Beklagte kann deshalb die von ihm an den Dieb gezahlten 1701 DM nur von diesem zurückfordern. Gegenüber dem Bereicherungsanspruch des Klägers begründet diese Zahlung keinen Einwand aus § 818 BGB.“[542]

Der BGH begründete seine Entscheidung demzufolge damit, dass es sich bei § 951 BGB um einen Anspruch handelt, der an die Stelle eines anderen Anspruchs – in diesem Fall § 985 BGB – getreten ist. Da man § 985 BGB keine getätigte Kaufpreiszahlung entgegen halten kann, könne man das bei §§ 951, 812 Abs. 1 S. 2 Alt. 1 BGB auch nicht.[543] Seither geht die Rechtsprechung noch einen – notwendigen – Schritt weiter und versagt dem Bereicherungsschuldner auch das Berufen auf den an einen Dritten gezahlten Kaufpreis im Rahmen des § 818 Abs. 3 BGB gegenüber dem Leistungskondiktionsanspruch des Bereicherungsgläubigers.[544] In dieser Entscheidung heißt es:

„Die Anwendung des § 818 Abs. 3 BGB in einem solchen Fall würde vielmehr dem Zweck des Gesetzes nicht entsprechen. Dieses will nur den „gutgläubig“ Bereicherten schützen, der das rechtsgrundlos Empfangene im Vertrauen auf das (Fort-)Bestehen des Rechtsgrundes verbraucht oder bereicherungsmindernd verwendet (vgl. BGHZ 118, 383, 386) hat, nicht aber denjenigen, der vor Eintritt der Bereicherung und unabhängig davon ein Risiko eingeht. Die Verlagerung dieses mit Abschluss der Kaufverträge mit einem von der Beklagten ausgesuchten Vertragspartner entstande-

541 BGHZ 55, 176.

542 BGHZ 55, 176, 179 f.

543 BGHZ 55, 176, 179.

544 Vgl. BGH NJW 1995, 3315 ff.

> ne Risiko auf den an diesen Verträgen unbeteiligten Kläger wäre überdies unbillig."[545]

Nach Ansicht der Rechtsprechung kann der redliche Besitzer B den gezahlten Kaufpreis gegenüber der Forderung des E nicht in Abzug bringen. Er müsste sich an D halten. Das bedeutet, dass B nicht nur das Auto an E herausgeben muss, sondern er kann auch nicht sicher sein, den Kaufpreis von D zurück zu erhalten. B trägt somit auch noch das Insolvenzrisiko des D.

Die analoge Anwendung des § 988 BGB kann deshalb insbesondere in Drei-Personen-Konstellationen nicht überzeugen, weil sie gegen den Sinn und Zweck des Eigentümer-Besitzer-Verhältnisses verstößt. Sie benachteiligt den redlichen und unverklagten unrechtmäßigen Besitzer. Die Rechtsprechung als Hauptvertreter dieses Lösungsansatzes gibt dem redlichen und unverklagten unrechtmäßigen Besitzer keinerlei Möglichkeiten, sich gegen das drohende Insolvenzrisiko eines Dritten wegen des an diesen rechtsgrundlos gezahlten Kaufpreises zu wehren. Zwar hat die Rechtsprechung dies auch erkannt und einen Lösungsweg vorgeschlagen, jedoch musste sie erkennen, dass dieser Weg nicht gangbar ist und hat seither keinen anderen Vorschlag unterbreitet.

(d) Unterschiedliche Behandlung der Ausschlussgründe der §§ 814, 815, 817 BGB

Gegen diese Ansicht spricht außerdem, dass § 988 BGB lediglich auf § 818 BGB verweist. Somit werden der Ausgangsfall und die Fallvariation hinsichtlich der Ausschlussgründe der §§ 814, 815, 817 BGB[546] unterschiedlich behandelt. Eine Vereinheitlichung beider Fälle bezüglich der Ausschlussgründe konnte bisher noch nicht schlüssig konstruiert werden. Die §§ 814, 815, 817 BGB enthalten durchaus Elemente des Prinzips von Treu und Glauben[547], womit aber nicht gesagt ist, „dass man diese Regelungen ohne weiteres über § 242 BGB auf das Eigentümer-Besitzer-Verhältnis übertragen könnte"[548], wie es *Waltjen* formuliert. Die Bestimmungen der §§ 814, 815, 817 S. 2 BGB sind für die Leistungskondiktion konzipiert.[549] Es gibt keinerlei Hinweise auf eine Übertragbarkeit ins Eigentümer-Besitzer-Verhältnis. Die Leistungskondiktion bekleidet eine zentrale Rolle im Recht des Güteraustausches.[550] § 985 BGB und der mit ihm im Zusammenhang stehende § 988 BGB haben hingegen zum Ziel, das Eigentum zu

545 BGH NJW 1995, 3315, 3317.

546 Dazu genauer bereits bei § 3 C.

547 Vgl. *Köbl*, EBV, 213; *Waltjen*, 109, 114.

548 *Waltjen*, 109, 114.

549 Vgl. *Waltjen*, 109, 114.

550 Vgl. *Waltjen*, 109, 114.

verwirklichen.[551] Damit fehlt es für die Übernahme der §§ 814, 815, 817 BGB ins Eigentümer-Besitzer-Verhältnis an einem gemeinsamen „Nenner".

(e) Zwischenergebnis

Die Begriffe „Unentgeltlichkeit" und „Rechtsgrundlosigkeit" sind nicht gleich zu setzen, weil sie in den für die rechtliche Bewertung maßgeblichen Hinsichten nicht übereinstimmen. Dies ist schon deshalb nicht der Fall, weil der unentgeltliche und der rechtsgrundlose Besitzer unterschiedlich hohe Risiken tragen. Daher fehlt es an einer vergleichbaren Interessenlage und mithin an einer weiteren Voraussetzung, um § 988 BGB analog anwenden zu können. Der Lösungsweg der Rechtsprechung ist daher bereits aus methodischer Sicht nicht korrekt.

2. Kritik in systematischer[552] Hinsicht

Die Rechtsprechung wird im Schrifttum für ihre analoge Anwendung des § 988 BGB insbesondere deshalb kritisiert, weil ein derartiger Lösungsansatz den Regelungszweck des Eigentümer-Besitzer-Verhältnisses unterläuft bzw. zu stark unterläuft.[553] Dieser Vorwurf scheint zumindest auf den ersten Blick nicht zu überzeugen, da es doch gerade die Rechtsprechung ist, die in zahlreichen Entscheidungen den Schutz des redlichen Besitzers als Regelungszweck der §§ 987 ff. BGB betont.[554] Der Rechtsprechung ist allerdings durchaus zuzutrauen, hin und wieder von ihren eigenen Anschauungen abzuweichen und zwar auch dann, wenn es um den Regelungszweck der §§ 987 ff. BGB geht. Dies beweist schon die Tatsache, dass sie bis heute statt des „weiten" den so genannten „engen Verwendungsbegriff"[555] vertritt, dessen Anwendung den redlichen Besitzer ganz zweifellos benachteiligt.[556] Die Rechtsprechung sieht sich diesem Vor-

551 Vgl. *Kropholler*, § 985 Rn. 1; Palandt/ *Bassenge*, BGB, § 985 Rn. 1.

552 Die systematische Auslegung von Gesetzen beruht auf der Überlegung, dass grundsätzlich keine Norm für sich alleine steht. Jede Norm ist nur ein Teil der Rechtsordnung und erhält ihren Inhalt und Sinn auch aus anderen Vorschriften. Deshalb zieht die systematische Auslegung Schlüsse aus anderen gesetzlichen Vorschriften und aus Prinzipien, die der Rechtsordnung zugrunde liegen, und ist um den Ausgleich von Widersprüchen bemüht (vgl. *Schmalz*, Methodenlehre, Rn. 243). Bei der systematischen Auslegung werden – wie *Zippelius* es ausdrückt – „Auslegungsargumente also aus dem Zusammenhang hergeleitet, in dem die verschiedenen Normen zueinander stehen" (*Zippelius*, Methodenlehre, S. 52). Dazu genauer bei § 5 B. II. 1. b).

553 Vgl. *Weber*, Sachenrecht, § 16 Rn. 57.

554 Vgl. BGHZ 39, 186 ff.; 41, 157 ff.

555 Dazu genauer bereits bei § 2 E. III. 4. b).

556 Dazu genauer bereits bei § 2 E. III. 4. b).

wurf selbst von Literaturansichten[557] ausgesetzt, die – je nach Auffassung in unterschiedlichem Umfang – das Bereicherungsrecht für anwendbar erklären wollen, um den Wertungswiderspruch zu beheben. Das verwundert schon deshalb, weil es doch gerade die Rechtsprechung ist, die, im Vergleich zu diesen Ansichten, „eisern" am Wortlaut des § 993 Abs. 1 HS 2 BGB fest hält und damit scheinbar auch am Sinn und Zweck des Eigentümer-Besitzer-Verhältnisses. Problematisch ist, ob genau dieses Festhalten am Wortlaut und die gleichzeitige analoge Anwendung des § 988 BGB zu einem zu starken Unterlaufen der gesetzlichen Wertung und damit zu einem Verstoß gegen die Systematik des Gesetzes führt.

Würde man den rechtsgrundlosen Erwerb dem unentgeltlichen gleichstellen, dann bestünde überhaupt nur noch eine Fallvariante, bei der der redliche unentgeltliche Besitzer gegenüber dem rechtsgrundlosen Besitzer bei Bestehen eine Vindikationslage bevorteilt ist. Dabei handelt es sich um folgende Drei-Personen-Konstellation:

Dieb D stiehlt dem Eigentümer E eine Vase und übergibt sie dem redlichen B. Die Übereignung von D an B scheitert wegen § 935 BGB. Der zugrunde liegende Kaufvertrag soll diesmal jedoch wirksam sein.

In diesem Fall bleibt E Eigentümer. B ist Besitzer ohne Recht zum Besitz, da der Kaufvertrag nicht mit dem Eigentümer E geschlossen wurde. Da B den Besitz an der Sache nicht unentgeltlich erhalten hat, sondern an den D den Kaufpreis entrichtete, passt die direkte Anwendung des § 988 BGB hier nicht. Aber auch eine analoge Anwendung des § 988 BGB kann hier nicht weiterhelfen, da der Besitz aufgrund eines wirksamen Kaufvertrages erlangt wurde und somit nicht rechtsgrundlos war. Hätte B hingegen die Sache von D geschenkt bekommen (§ 516 BGB), dann wäre er dem Eigentümer E gegenüber zur Herausgabe der Nutzungen verpflichtet, weil er die Sache unentgeltlich erlangt hat.

In allen anderen Variationen, in denen zwischen Eigentümer und redlichem Besitzer kein Recht zum Besitz besteht, sind der rechtsgrundlose und der unentgeltliche Besitzer gleichgestellt. Damit würde der Ausnahmecharakter des § 988 BGB unterlaufen, eben weil § 988 BGB dann keine Ausnahme mehr ist, sondern die Regel. Anders ausgedrückt heißt das, „dass der in § 987 BGB festgeschriebene Grundsatz des Nutzungsersatzanspruchs im Eigentümer-Besitzer-Verhältnis, wonach der redliche und unverklagte unrechtmäßige Besitzer die gezogenen Nutzungen behalten darf, durch eine Analogie zu einer Ausnahmevorschrift und in ihr Gegenteil verkehrt wird"[558]. Das allein übersteigt nicht die Grenzen einer

557 Vgl. MünchKomm/ *Baldus*, BGB, § 988 Rn. 8; *Baur*/ *Stürner*, § 11 B II 3; *Roth*, JuS 1997, 897, 900.

558 *Weber*, Sachenrecht, § 16 Rn. 58.

zulässigen Analogie. Schon nach altem Schuldrecht enthielt das Gesetz für den Fall der Schlechterfüllung als dritte Form der Leistungsstörung neben Verzug und Unmöglichkeit – mit Ausnahme der §§ 463, 480 BGB – keine Anspruchsgrundlage für einen Schadenersatzanspruch. Diese Lücke wurde mit Hilfe einer Analogie geschlossen. Es wurde die heute in den §§ 280 Abs. 1, 241 Abs. 2 BGB gesetzlich normierte Rechtsfigur der positiven Vertragsverletzung (PVV) geschaffen. Auch über die Anwendung der positiven Vertragsverletzung wurden mehr Fälle der Schlechterfüllung erfasst, als gesetzlich normiert waren. Im Gegensatz zur analogen Anwendung des § 988 BGB wurde aber nicht die innere Systematik des zugrunde liegenden Normenkomplexes verändert. Grundsätzlich soll der redliche Besitzer weder nach den Vorschriften der §§ 987 ff. BGB, noch nach Vorschriften außerhalb des Eigentümer-Besitzer-Verhältnisses auf Nutzungsersatz haften. Dies folgt sowohl aus dem Haftungsgefälle der §§ 987 ff. BGB[559], als auch aus dem Wortlaut des § 993 Abs. 1 HS 2 BGB.[560] Eine Haftung des redlichen und unverklagten unrechtmäßigen Besitzers auf Nutzungsersatz soll also die Ausnahme bleiben. Das Gesetz selbst nennt deshalb in §§ 988, 993 Abs. 1 HS 1 BGB auch nur zwei. Wenn aber der rechtsgrundlose Besitzer dem unentgeltlichen Besitzer gleich gestellt wird und eine Haftungsfreistellung des redlichen Besitzers nur noch die Ausnahme, nicht aber die Regel darstellt, dann wird das Haftungsgefälle im Eigentümer-Besitzer-Verhältnis unterlaufen. Dies stellt einen Verstoß gegen die innere Systematik der §§ 987 ff. BGB dar.

Der Verstoß gegen die innere Systematik des Eigentümer-Besitzer-Verhältnisses tritt an anderer Stelle noch deutlicher zu Tage. Gemäß § 994 Abs. 1 S. 1 BGB kann der Besitzer für die auf die Sache gemachten notwendigen Verwendungen von dem Eigentümer Ersatz verlangen. § 994 Abs. 1 S. 2 BGB bestimmt, dass dem Besitzer die gewöhnlichen Erhaltungskosten nicht zu ersetzen sind für die Zeit, für welche ihm die Nutzungen verbleiben. Unter gewöhnlichen Erhaltungskosten werden die zur Erhaltung der Sache erforderlichen regelmäßig wiederkehrenden Ausgaben verstanden[561], wie z.B. Fütterungskosten[562], Obhut und Pflege der Sache[563] sowie die Wartung von Kraftfahrzeugen[564]. „Wenn man nun jedoch über eine Analogie zu § 988 BGB den rechtsgrundlosen Erwerb einem unentgeltlichen Erwerb gleichstellt, ändert man so die innere Systematik

559 Dazu sowie zu den Ausnahmen vom Haftungsgefälle bereits bei § 2 B.

560 Zum Wortlaut des § 993 Abs. 1 HS 2 BGB bereits genauer bei § 2 D. III. und bei § 5 B. II. 1. a). Zu den Möglichkeiten, sich über den Wortlaut einer Norm hinwegzusetzen, genauer bei § 5 B. II. 2.

561 Vgl. MünchKomm/ *Baldus*, BGB, § 994 Rn. 24.

562 Vgl. RGZ 142, 201, 205.

563 Vgl. BGH NJW 1978, 1256, 1257.

564 Vgl. BGHZ 4, 10, 14.

von Nutzung und Verwendung grundlegend"[565], bringt *Weber* das Problem auf den Punkt. Die von der Rechtsprechung favorisierte analoge Anwendung des § 988 BGB hätte zur Folge, dass der redliche Besitzer mit Ausnahme einer einzigen Fallkonstellation stets dazu verpflichtet würde, die Nutzungen herauszugeben und dementsprechend oft berechtigt, die Erhaltungskosten zu verlangen. Der redliche Besitzer kann sich also nur in der Drei-Personen-Konstellation nicht auf den Behalt der gewöhnlichen Erhaltungskosten berufen, in welcher dem Eigentümer die Sache abhanden gekommen und der Besitzer die Sache aufgrund eines wirksamen und entgeltlichen Vertrages von einem Dritten erlangt hat. Erhält der Besitzer die Sache entgeltlich oder unentgeltlich, in jedem Falle aber rechtsgrundlos vom Eigentümer, oder erhält er sie rechtsgrundlos oder zumindest unentgeltlich von einem Dritten und ist die Sache dem Eigentümer abhanden gekommen, dann ist der redliche Besitzer berechtigt, die Erhaltungsaufwendungen zurück zu bekommen. Es kann also mit Fug und Recht behauptet werden, dass Nutzungen und Verwendungen als gegeneinander ausgeglichen bezeichnet werden können für den Fall, dass der Besitzer den Besitz an der Sache nicht unentgeltlich erlangt hat. Dann aber ist es nur logisch, dass der Besitzer in den meisten Fällen dazu berechtigt wäre, die gewöhnlichen Erhaltungskosten zu verlangen. Schließlich hat die Gleichstellung des rechtsgrundlosen mit dem unentgeltlichen Besitzer in der Regel die Nutzungsherausgabepflicht zur Folge. Der Anwendungsbereich des § 994 Abs. 1 S. 2 BGB hängt also ganz wesentlich davon ab, wie § 988 BGB verstanden wird. Darum kann behauptet werden, die analoge Anwendung des § 988 BGB führt gleich zweimal zu einem Verstoß gegen die innere Systematik des Eigentümer-Besitzer-Verhältnisses. Zum einen wird durch die analoge Anwendung des § 988 BGB der Anwendungsbereich dieser Norm entgegen dem Sinn und Zweck der §§ 987 ff. BGB zu weit gefasst, zum anderen folgt daraus die regelmäßige Berechtigung des Besitzers auf Erstattung der gewöhnlichen Erhaltungskosten, was vom Gesetz so auch nicht gewollt ist.

Damit sprechen auch in systematischer Hinsicht die besseren Argumente dafür, § 988 BGB nicht analog anzuwenden. Da sich aus § 994 Abs. 1 S. 2 BGB generell ergibt, dass dem Besitzer die gewöhnlichen Erhaltungskosten nicht zu ersetzen sind für die Zeit, für welche ihm die Nutzungen verbleiben und dementsprechend ihm ein Recht zum Behalten der Erhaltungskosten zusteht für den Fall einer Nutzungsherausgabepflicht, muss dies auch gelten, wenn der Besitzer die Sache aufgrund eines doppelnichtigen Veräußerungsgeschäftes erlangt hat und dem Eigentümer darum nach §§ 812 Abs. 1 S. 1 Alt. 1, 818 Abs. 1 BGB die Nutzungen herausgeben muss.

565 *Weber*, Sachenrecht I, § 16 Rn. 58.

II. Fazit

Der von der Rechtsprechung gewählte Lösungsansatz überzeugt nicht – und zwar weder aus methodischer, noch aus systematischer Sicht. Die Rechtsprechung schafft es schon nicht, die Voraussetzungen einer Analogie plausibel darzulegen. Insbesondere fehlt es an der hierfür notwendigen vergleichbaren Interessenlage. Die Rechtsprechung kann nicht begründen, weshalb der Begriff „unentgeltlich“ mit dem Begriff „rechtsgrundlos“ vergleichbar sein sollte. Es sprechen die besseren Argumente dafür, diese Begriffe nicht gleich zu setzen. Darüber hinaus kann die Rechtsprechung weder die Diskrepanz zwischen Zwei- und Drei-Personen-Verhältnissen überwinden, noch kann sie erklären, weshalb der Ausgangsfall und die Fallvariation hinsichtlich der Ausschlussgründe der §§ 814 ff. BGB unterschiedlich behandelt werden. Es macht vielmehr den Anschein, als habe die Rechtsprechung „um jeden Preis“ versucht, den Wertungswiderspruch zu beheben. Dabei fällt allerdings positiv auf, dass die Rechtsprechung erkennbar bemüht ist, am Wortlaut des § 993 Abs. 1 HS 2 BGB und damit am Sinn und Zweck des Eigentümer-Besitzer-Verhältnis festzuhalten, wenngleich die analoge Anwendung des § 988 BGB sicher nicht der Weg ist, um dieses Ziel zu erreichen. Auf diese Art und Weise wird der Regelungszweck des Eigentümer-Besitzer-Verhältnisses stark unterlaufen, der ja gerade durch § 993 Abs. 1 HS 2 BGB erreicht werden soll. Dadurch ist die Herausgabepflicht des redlichen und unverklagten unrechtmäßigen Besitzers nicht mehr die Ausnahme, sondern die Regel. Dies kann nicht richtig sein. Die analoge Anwendung des § 988 BGB zur Lösung des Ausgangsfalles ist daher abzulehnen.

B. Lösung auf der Grundlage des Bereicherungsrechts

Im Schrifttum wird die Lösung des Ausgangsfalles mittels bereicherungsrechtlicher Vorschriften favorisiert.[566] Mit der Anwendung der §§ 812 ff. BGB trotz des eindeutigen Wortlauts des § 993 Abs. 1 HS 2 BGB[567] verstoßen diese Ansichten – anders als die Auffassung der Rechtsprechung – offensichtlich gegen den Regelungszweck des Eigentümer-Besitzer-Verhältnisses.[568] Ob es hierfür eine Rechtfertigung gibt oder ob § 993 Abs. 1 HS 2 BGB womöglich sogar die Anwendung bereicherungsrechtlicher Vorschriften erlaubt, ist höchst problematisch.

I. Lösungsvorschläge

Die verschiedenen Ansichten, welche den Wertungswiderspruch durch die Anwendung des Bereicherungsrechts zu beheben versuchen, unterscheiden sich dadurch, dass sie diesen Normenkomplex in einem unterschiedlichen Umfang gebrauchen. Die wohl herrschende Meinung innerhalb der Literatur[569] möchte den Wertungswiderspruch durch die Anwendung der Leistungskondiktion neben den Vorschriften der §§ 987 ff. BGB lösen (so genannte modifizierte An-

566 Vgl. Staudinger/ *Gursky*, BGB, Vorbem zu §§ 987-993 Rn. 45; MünchKomm/ *Baldus*, BGB, § 988 Rn. 9; Palandt/ *Bassenge*, BGB, § 988 Rn. 8; § 993 Rn. 10; *Schreiber*, Sachenrecht, Rn. 220 f., 232; *Hager*, JuS 1987, 877, 979 f.; *Waltjen*, AcP 169, 109, 111 ff.; *Prütting*, Sachenrecht, Rn. 568; Die vorstehend genannten Ansichten unterscheiden sich letztendlich nur in einigen wenigen Punkten (dazu genauer bei § 5 B. I.). *Pinger* hingegen möchte die §§ 987 ff. BGB und die §§ 812 ff. BGB ohne Einschränkung nebeneinander anwenden und stellt sich der herrschenden Meinung im Schrifttum gänzlich entgegen. Er begründet seine Ansicht im Wesentlichen mit dem Sinn und Zweck des Eigentümer-Besitzer-Verhältnisses. Dazu bereits genauer bei § 2 D. III.

567 Zum Wortlaut des § 993 Abs. 1 HS 2 BGB bereits genauer bei § 2 D. III. und § 5 B. II. 1. a). Zu den Möglichkeiten, sich über den Wortlaut einer Norm hinwegzusetzen, genauer bei § 5 B. II. 2.

568 Zur Erinnerung: Der Regelungszweck des Eigentümer-Besitzer-Verhältnisses ist nach richtiger und herrschender Ansicht der Schutz des redlichen Besitzers (dazu genauer bereits bei § 2 D.). Eine Nutzungsherausgabepflicht für den redlichen Besitzer entspricht diesem Zweck nicht.

569 Vgl. MünchKomm/ *Baldus*, BGB, § 988 Rn. 9; Bamberger/ Roth/ *Fritzsche*, BeckOK BGB, 01.03.2011, § 988 Rn. 19; *Roth*, JuS 2003, 937, 941; *Dimopoulos-Vosikis*, EBV, S. 250 f.

spruchskonkurrenz- oder Kumulationstheorie[570]). Die Vertreter dieser Theorie gehen davon aus, dass die §§ 987 ff. BGB gegenüber dem Bereicherungsrecht nicht gänzlich abschließend sind. So soll ausnahmsweise für den Fall, dass es sich um die Rückabwicklung fehlgeschlagener Vertragsverhältnisse handelt, der Ausgleich durch die Leistungskondiktion stattfinden, die durch die § 987 ff. BGB nicht verdrängt werde und daneben zur Anwendung komme.[571]

Andere wollen in einer Situation, so wie sie sich im Ausgangsfall darstellt, die Leistungskondiktion anstelle der §§ 987 ff. BGB anwenden (so genannte Theorie des Vorrangs der Leistungskondiktion[572]). Hiernach soll die Leistungskondiktion des Eigentümers die Nebenfolgen der Vindikation insgesamt verdrängen und damit auch die Nutzungsherausgaberegelungen der §§ 987 ff. BGB. Bei der Nichtleistungskondiktion soll es sich genau anders herum verhalten. Die Nichtleistungskondiktion des Eigentümers wegen der Nutzungen soll durch die Spezialregelung der §§ 987 ff. BGB ausgeschlossen sein.[573]

Vereinzelt wird auch nach einer Differenzierung verlangt (so genannte Differenzierende Theorie des Vorrangs der Leistungskondiktion[574]).[575] Die Leistungskondiktion soll nach dieser Theorie nur in der Regel den Vorrang vor der Vindikation und den vindikatorischen Nutzungsherausgabeansprüchen haben. „Dagegen sollen Leistungskondiktion und vindikatorische Nutzungsherausgabeansprüche immer dann nebeneinander anzuwenden sein, wenn der Eigentümer dem Besitzer den Besitz im Rahmen eines doppelnichtigen Veräußerungsgeschäftes geleistet hat und der Nichtigkeitsgrund einen gesteigerten Erhaltungs- und Restitutionsschutz für das Veräußerervermögen bezweckt“[576], wie es *Gursky* formuliert.

570 Dieser Begriff wird mittlerweile häufig gebraucht (vgl. Staudinger/ *Gursky*, BGB, Vorbem zu §§ 987-993 Rn. 47).

571 Vgl. Staudinger/ *Gursky*, BGB, Vorbem zu §§ 987-993 Rn. 45; Erman/ *Ebbing*, BGB, Vor §§ 987-993 Rn. 28; § 988 Rn. 6; Palandt/ *Bassenge*, BGB, § 988 Rn. 8; § 993 Rn. 10; *Roth*, JuS 1997, 897, 899 f.

572 Dieser Begriff wird mittlerweile häufig gebraucht (vgl. *Waltjen*, AcP 175, 109, 120; *Gursky*, 20 Probleme aus dem EBV, 9. Problem).

573 Vgl. *Waltjen*, AcP 175, 109, 120; *Wilhelm*, JZ 2004, 650, 652; *Hager*, JuS 1987, 877, 880.

574 Dieser Begriff wird mittlerweile häufig gebraucht (vgl. *Gursky*, 20 Probleme aus dem EBV, 9. Problem).

575 Vgl. *Köbl*, EBV, S. 259, 263, 265; *Prütting*, Sachenrecht, Rn. 568; *Kaehler*, Bereicherungsrecht und Vindikation, S. 151 f., 223 ff.

576 Vgl. *Gursky*, 20 Probleme aus dem EBV, 9. Problem.

Schließlich wird eine freie Anspruchskonkurrenz zwischen den Vorschriften des Eigentümer-Besitzer-Verhältnisses und denen des Bereicherungsrechts zur Lösung des Ausgangsfalles angenommen.[577]

Alle vorstehend genannten Theorien gelangen trotz der unterschiedlich gewählten Lösungswege zum selben Ergebnis und unterscheiden sich diesbezüglich nicht von dem Ergebnis der Lösung der Rechtsprechung.[578] Damit widersprechen auch diese Lösungsansätze dem Regelungszweck des Eigentümer-Besitzer-Verhältnisses. Im Unterschied zu der von der Rechtsprechung favorisierten Lösung verstoßen diese Theorien aber gegen den eindeutigen Wortlaut des § 993 Abs. 1 HS 2 BGB. Ohne näher auf die für eine Überschreitung des Wortlauts notwendigen Voraussetzungen einzugehen, wird die Anwendung des Bereicherungsrechts zur Lösung des Ausgangsfalles dennoch im Wesentlichen mit dem Regelungszweck des Eigentümer-Besitzer-Verhältnisses begründet, – obwohl die mittels bereicherungsrechtlicher Vorschriften begründete Pflicht zur Nutzungsherausgabe bzw. zum Nutzungsersatz den redlichen und unverklagten unrechtmäßigen Besitzer nachweislich benachteiligt –, sowie mit dem Willen des historischen Gesetzgebers. Gerade die Nichtzulassung bereicherungsrechtlicher Vorschriften in diesem besonderen Fall soll es sein, die einen Verstoß gegen den Regelungszweck des Eigentümer-Besitzer-Verhältnisses nach sich zieht.[579] Diese Aussage überzeugt aber nur dann, wenn man die §§ 987 ff. BGB hinsichtlich der Nutzungsherausgabe nicht als erschöpfende Sonderregelung

577 Vgl. *Pinger*, 41 ff.; *ders.*, JR 1973, 268 ff. Zur so genannten Theorie der freien Anspruchskonkurrenz (vgl. *Gursky*, 20 Probleme aus dem EBV, 9. Problem) bereits bei § 2 D. III.

578 Zur Erinnerung: Auch nach Ansicht der Rechtsprechung hat der redliche und unverklagte unrechtmäßige Besitzer die gezogenen Nutzungen herauszugeben. Dazu genauer bereits bei § 5 A.

579 Wenn dies auch nicht konkret geäußert wird, so folgt dies doch aus dem immer wieder im Schrifttum auftauchenden Hinweis auf die Drei-Personen-Konstellation (dazu genauer bereits bei § 5 A. I. 1. b) bb) (2) (c)), bei welcher der redliche und unverklagte unrechtmäßige Besitzer nach der Lösung der Rechtsprechung sowohl Nutzungsersatz zu leisten hat, als auch das Insolvenzrisiko des Verkäufers trägt (vgl. *Wolf/ Wellenhofer*, Sachenrecht, § 22 Rn. 19 f.; *Roth*, JuS 1997, 897, 899 f.; MünchKomm/ *Baldus*, BGB, § 988 Rn. 8 f.). Auch die Rechtsprechung versagt dem redlichen und unverklagten unrechtmäßigen Besitzer mittlerweile ein „Verrechnen" des an den Dritten gezahlten Kaufpreises mit dem vom Eigentümer geltend gemachten Nutzungsersatzanspruch – seit der Entscheidung im so genannten „Jungbullen-Fall". Dazu genauer bereits bei § 5 A. I. 1. b) bb) (2) (c).

versteht, neben der für die Anwendung bereicherungsrechtlicher Vorschriften kein Raum mehr besteht.[580]

Außerdem wird die Anwendung bereicherungsrechtlicher Vorschriften damit begründet, dass sich die Gesetzesverfasser bei der Schaffung des Eigentümer-Besitzer-Verhältnisses ausschließlich an Drei-Personen-Verhältnissen orientiert hätten (v.a. am Modell des fehlgeschlagenen gutgläubigen Erwerbs). Die Konstellation, wie sie im Ausgangsfall auftritt, also dass der unrechtmäßige Besitzer rechtsgrundlos vom Eigentümer selbst den Besitz erlangt hat, sollen die Gesetzesverfasser nicht bedacht haben. Deshalb könnten die speziellen Ordnungsaufgaben der Leistungskondiktion[581] nicht durch die §§ 987 ff. BGB abgedeckt werden. Eine Nutzungsherausgabe müsse sich daher nur aus bereicherungsrechtlichen Normen ergeben.[582] Dieses Argument überzeugt aus zweierlei Gründen nicht. Zunächst haben die Gesetzesverfasser bei der Schaffung des Eigentümer-Besitzer-Verhältnisses durchaus auch an Zwei-Personen-Verhältnisse gedacht.[583] Außerdem scheint diese Argumentation auch deshalb fragwürdig, weil die Vertreter dieser Ansicht auch sonst den Willen des Gesetzgebers unberücksichtigt lassen. So wird mit keiner Silbe auf eben diesen Willen eingegangen, wenn es darum geht, trotz des scheinbar eindeutigen Wortlauts des § 993 Abs. 1 HS 2 BGB, das Bereicherungsrecht anzuwenden. Es erscheint vielmehr so, als würde der Wille des Gesetzgebers immer nur dann Berücksichtigung finden, wenn er gerade für die eigene Argumentation gebraucht wird, mit anderen Worten also immer dann, wenn sich ein Wertungswiderspruch zeigt, der tunlichst behoben werden muss.

Bisher konnte allen Ansichten sowohl dasselbe entgegengehalten (Beeinträchtigung des Regelungszwecks der §§ 987 ff. BGB, Zuwiderlaufen des Wortlauts des § 993 Abs. 1 HS 2 BGB, entgegenstehender Wille des historischen Gesetzgebers), als auch für alle Anschauungen dasselbe angeführt werden (weniger intensive Beeinträchtigung des Regelungszwecks der §§ 987 ff. BGB im Vergleich zur Lösung der Rechtsprechung). Unterscheiden tun sich die jeweiligen Theorien nur in einigen wenigen Punkten.

---

580 Eine derartige Sichtweise wird allerdings nicht mehr vom Wortlaut des § 993 Abs. 1 HS 2 BGB umfasst. Zur Erinnerung: Der Wortlaut des § 993 Abs. 1 HS 2 BGB kann nur so verstanden werden, dass im Eigentümer-Besitzer-Verhältnis Herausgabe von Nutzungen und Schadenersatz nur gemäß den §§ 987 ff. BGB verlangt werden kann. Eine Haftung nach den allgemeinen Vorschriften scheidet danach grundsätzlich aus (dazu genauer bereits bei § 2 D.). Zu den Möglichkeiten, sich über den Wortlaut einer Norm hinwegzusetzen, genauer bei § 5 B. II. 2.

581 Zur Aufgabe der Leistungskondiktion genauer bereits bei § 3 B. und C.

582 Vgl. *Wolf/ Wellenhofer*, Sachenrecht, § 22 Rn. 19.

583 Protokolle BGB III, S. 341.

Die herrschende Meinung im Schrifttum stellt die Gleichbehandlung des unentgeltlichen und des rechtsgrundlosen Besitzerwerbs im Hinblick auf die Nutzungsherausgabe her, in dem sie die Ausschlusswirkung der §§ 987 ff. BGB gegenüber dem Kondiktionsrecht auf eine Eingriffskondiktion des Eigentümers beschränkt (modifizierte Anspruchskonkurrenztheorie)[584] und begründet diese Vorgehensweise insbesondere damit, dass auf diese Art und Weise sowohl dem Regelungszweck des Eigentümer-Besitzer-Verhältnisses Rechnung getragen wird, als auch der Tatsache, dass die speziellen Ordnungsaufgaben der Leistungskondiktion durch die §§ 987 ff. BGB nicht mit abgedeckt werden können.[585] Hiergegen wird teilweise angeführt, dass die kumulative Anwendung der §§ 987 ff. BGB und der Leistungskondiktion zu einer Bevorteilung des Eigentümers gegenüber dem Kondiktionsgläubiger führe.[586] Dafür fehle es aber an einem tauglichen Grund. Dieser Grund ist – so die Gegenansicht –, dass „in den Fällen der Leistungskondiktion der Eigentümer nicht weniger, sondern regelmäßig in weit höherem Maße schutzwürdig ist, als in den Fällen der Eingriffskondiktion“[587]. Angeführt wird in diesem Zusammenhang immer wieder das Beispiel, bei dem der Besitzer grob fahrlässig die Unwirksamkeit des Vertrages mit dem Eigentümer übersehen hat, und deshalb sowohl die bereicherungsunabhängige Nutzungsherausgabepflicht aus § 987 Abs. 1 BGB, als auch die Haftung für schuldhaft nicht gezogene Nutzungen aus § 987 Abs. 2 BGB angebracht sei.

584 Vgl. Staudinger/ *Gursky*, BGB, Vorbem zu §§ 987-993 Rn. 49; *Berg*, JuS 1971, 636, 638; *Kindl*, JA 1996, 115, 120 f.; *Medicus/ Petersen*, Bürgerliches Recht, Rn. 600.

585 Vgl. Staudinger/ *Gursky*, BGB, Vorbem zu §§ 987-993 Rn. 50.

586 Vgl. *Waltjen*, AcP 175, 109, 119 f. *Waltjen* stellt bei ihrer Argumentation auf die rechtsgeschäftliche Beziehung zwischen Eigentümer und Besitzer ab. „Dem von den Parteien gewollten Synnallagma der beiderseitigen Leistungen wird nur dadurch Rechnung getragen, daß bei fehlender causa die Rückabwicklung analog der angestrebten Leistungsbeziehung, also nach den Grundsätzen der Leistungskondiktion erfolgt. Trotz Nichtigkeit des Vertrages kann man nicht die Augen davor verschließen, daß die Leistungen als gegenseitige gewollt und auch teilweise zumindest bewirkt waren. Bei den Regelungen des Eigentümer-Besitzer-Verhältnisses kann diesem Aspekt nicht Rechnung getragen werden, da vor allem die §§ 987 ff. von einem vertragslosen Verhältnis zwischen Eigentümer und Besitzer ausgehen. Daß der Eigentümer in diesem Fall nicht auf die verschärfte Nutzungsherausgabepflicht des Besitzers nach §§ 987, 989, 990 rekurrieren kann, ergibt sich aus seiner Stellung als Partner einer vertraglichen Sonderbeziehung. Hierdurch wird eine Gleichstellung mit dem Eigentümer erreicht, der zur Erfüllung eines nichtigen Kausalgeschäfts wirksam sein Eigentum an der Sache übertragen hat.“

587 *Pinger*, EBV, S. 47. Ähnlich argumentiert auch *Köbl* (EBV, S. 259 ff., 263), wenngleich sie die Leistungskondiktion nur „in der Regel“ neben den §§ 987 ff. BGB anwenden möchte.

Hierzu würde es bei ausschließlicher Anwendung der Leistungskondiktion erst bei positiver Kenntnis der Rechtsgrundlosigkeit über die §§ 819 Abs. 1, 818 Abs. 4, 292 BGB kommen.[588] Aber auch dieses Argument bleibt nicht unkommentiert. Geantwortet wird regelmäßig mit dem Hinweis, dass der Grund der Doppelnichtigkeit auch auf Seiten des Erwerbers liegen könne (z.B. Geschäftsunfähigkeit).[589] Für eine kumulative Anwendung der kondiktionsrechtlichen und der vindikatorischen Vorschriften hinsichtlich der Nutzungsherausgaberegelung wird der Vergleich mit der Konstellation angeführt, bei der die Eigentümer- und die Kondizientenstellung auseinander fallen. „In dieser Konstellation unterliege der Besitzer als Herausgabeschuldner in jedem Fall – wenn auch gegenüber unterschiedlichen Gläubigern – den kompletten Ordnungsverfügungen der beiden ungleichen Haftungssysteme, nämlich sowohl der Leistungskondiktion, als auch der Vindikationsnebenfolgen."[590]

Eine vermittelnde Ansicht stellt die differenzierende Theorie des Vorrangs der Leistungskondiktion dar. Namentlich *Köbl* will dem Konflikt der erst genannten Meinungen Rechnung tragen, in dem sie der Leistungskondiktion grundsätzlich den Vorrang vor der Vindikation und den vindikatorischen Nutzungsherausgabeansprüchen einräumt, in allen Fällen jedoch, in denen der Grund- und Erfüllungsgeschäft gleichermaßen erfassende Nichtigkeitsgrund einen gesteigerten Erhaltungs- und Restitutionsschutz des Veräußerungsvermögens bezweckt, aber Anspruchskonkurrenz annimmt.[591] Die offensichtlichen Schwächen dieser Theorie bringt *Gursky* auf den Punkt: „Wenn dieser letztgenannte Lösungsansatz auch dem Bedürfnis nach immer stärkerer Differenzierung entspricht, so vernachlässigt er doch angesichts der relativen Unbestimmtheit des Abgrenzungskriteriums wohl zu sehr die Ziele der Rechtsklarheit und Rechtssicherheit. Hinzu kommt, dass der Gesetzgeber sich bewusst für eine praktikable Einheitslösung entschieden hat, in dem er den gesteigerten Restitutionsschutz der §§ 985 ff. BGB an das formale Moment des fortdauernden Eigentums des Klägers knüpft und nicht an das Kriterium der besonderen Schutzbedürftigkeit."[592]

588 Vgl. insoweit *Gursky*, der zahlreiche Argumente zu dem hier in Rede stehenden Problem zusammenträgt und in diesem Zusammenhang auch dieses Beispiel anführt (20 Probleme aus dem EBV, 9. Problem, Argument 6).

589 Vgl. *Kohler*, Rückabwicklung, S. 441 ff. Darum ist *Kohler* der Ansicht, der Restitutionsschutz dürfe nicht vom „Zufall der Einfach- oder Doppelnichtigkeit" abhängen (S. 442).

590 Staudinger/ *Gursky*, BGB, Vorbem zu §§ 987-993 Rn. 52.

591 *Köbl*, EBV, S. 259 ff.; vgl. auch *Prütting*, Sachenrecht, Rn. 568.

592 Staudinger/ *Gursky*, BGB, Vorbem zu §§ 987 ff. Rn. 52.

Auffällig ist, dass die unterschiedlichen rechtlichen Auswirkungen der verschiedenen Theorien auf den ersten Blick kaum zu erkennen sind. Erst eine genauere Betrachtung diverser Einzelkonstellationen macht bestimmte Unterschiede überhaupt deutlich. Eine endgültige Entscheidung zugunsten der einen oder der anderen Theorie ohne eine intensive Auseinandersetzung mit den zahlreichen Argumenten scheint daher unmöglich. Sie ist aber auch entbehrlich, wenn sämtliche Ansichten, die das Bereicherungsrecht zur Lösung des Ausgangsfalles anwenden – wenn auch in unterschiedlich großem Umfang – bereits aus einem anderen Grund nicht überzeugen können. In diesem Zusammenhang wird deutlich, dass sich keine der angeführten Ansichten daran stört, den Wortlaut des § 993 Abs. 1 HS 2 BGB schlichtweg zu ignorieren. Stereotypisch wird immer wieder auf den Wertungswiderspruch hingewiesen, der entstehen würde, wenn der redliche und unverklagte unrechtmäßige Besitzer die Nutzungen behalten dürfe, der Eigentümer aber nicht. Dass keine wirkliche Auseinandersetzung mit dem Wortlaut des § 993 Abs. 1 HS 2 BGB erfolgt, erstaunt umso mehr, weil ja auch die Rechtsprechung § 988 BGB insbesondere deshalb analog anwendet, um eben den Wortlaut des § 993 Abs. 1 HS 2 BGB nicht zu umgehen. Allein deshalb liegt eine Untersuchung, wie in diesem Zusammenhang mit dem Wortlaut des § 993 Abs. 1 HS 2 BGB umzugehen ist, nicht nur nahe, sondern ist zwingend notwendig.

II. Kritik

Dass die Zulassung bereicherungsrechtlicher Vorschriften zur Behebung des Wertungswiderspruchs nicht mit einem bloßen Hinweis auf den eindeutigen Wortlaut des § 993 Abs. 1 HS 2 BGB abzutun ist, gebietet bereits der Respekt vor den im Schrifttum über Jahrzehnte entwickelten Lösungswegen, an dessen Enden oftmals die Überwindung des Wertungswiderspruchs auf Kosten des § 993 Abs. 1 HS 2 BGB steht. Deshalb sind die Voraussetzungen, unter denen ein Sachverhalt (noch) unter eine Norm subsumiert werden bzw. unter welchen Voraussetzungen vom Wortlaut einer Norm abgewichen werden kann, näher zu untersuchen.

Denkbar wäre zunächst – entgegen den unter § 2 D. III. gemachten Feststellungen –, die Zulassung bereicherungsrechtlicher Vorschriften allein mit dem Wortlaut des § 993 Abs. 1 HS 2 BGB zu begründen. Dass dies gar nicht so abwegig ist, eine Norm tatsächlich in vielfältiger Weise interpretiert werden kann, ergibt sich bereits daraus, dass auch scheinbar eindeutige Worte bzw. Sätze durchaus unterschiedlich verstanden werden können. Dies gilt insbesondere dann, wenn man sie nicht isoliert betrachtet, sondern zu anderen Regelungskomplexen in Beziehung setzt. An dieser Stelle sei nochmals an die im Ergebnis abzulehnende Ansicht *Pingers*[593] erinnert, die in letzter Konsequenz nur dann Sinn macht, wenn § 993 Abs. 1 HS 2 BGB so verstanden wird:

> „Soweit der Besitzer nach den §§ 987 ff. BGB nicht zur Herausgabe von Nutzungen verpflichtet ist, ist er nach den §§ 987 ff. BGB nicht zur Herausgabe von Nutzungen verpflichtet."[594]

Wenn diese Ansicht auch nicht überzeugen kann,[595] so zeigt sie doch die Interpretationsvielfalt eines scheinbar eindeutigen Gesetzeswortlauts auf. Untersucht man nun die Norm nicht nur isoliert, sondern setzt sie zu anderen Vorschriften in Beziehung, kann man sich vorstellen, welche Bandbreite an Interpretationen sich auftun kann. Das heißt mit anderen Worten, dass nichts bzw. selten etwas so eindeutig ist, wie es scheint. Es leuchtet ein, dass nicht jeder Sachverhalt problemlos unter eine Norm zu subsumieren ist. Der Gesetzgeber kann bei der Schaffung einer neuen Norm niemals an alle Situationen denken, die dem Einflussbereich dieser Norm unterliegen sollen. Dies gilt insbesondere für Grenzbereiche, in denen nicht klar ist, ob das Gesetz für diesen Fall gelten soll oder nicht. Zu Recht formuliert *Schmalz* deshalb: „Das Subsumtionsmodell ist zwar unverzichtbar für die Rechtsgewinnung, es lässt sich damit aber letztlich nicht die entscheidende Frage beantworten, welchen Inhalt die Rechtsnorm als Obersatz insbesondere im Hinblick auf die im praktischen Fall gestellte Rechtsfrage hat."[596] Dies gilt nicht nur für vom Gesetzgeber gewählte Ausdrücke, die eine Definition erfordern, weil das Gesetz selbst eine solche nicht hergibt, sondern auch für Regelungen, die aufgrund ihrer Stellung im Gesetz, dem ursprünglichen Willen des Gesetzgebers sowie dem Sinn und Zweck nach anders verstanden werden müssen, als es womöglich auf den ersten Blick erscheint. Für die Feststellung des richtigen Inhalts der entsprechenden Vorschrift haben sich in Literatur und Rechtsprechung bestimmte Methoden herausgebildet. Werden diese Methoden im Schrifttum teilweise auch unterschiedlich benannt, so wird dennoch im Wesentlichen unter Gesetzesauslegung, gesetzesimmanenter Rechtsfortbildung sowie gesetzesübersteigender Rechtsfortbildung unterschieden.[597] Das

---

593 Zur Erinnerung: Nach *Pingers* Ansicht sollen die §§ 987-993 BGB neben den §§ 812 ff. und 823 ff. BGB anwendbar sein und zum Ziel haben, die Nutzungsherausgabe- und Schadenersatzhaftung des Besitzers gegenüber den allgemeinen Normen zu verschärfen. Auch die §§ 994-1003 BGB sollen nach dieser Auffassung neben den allgemeinen Vorschriften der §§ 812 ff. und §§ 823 ff. BGB zur Anwendung kommen. Allerdings sollen diese Normen bezwecken, die Haftung des Eigentümers zu verschärfen. Dazu genauer bereits bei § 2 D. III.

594 *Wieling,* AcP 169, 137, 140. Dazu genauer bereits bei § 2 D. III.

595 Dazu genauer bereits bei § 2 D. III.

596 *Schmalz*, Methodenlehre, Rn. 219.

597 Vgl. *Larenz/ Canaris*, Methodenlehre, S. 133 ff., 187 ff., 232 ff.

Verhältnis dieser Methoden bringt *Canaris* auf den Punkt: „Dabei dürfen diese verschiedenen Stufen nicht als wesensverschieden angesehen werden, sondern nur als voneinander verschiedene Stufen desselben gedanklichen Verfahrens.“[598] Alle diese verschiedenen Stufen sind geprägt vom Grundsatz der Gewaltenteilung, der Einheit der Rechtsordnung und insbesondere dem sich daraus ergebenden Gebot der Gerechtigkeit. Deshalb kann festgestellt werden, dass sowohl bei der Gesetzesauslegung ein gerechtes Ergebnis die Argumentation von ihrem Anfang bis zu ihrem Ende prägt,[599] als auch bei der Rechtsfortbildung eine Rechtsnorm, die zwar ihrem Wortlaut nach ohne Ergänzung widerspruchsfrei anwendbar wäre, aus Gründen der Gerechtigkeit korrigiert wird.

1. Gesetzesauslegung

„Unter Gesetzesauslegung wird ein vermittelndes Tun verstanden, durch das sich der Auslegende den Sinn eines Textes, der ihm problematisch geworden ist, zum Verständnis bringt.“[600] „Ein Gesetz auszulegen heißt demnach, die Bedeutung der Gesetzesworte zu ermitteln, also jene Tatsachen-, Wert- und Sollensvorstellungen zu gewinnen, die durch sie bezeichnet sein sollen.“[601] Die Ursache dafür, dass nicht immer eindeutig klar ist, ob ein Sachverhalt unter eine bestimmte Norm zu subsumieren ist, ist die mitunter vom Gesetz verwendete Umgangssprache. Die Umgangssprache lebt im Wesentlichen von anpassungsfähigen Begriffen, deren Bedeutung sich mitunter verändern kann. Sie stellt damit häufig das Gegenstück zu festgelegten Begriffen dar.[602] Hinzu kommt, dass mitunter vom Gesetz verwendete Rechtsbegriffe nicht oder nicht ausreichend definiert werden. Die Definition für den Rechtsbegriff „Leistung“ beispielsweise findet sich im Bürgerlichen Gesetzbuch nicht wieder. Dennoch ist allgemein anerkannt, dass es sich hierbei um die bewusste und zweckgerichtete Mehrung fremden Vermögens handelt und zwar aus der Sicht des Leistungsempfängers.[603] Mit Hilfe der Auslegung kann der rechtlich maßgebliche, also der normative Sinn des Gesetzes ermittelt werden. Ob dabei der normative Sinn einer Norm aus dem Willen des historischen Gesetzgebers zu ermitteln ist oder sich aus einer Betrachtung der Norm nur aus heutiger Sicht ergibt, sich also am „Willen des Gesetzes“ orientiert, ist umstritten.

---

598 *Larenz/ Canaris*, Methodenlehre, S. 187.

599 Vgl. *Lege*, Pragmatismus und Jurisprudenz, S. 462; *Zippelius*, Methodenlehre, S. 57.

600 *Larenz/ Canaris*, Methodenlehre, S. 26.

601 *Zippelius*, Methodenlehre, S. 42.

602 Vgl. *Larenz/ Canaris*, Methodenlehre, S. 133.

603 Vgl. BGHZ 58, 184, 188; BGH NJW 2004, 1169; Palandt/ *Sprau*, § 812 Rn. 14. Dazu genauer bereits bei § 3 B.

Die subjektive Auslegungstheorie geht davon aus, dass Gesetze für jedermann bindend sind. Gesetze verkörpern danach den unumstößlichen Willen des Gesetzgebers.[604] Die Befürworter dieser Theorie sind daher der Ansicht, die Auslegung müsse den individuellen Vorstellungen der Gesetzesväter möglichst nahe kommen.[605] Die Befürworter der objektiven Auslegungstheorie stellen demgegenüber nicht den Willen des Gesetzgebers, sondern den „Willen des Gesetzes" ins Zentrum.[606] *Canaris* bringt die Vorteile beider Ansichten auf den Punkt: „Für die subjektive Theorie spricht, dass das Rechtsgesetz, anders als ein Naturgesetz, von Menschen für Menschen gemacht ist und Ausdruck eines für die Schaffung einer nach Möglichkeit gerechten und den Bedürfnissen der Gesellschaft entsprechenden Ordnung gerichteten Willens des Gesetzgebers ist. ... Für die objektive Theorie spricht, dass ein Gesetz, sobald es angewandt wird, eine ihm eigene Wirksamkeit entfaltet, die über das hinausgeht, was der Gesetzgeber beabsichtigt hatte."[607]

Zu beachten ist in diesem Zusammenhang, dass Gesetze oftmals einen nicht überschaubaren Zeitraum überdauern und in die unterschiedlichsten Lebensbereiche eingreifen. Es liegt daher auf der Hand, dass der Gesetzgeber bei der Gesetzesverabschiedung nicht jeden einzelnen Fall abschließend vorausahnen konnte, für den das Gesetz Anwendung finden sollte. Die Beschränkung auf die Erforschung des Willens des historischen Gesetzgebers zur Ermittlung des tatsächlichen Normzwecks ist daher sicher nicht ausreichend. Allerdings reicht auch die Beurteilung des Gesetzes aus heutiger Sicht nicht aus. Dann nämlich würde vernachlässigt, dass das Gesetz Ausdruck menschlicher Vorstellung ist und für Menschen gemacht ist. Deshalb ist entscheidend auf den heute rechtlich maßgeblichen Sinn abzustellen. Dieser darf aber nur unter Berücksichtigung auch der konkreten Normvorstellungen des historischen Gesetzgebers, keinesfalls unabhängig davon, festgestellt werden.[608] Das Bundesverfassungsgericht formulierte insoweit:

> „Maßgebend für die Interpretation eines Gesetzes ist der in ihm zum Ausdruck kommende objektivierte Wille des Gesetzgebers."[609]

---

604 Vgl. *Zippelius*, Methodenlehre, S. 22.

605 Vgl. *Zippelius*, Methodenlehre, S. 22.

606 Vgl. *Zippelius*, Methodenlehre, S. 22.

607 *Larenz/ Canaris*, Methodenlehre, S. 137 f.

608 Vgl. *Larenz/ Canaris*, Methodenlehre, S. 139.

609 Vgl. BVerfGE 1, 299, 312; 10, 234, 244; 11, 126, 130 f.; 20, 283, 293; 79, 106, 121. Bemerkenswert ist, wie das Bundesverfassungsgericht bei all seinen Entscheidungen immer wieder ganz konkret den Maßstab für die Interpretation eines Gesetzes festlegt und nicht einen „Millimeter" davon abweicht.

Es leuchtet ein, dass die Berücksichtigung sowohl des historischen Gesetzgebers, als auch des heute rechtlich maßgeblichen Sinns einer Vorschrift Schwierigkeiten mit sich bringt. Dass dabei nicht jeder Fall gleich entschieden werden kann, sondern es auch darauf ankommt, aus welcher Zeit das jeweilige Gesetz stammt, was sich die Gesetzesväter bei der Schaffung des Gesetzes gedacht haben und welche anderen später hinzu gekommenen Normen bzw. Normenkomplexe dieses Gesetz wie und warum beeinflusst haben, dürfte ebenso klar sein. Erschwerend hinzu für die Suche bzw. Feststellung nach dem richtigen Inhalt einer Norm kommt die stets zu beachtende Einhaltung der eingangs beschriebenen Prinzipien, also dem Grundsatz der Gewaltenteilung, der Einheit der Rechtsordnung und dem sich daraus ergebenden Gebot der Gerechtigkeit. Darum haben sich in der Methodenlehre verschiedene Auslegungskriterien herausgebildet, die genau diesem Anforderungsprofil Rechnung tragen sollen.

Trotz teilweise unterschiedlicher Bezeichnung im Schrifttum werden im Wesentlichen vier Auslegungskriterien unterschieden, die allesamt auf die klassische Methodenlehre *Friedrich Carl von Savigny's* zurückgehen.[610] Dabei handelt es sich um die Gesetzesauslegung nach dem Wortlaut, der Systematik, der Entstehungsgeschichte sowie nach dem Sinn und Zweck einer Vorschrift. Diese Kriterien stehen allerdings nicht losgelöst nebeneinander, sondern sind miteinander verwoben. Bei der Gesetzesauslegung bestehen zwischen den Auslegungskriterien teilweise fließende Übergänge, was an den jeweils zu berücksichtigenden Prinzipien liegt.

a) Wortlaut

Die Gesetzesauslegung nach dem Wortlaut, auch „grammatische" Auslegung genannt, hat zu ermitteln, „welcher Sinn nach dem Sprachgebrauch der Sprachgemeinschaft und nach der Sprachregelung des Gesetzgebers den Gesetzesworten zukommen kann"[611]. Der mögliche Wortsinn markiert dabei die äußerste Grenze zulässiger richterlicher Interpretation.[612] Jede Auslegung findet ihre absolute Schranke also dort, wo der klare Wortlaut ihr entgegensteht.[613] Der Wortlaut des § 993 Abs. 1 HS 2 BGB kann nur dahingehend verstanden werden, dass der redliche und unverklagte unrechtmäßige Besitzer außerhalb des Eigentümer-Besitzer-Verhältnisses weder auf Schadenersatz, noch auf Nutzungsersatz haftet.

610 *Savigny*, System des heutigen römischen Rechts Bd. I, S. 212 ff.

611 *Zippelius*, Methodenlehre, S. 42 f.

612 Vgl. *Deckert*, JA 1994, 412, 415; *Bydlinski*, Methodenlehre, S. 467 f.; *Larenz/ Canaris*, Methodenlehre, S. 143. Dort heißt es treffend: „Der Wortlaut … ist Ausgangspunkt für die richterliche Sinnesermittlung und steckt zugleich die Grenzen seiner Auslegungstätigkeit ab."; BGHZ 46, 74, 76; BGH NJW 1988, 2109.

613 Vgl. BVerwGE 90, 265, 269.

Eine andere Auslegung des Wortlauts dieser Norm ist nicht mehr vom möglichen Wortsinn gedeckt.[614] Die Zulassung bereicherungsrechtlicher Normen zur Behebung des Wertungswiderspruchs verstößt daher gegen den Wortlaut des § 993 Abs. 1 HS 2 BGB und stellt mithin eine Übertretung der äußersten Grenze richterlicher Interpretation dar.

Angesichts des eindeutigen Wortlauts des § 993 Abs. 1 HS 2 BGB scheint nicht nur die Grenze des möglichen Wortsinns dieser Vorschrift klar umrissen, sondern auch keine Notwendigkeit für die Prüfung weiterer Auslegungskriterien zu bestehen. Die gesetzesimmanente Auslegung kann zu keinem dem Wortlaut entgegenstehenden Ergebnis führen. Andererseits sind – vor dem Hintergrund, „dass Gesetzesauslegung und Rechtsfortbildung Stufen desselben gedanklichen Verfahrens sind"[615] – Erkenntnisse zu weiteren Auslegungskriterien durchaus hilfreich für die Lösung des Ausgangsfalles. So können beispielsweise Erkenntnisse zur historischen Gesetzesauslegung durchaus hilfreich sein im Hinblick auf die Rechtsfortbildung in Form einer teleologischen Reduktion.

b) Systematik

Bei der systematischen Gesetzesauslegung[616] gilt es, dass Auslegungsergebnis widerspruchsfrei in den Kontext wenigstens der gleich- und höherrangigen Normen einzufügen.[617] So folgt beispielsweise die Anwendung der §§ 987 ff. BGB insgesamt nur auf einen dem Eigentümer gegenüber nicht zum Besitz berechtigten oder sein Besitzrecht überschreitenden Besitzer aus § 990 BGB. Gemäß dieser Vorschrift haftet der Besitzer dem Eigentümer von der Zeit des Erwerbs nach den §§ 987, 989 BGB, wenn der Besitzer bei dem Erwerb des Besitzes nicht in gutem Glauben war. Damit differenziert § 990 BGB zwischen dem gutgläubigen und dem bösgläubigen Besitzer. Eine solche Unterscheidung macht aber nur im Hinblick auf einen Besitzer ohne Recht zum Besitz Sinn, der dem Eigentümer zur Herausgabe der Sache verpflichtet ist.[618]

Die systematische Auslegung spricht klar gegen die Anwendung bereicherungsrechtlicher Vorschriften zur Behebung des Wertungswiderspruchs. § 993 Abs. 1 HS 2 BGB steht am Ende jener Vorschriften, die dem Eigentümer Ansprüche gegen den Besitzer gewähren. § 993 Abs. 1 HS 2 BGB fasst damit nicht

614 Dazu genauer bereits bei § 2 D. III.

615 *Larenz/ Canaris*, Methodenlehre, S. 187.

616 Zur Erinnerung: Nach *Zippelius* werden bei der systematischen Gesetzesauslegung „Argumente aus dem Zusammenhang hergeleitet, in dem die verschiedenen Normen zueinander stehen" (dazu genauer bereits bei Fn. 552).

617 Vgl. *Zippelius*, Methodenlehre, S. 52 f. Dazu bereits auch in Fn. 542.

618 Vgl. *Larenz/ Canaris*, Methodenlehre, S. 147.

– wie teilweise vertreten wird[619] – lediglich abschließend die Reichweite des Haftungsumfangs zwischen Eigentümer und Besitzer zusammen, sondern übernimmt die Funktion, dem abgestuften Haftungssystem im Eigentümer-Besitzer-Verhältnis Rechnung zu tragen. Erst durch den Ausschluss der Anwendung bereicherungsrechtlicher Normen für den Fall, dass der redliche Besitzer gegenüber dem Eigentümer nach den § 987 ff. BGB nicht zu haften braucht, macht die Privilegierung des redlichen Besitzers im Eigentümer-Besitzer-Verhältnis überhaupt Sinn.

c) Teleologische Gesetzesauslegung und Entstehungsgeschichte

An dieser Stelle wird es am deutlichsten, dass die Auslegungskriterien nicht losgelöst voneinander, sondern stets im Zusammenhang betrachtet werden müssen. Mit einer isolierten Betrachtung der Entstehungsgeschichte zu § 993 Abs. 1 HS 2 BGB käme man schnell zu dem Ergebnis, dass diese Norm geschaffen wurde, um den redlichen und unverklagten unrechtmäßigen Besitzer zu schützen. Dies ließe allerdings die Entscheidung des Gesetzgebers unberücksichtigt, die er zum Nutzungsersatz getroffen hat für den Fall, dass der Schuldner nicht bloß Besitzer der Sache geworden ist, sondern sogar Eigentümer. Der heute anerkannte Wertungswiderspruch bliebe unberücksichtigt. Aus diesem Grund sind auch die Gedanken zu berücksichtigen, die der Gesetzgeber bei der Schaffung des § 818 Abs. 1 BGB hatte, der den Eigentümer zur Nutzungsherausgabe zwingt. Das folgt zumindest auch aus der Gesetzesauslegung nach dem Sinn und Zweck einer Norm, denn nur durch sie können die Gedanken des historischen Gesetzgebers zu § 818 Abs. 1 BGB mitberücksichtigt werden. Insoweit besteht eine nicht zu trennende Verbindung beider Auslegungskriterien.

„Unter historischer Auslegung wird die Erforschung der Entstehungsgeschichte im engeren Sinne verstanden, also der Materialien, die zu dem konkret zu beurteilenden Gesetz geführt haben.“[620] Der Wille des historischen Gesetzgebers ist bei der Feststellung des richtigen Inhalts einer Norm stets zu beachten.[621] Der ursprüngliche Vorschlag im ersten Entwurf zum Bürgerlichen Gesetzbuch, die beiden Ausgangsfälle gleich zu behandeln, allerdings nach den Vorschriften des Eigentümer-Besitzer-Verhältnisses, mithin also weder den redlich „nur Besitzenden“, noch den rechtsgrundlos gewordenen Eigentümer auf Nutzungser-

619 Gemeint ist die Ansicht *Pingers*. Dazu genauer bereits bei § 2 D. III.

620 *Wank*, Auslegung, S. 66.

621 Dies folgt bereits aus dem vom Bundesverfassungsgericht festgelegten Maßstab zur Interpretation eines Gesetzes. Zur Erinnerung, das Bundesverfassungsgericht formulierte hierzu: „Maßgebend für die Interpretation eines Gesetzes ist der in ihm zum Ausdruck kommende objektivierte Wille des Gesetzgebers.“ Dazu genauer bereits bei § 5 B. II. 1.

satz haften zu lassen, wurde abgelehnt.[622] Diese Ablehnung erfolgte unter Hinweis auf den Erbschaftsanspruch, der eine Pflicht zur Herausgabe von Nutzungen vorsah (heute § 2020 BGB).[623] Die Gesetzesmaterialien sind insoweit eindeutig. Der historische Gesetzgeber hat also in Kenntnis des Wertungswiderspruchs § 818 BGB verabschiedet. Auch die Entstehungsgeschichte spricht demnach für die Hinnahme des Wertungswiderspruchs.

Fraglich bleibt, ob und gegebenenfalls in welchem Umfang die teleologische Auslegung aus heutiger Sicht Einfluss auf das Ergebnis, also die Feststellung des normativen Sinns des § 993 Abs. 1 HS 2 BGB, hat. Es liegt auf der Hand, dass die Gesetzesauslegung nach dem Sinn und Zweck einer Norm wie kein anderes Auslegungskriterium nach bestimmten Regeln verlangt, weil nicht selten die ratio legis eines Gesetzes nicht nur unterschiedlich gesehen, sondern auch mangels fester Anhaltspunkte im Gesetz mitunter auf ein gewünschtes Ergebnis hin argumentiert wird. Feste Regeln sind daher im Hinblick auf die Rechtssicherheit zwingend notwendig. Bei der teleologischen Gesetzesauslegung spielen die zu Beginn erörterten Prinzipien der Gewaltenteilung, der sich daraus ergebenden Rechtssicherheit und das Gebot der Gerechtigkeit daher eine große Rolle. Andernfalls könnte die Rechtsprechung – unter dem Deckmantel der „Gerechtigkeit“ – allein ziel- und zweckmäßigkeitsorientiert entscheiden. Dies jedoch wäre mit dem Gewaltenteilungsprinzip unvereinbar. Mit Recht formuliert *Zippelius* daher, „dass es der Funktionenteilung entspricht, dass die Gesetzesauslegung im Einklang mit den Zweck- und Zweckmäßigkeitsentscheidungen des Gesetzgebers steht“[624]. Eine Auslegung, die sich also allein am Sinn und Zweck einer Norm orientiert, ist unseriöse Gesetzesauslegung. Dies ergibt sich im Übrigen bereits aus der vom Bundesverfassungsgericht gewählten Formulierung, wonach „für die Interpretation eines Gesetzes der in ihm zum Ausdruck kommende objektivierte Wille des Gesetzgebers maßgeblich ist“[625].

Entscheidend zu berücksichtigen ist daher stets, ob sich der Gesetzgeber bei der Gesetzesverabschiedung bewusst gewesen ist, gegen den Gedanken der Gerechtigkeit zu verstoßen oder ob er sich keine Gedanken darüber gemacht hat. Vorliegend hat sich der Gesetzgeber bewusst für die Hinnahme des Wertungswiderspruchs entschieden. Dass er dabei möglicherweise einem Denkfehler unterlag, weil er seine Entscheidung mit einem Hinweis auf § 2020 BGB begründete, wonach auch der Erbschaftsbesitzer die Nutzungen herauszugeben hat, ist unerheblich. Zwar erlangt der Erbschaftsbesitzer den Nachlass ohne Gegenleis-

622 Dazu genauer bereits bei § 4 A.
623 *Mugdan*, Materialien II, S. 1186.
624 *Zippelius*, Methodenlehre, S. 50.
625 Vgl. BVerfGE 1, 299, 312; 10, 234, 244; 11, 126, 130 f.; 20, 283, 293; 79, 106, 121.

tung, ist mithin unentgeltlicher Besitzer und wäre demnach auch vindikationsrechtlich nach § 988 BGB zur Nutzungsherausgabe verpflichtet,[626] es ist jedoch nicht sicher, ob der Gesetzgeber auch ohne den – von allen anderen Vertretern im Schrifttum und auch vom Verfasser dieser Arbeit ohnehin nur vermuteten – Denkfehler anders entschieden hätte. Hinzu kommt, dass ohnehin keine klare Grenze zwischen Fehlleistungen des Gesetzgebers und einem Übersehen durch den Gesetzgeber gezogen werden kann. Würde dennoch der Versuch unternommen werden, dazwischen zu unterscheiden, wäre bei der Annahme eines Denkfehlers der nächste Schritt eine Mutmaßung. Denn es könnte bestenfalls vermutet werden, wie sich der Gesetzgeber entschieden hätte, wenn er keinem Irrtum unterlegen hätte. Da aber auch aus heutiger Sicht dann nicht immer von vornherein nur die „eine" Entscheidung in Betracht kommen muss, stünde man vor der nächsten Hürde. So müsste die Entscheidung zu treffen sein, welches Ergebnis denn am „gerechtesten" wäre. In letzter Konsequenz hieße das, dass nur das Prinzip der materiellen Gerechtigkeit berücksichtigt würde, nicht aber das Prinzip der Gewaltenteilung. § 993 Abs. 1 HS 2 BGB kann daher auch unter besonderer Berücksichtigung der teleologischen und historischen Gesetzesauslegung nicht anders verstanden werden, als dass der redliche Besitzer keinen Nutzungsersatz außerhalb der Vorschriften des Eigentümer-Besitzer-Verhältnisses zu leisten braucht, insbesondere nicht aus § 812 BGB.

d) Canaris' Ansicht

Einen anderen Weg geht *Canaris*. Er stellt an den Beginn seiner Ausführungen die These, dass – bei dem der Gesetzesauslegung nach dem Sinn und Zweck einer Vorschrift zu berücksichtigendem Gedanken der Gerechtigkeit – dem Prinzip der Gleichbehandlung eine herausragende Bedeutung zukommt. *Canaris* schließt daraus zunächst völlig zu Recht, dass Wertungswidersprüche vom Ausleger nach Möglichkeit zu vermeiden seien.[627] Bewegt sich der Ausleger dabei in den Grenzen des möglichen Wortsinns, ist dem vollumfänglich zuzustimmen. Allerdings muss auch *Canaris* feststellen, dass eine Auslegung innerhalb dieser Grenzen mitunter Wertungswidersprüche nicht beheben kann.[628] Genau ein solcher nicht behebbarer Wertungswiderspruch entsteht, wenn die beiden Ausgangsfälle isoliert voneinander betrachtet und gelöst werden. Um den Wertungswiderspruch dennoch „in den Griff" zu bekommen, erweitert *Canaris* die gesetzesimmanente Auslegung. Dabei gibt er zu, dass Wertungswidersprüche innerhalb der Rechtsordnung mitunter hingenommen werden müssten, „dort wo

626 Zum Anwendungsbereich des § 988 BGB genauer bereits bei § 5 A. I. 1. a).
627 Vgl. *Larenz/ Canaris*, Methodenlehre, S. 155.
628 Vgl. *Larenz/ Canaris*, Methodenlehre, S. 155.

Wertungswidersprüche aber dem Prinzip der Gleichbehandlung des Gleichartigen und daher gleich zu Bewertenden widerstreiten, sollten sie jedoch vermieden werden“[629]. Darum sieht *Canaris* in den §§ 987 ff. BGB keinen Regelungsbereich, der alle anderen Normen ausnahmslos verdrängt. Stattdessen interpretiert er den § 993 Abs. 1 HS 2 BGB einschränkend dahin, dass dieser gewisse bereicherungsrechtliche Ansprüche und insbesondere auch § 818 Abs. 1 BGB unberührt lässt.[630] Mit der herrschenden Literaturansicht[631] beschränkt er sich auf die Zulassung bereicherungsrechtlicher Ansprüche aus der Leistungskondiktion. Einen direkten Anspruch aus dem Gesichtspunkt der Eingriffskondiktion lehnt *Canaris* ab, weil ein solcher Anspruch auf der Zuordnungsfunktion des Eigentums gründet. In Bezug auf diesen Anspruch stellen die §§ 987 ff. BGB für *Canaris* daher wiederum Sonderregelungen dar.[632]

Zumindest begründet *Canaris* die Wortlautumgehung. Dies hat er vielen Vertretern im Schrifttum voraus, die § 993 Abs. 1 HS 2 BGB lediglich mit einem bloßen Hinweis auf den Wertungswiderspruch einschränkend interpretieren. Allerdings bleibt er die Erklärung schuldig, welche Wertungswidersprüche hingenommen und welche korrigiert werden müssten und vor allem wie diese Wertungswidersprüche sich unterscheiden sollen. Es ist auch nicht erkennbar, welche Wertungswidersprüche nicht dem Prinzip der Gleichbehandlung des Gleichartigen entgegenstehen und daher keiner Korrektur bedürfen. Dies gilt umso mehr, wenn man sich noch einmal die Definition für den Begriff „Wertungswiderspruch“ vor Augen führt. Ein solcher liegt nämlich immer dann vor, „wenn der Sache nach gleich liegende Tatbestände durch dieselbe Rechtsordnung unterschiedlich bewertet werden“[633].

Entscheidend dürfte aber vielmehr sein, dass *Canaris* den Anwendungsbereich der Rechtsfortbildung[634] in Form der teleologischen Reduktion überflüssig macht, obwohl auch nach seinem Verständnis im Wege der teleologischen Reduktion die nach dem Zweck des Gesetzes nicht erfassten Fälle entgegen dem Wortlaut von der Norm ausgenommen werden, wenn der Wortlaut des Gesetzes mehr Fälle erfasst, als vom Zweck des Gesetzes berechtigt wäre.[635] Zwar findet die Auslegung nach dem Sinn und Zweck einer Norm sowohl auf der Ebene der Gesetzesauslegung im engeren Sinne, als auch auf der Ebene der Rechtsfortbil-

---

629 *Larenz/ Canaris*, Methodenlehre, S. 155 f.

630 Vgl. *Larenz/ Canaris*, Methodenlehre, S. 156; *Larenz/ Canaris*, Schuldrecht Bd. II 2, S. 339 f.

631 Dazu genauer bereits bei § 5 B. I.

632 *Larenz/ Canaris*, Methodenlehre, S. 156, Fn. 47.

633 *Waltjen*, AcP 175, 109, 114. Dazu genauer bereits bei § 1 A.

634 Dazu genauer bei § 5 B. II. 2.

635 *Larenz/ Canaris*, Methodenlehre, S. 210 f.

dung Beachtung, jedoch wird die Teleologie des Gesetzes in unterschiedlich großem Umfang berücksichtigt. Die teleologische Auslegung im Rahmen der gesetzesimmanenten Auslegung orientiert sich am Wortlaut des Gesetzes und kann dabei nicht über den möglichen Wortsinn hinausgehen. Die Berücksichtigung des Sinn und Zwecks einer Norm im Wege der teleologischen Reduktion geht einen Schritt weiter und will über den Wortlaut des Gesetzes hinaus die Fälle ausschließen, die eben nicht vom Sinn und Zweck des Gesetzes gedeckt sind. Da § 993 Abs. 1 HS 2 BGB keine andere Interpretation des Wortlauts zulässt, als dass der redliche Besitzer außerhalb der Vorschriften des Eigentümer-Besitzer-Verhältnisses nicht auf Nutzungsersatz zu haften braucht,[636] kommt hier eine Haftung auf Nutzungsersatz nach den allgemeinen Vorschriften nicht in Betracht. Warum *Canaris* angesichts der auch von ihm vorgenommenen Unterscheidung zwischen gesetzesimmanenter Auslegung und Rechtsfortbildung derart weitgehend den Sinn und Zweck eines Gesetzes berücksichtigt, erschließt sich nicht. Es bleibt zu vermuten, dass *Canaris* im Wege der teleologischen Reduktion nicht zu diesem „wünschenswerten" Ergebnis gekommen wäre.

Dass der Lösungsvorschlag von *Canaris* im „Trend" zu liegen scheint, lässt sich unschwer an dem in der Literatur viel diskutierten Problem des so genannten neutralen bzw. indifferenten Geschäfts erkennen, wobei neutrale (indifferente) Geschäfte solche sind, die dem beschränkt Geschäftsfähigen weder einen rechtlichen Vorteil, noch einen rechtlichen Nachteil bringen, da sie nicht für ihn selbst, sondern für einen Dritten wirken.[637] Auch hier beachtet *Canaris* und mit ihm die herrschende Meinung im Schrifttum[638] ausschließlich teleologische Gesichtspunkte bei der Argumentation. Umstritten ist, ob auch Verfügungen eines Minderjährigen über fremde Rechte für diesen rechtlich neutral sind und deshalb ohne Zustimmung des gesetzlichen Vertreters vorgenommen werden können. In diesem Zusammenhang wird immer wieder das Beispiel angeführt, bei dem ein Minderjähriger eine geliehene Sache – unter der Vorspiegelung, Eigentümer zu sein –, an einen gutgläubigen Dritten verkauft (§ 433 BGB) und übereignet (§ 929 BGB). Der Kaufvertrag ist ohne entsprechende Zustimmung der gesetzlichen Vertreter nichtig, da er nicht lediglich rechtlich vorteilhaft ist. Fraglich ist, ob das auch für das dingliche Rechtsgeschäft gilt. Nach überwiegender Ansicht im Schrifttum[639] liegt in diesem Fall ein neutrales Geschäft vor. Begründet wird diese Auffassung damit, dass der Eigentumsverlust nach §§ 929, 932 BGB allein den wahren Eigentümer treffe. Den Minderjährigen hingegen treffe kein rechtli-

636 Dazu genauer bereits bei § 2 D. III.

637 Vgl. Palandt/ *Ellenberger*, BGB, § 107 Rn. 7.

638. Vgl. *Larenz*/ *Canaris*, Methodenlehre, S. 156; MünchKomm/ *Schmitt*, BGB, § 107 Rn. 34; *Hommelhoff*/ *Stüsser*, Jura 1985, 654, 658.

639 Vgl. *Coester-Waltjen*, Jura 1994, 668, 669; *Schreiber*, Jura 1987, 221, 222.

cher Nachteil. Die Gegenseite verneint die Möglichkeit der Veräußerung einer dem Minderjährigen nicht gehörenden Sache mit dem Argument, dass die Gutglaubensvorschriften den Zweck verfolgen, den Erwerber nur so zu stellen, wie er bei Richtigkeit seiner Vorstellungen stehen würde. In diesem Fall würde der Erwerber aber gemäß § 932 BGB das Eigentum nur erwerben, weil er den Minderjährigen für den Eigentümer hält. Wäre der Minderjährige aber tatsächlich Eigentümer der Sache, dann könnte der Erwerber auf keinen Fall Eigentümer werden, jedenfalls nicht ohne Zustimmung des gesetzlichen Vertreters gemäß § 107 BGB.[640]

Die Argumente beider Meinungen können nicht überzeugen. Die Vertreter beider Ansichten stellen bei ihrer Argumentation verfrüht auf eine zweite Ebene ab, indem sie die in § 107 BGB aufgestellte Regel – dass der Minderjährige grundsätzlich zu einer Willenserklärung, durch die er nicht lediglich einen rechtlichen Vorteil erlangt, der Einwilligung seines gesetzlichen Vertreters bedarf – mit Argumenten rund um den Minderjährigenschutz begründen wollen ohne sich überhaupt mit dem Wortlaut des § 107 BGB auseinander zu setzen. So wird wie selbstverständlich auf den fehlenden rechtlichen Nachteil abgestellt, obwohl der Wortlaut des § 107 BGB nach einem rechtlichen Vorteil verlangt. Eine Auseinandersetzung mit der Frage, unter welchen Voraussetzungen vom Wortlaut abgewichen werden kann, z.B. im Wege einer teleologischen Reduktion, findet nicht statt.

e) Aktuelle Entscheidungen

Die Berücksichtigung des Willens des historischen Gesetzgebers bei der Auslegung hat aber nicht nur rechtshistorische, sondern auch aktuelle Brisanz. Die nachfolgenden zwei Entscheidungen, von denen eine noch nicht endgültig durch den BGH entschieden ist, belegen dies.

aa) „Parkett-Fall“

Der Wille des historischen Gesetzgebers fand auch im so genannten „Parkett-Fall“[641] besondere Berücksichtigung. Dort hatte der BGH entschieden, dass der Verkäufer mangelhafter Parkettstäbe im Zuge der Nacherfüllung durch Ersatzlieferung (§ 439 Abs. 1 BGB) nur die Lieferung mangelfreier Parkettstäbe schulde, das heißt die Verschaffung von Eigentum und Besitz an einer mangelfreien Kaufsache (§ 433 Abs. 1 BGB). Zur Verlegung ersatzweise gelieferter Parkettstäbe ist der Verkäufer im Wege der Nacherfüllung auch dann nicht verpflichtet,

---

640 Vgl. *Medicus/ Petersen*, Bürgerliches Recht, Rn. 540 ff.

641 BGHZ 177, 224 ff. = BGH NJW 2008, 2837 ff.

wenn der Käufer die mangelhaften Parkettstäbe bereits verlegt hatte. Dieser Entscheidung lag folgender Sachverhalt zugrunde:

Ein Käufer von Parkettstäben hatte diese selbst verlegt und später deren Mangelhaftigkeit bemerkt. Er verlangte daraufhin vom Verkäufer im Rahmen der Nacherfüllung die Lieferung neuer Parkettstäbe sowie deren Neuverlegung, weil er die Parkettstäbe nun ein zweites Mal verlegen musste. Der Verkäufer lieferte daraufhin zwar neue Parkettstäbe, verweigerte aber deren Verlegung. Der Käufer ließ die Parkettstäbe von einem anderen Parkettleger verlegen und verlangte hierfür Schadenersatz.

Der BGH lehnte einen Anspruch des Käufers auf Schadenersatz ab und distanzierte sich damit von der Rechtsprechung, die er noch im so genannten „Dachziegel-Fall"[642] vertrat. Dort hatte er die Kosten für die Verlegung mangelhafter Dachziegel als Vertragskosten im Sinne des § 467 S. 2 BGB a.F. angesehen, die der Verkäufer dem Käufer bei einer Wandelung des Kaufvertrags verschuldensunabhängig zu erstatten hatte. Der BGH begründete seine Entscheidung im Wesentlichen damit, dass es sich beim Nacherfüllungsanspruch aus § 439 Abs. 1 BGB um eine Modifikation des ursprünglichen Erfüllungsanspruchs aus § 433 Abs. 1 BGB handelt.[643] Bei der in § 439 Abs. 1 BGB vorgesehenen Lieferung einer mangelfreien Sache decken sich nach Ansicht des BGH der Nacherfüllungsanspruch und der ursprüngliche Erfüllungsanspruch hinsichtlich der vom Käufer geschuldeten Leistungen.[644] Der BGH stellt auf den Willen des Gesetzgebers ab und verweist auf die Gesetzesmaterialien.[645] Dort heißt es:

> „...Die sich hieraus ergebenden Modifikationen des Erfüllungsanspruchs sind in § 439 RE geregelt, der Anspruch ist als „Nacherfüllungsanspruch" bezeichnet, wie..."[646]

Die Ersatzlieferung erfordere nach Meinung des BGH daher eine vollständige Wiederholung der Leistungen, mithin die Übergabe des Besitzes und die Verschaffung mangelfreien Eigentums an der Kaufsache, nicht aber den Einbau der Parkettstäbe.[647]

Dass der Nacherfüllungsanspruch den ursprünglichen Erfüllungsanspruch fortsetzt, ist nicht ganz korrekt. Dies gilt uneingeschränkt nur für den Leistungs-

642 BGHZ 87, 104 ff. = NJW 1983, 1479 ff.

643 BGH NJW 2008, 2837, 2838. Wörtlich führt der BGH aus: "Bei den Nacherfüllungsansprüchen aus § 439 Abs. 1 BGB handelt es sich um Modifikationen des ursprünglichen Erfüllungsanspruchs aus § 433 Abs. 1 BGB ..., die allerdings nur so weit gehen, wie dies durch die Mangelhaftigkeit der Kaufsache bedingt ist."

644 BGH NJW 2008, 2837, 2838.

645 BGH NJW 2008, 2837, 2838.

646 BTDrucks 14/ 6040, S. 221.

647 BGH NJW 2008, 2837, 2838.

erfolg, während sich die Leistungshandlung in den Fällen der Nachbesserung stark von der ursprünglichen Erfüllungspflicht aus § 433 Abs. 1 BGB unterscheiden kann, wie z.B. bei einer Reparatur. Damit scheidet ein Anspruch des Käufers auf Schadenersatz statt der Leistung gemäß §§ 437 Nr. 3, 280 Abs. 1, 3, 281 Abs. 1, 2 Alt. 1 BGB aus. Der Nacherfüllungsanspruch als modifizierter Erfüllungsanspruch umfasst nicht den Einbau der Parkettstäbe. Der Käufer kann auch keinen Aufwendungsersatz nach § 284 BGB verlangen, weil er diesen nur anstelle des Schadenersatzanspruchs statt der Leistung verlangen kann. Ein Anspruch auf Schadenersatz neben der Leistung gemäß §§ 437 Nr. 3, 280 BGB steht dem Käufer nicht zu, weil es insoweit am Vertretenmüssen fehlt. Der Verkäufer kann den Entlastungsbeweis gemäß § 280 Abs. 1 S. 2 BGB führen, dass er die mangelhafte Lieferung nicht zu vertreten hat. Im Gegensatz zum Schadenersatz statt der Leistung bezieht sich das Vertretenmüssen beim Schadenersatz neben der Leistung nicht auf die Nacherfüllung, sondern auf die ursprüngliche Erfüllungspflicht.[648] Diese wichtige Unterscheidung nimmt der BGH im so genannten „Parkett-Fall" gar nicht vor, kommt aber schlussendlich zum richtigen Ergebnis. Die Entscheidung des BGH ist auch deshalb so interessant, weil er sie ohne vorherige Anrufung des EuGH getroffen hat. Er hat dem EuGH nicht auf der Grundlage des Art. 267 AEUV (Vorabentscheidung) die Frage vorgelegt, ob die Bestimmungen des Art. 3 Abs. 2 und Abs. 3 Unterabsatz 3 der Richtlinie 1999/44/EG[649] dahin auszulegen sind, dass der Verkäufer im Falle der Herstellung des vertragsgemäßen Zustands des Verbrauchsgutes durch Ersatzlieferung die Kosten des neuerlichen Einbaus der Kaufsache tragen muss? Dies ist deshalb so bemerkenswert, weil der EuGH in einem vorangegangenen Urteil[650] zur Verbrauchsgüterkauflinie herausgestellt hat, dass die Richtlinie den Zweck verfolge, ein hohes Verbraucherschutzniveau zu erreichen. In der Richtlinie heißt es bei Art. 3 (Rechte des Verbrauchers) unter anderem:

648 Dies ergibt sich schon daraus, dass bei einem Schadenersatz neben der Leistung eine Nacherfüllung überhaupt keinen Sinn machen würde. Der Schaden tritt „neben" die Leistung, weshalb auch eine Fristsetzung überflüssig und demzufolge keine Anspruchsvoraussetzung ist.

649 Richtlinien sind gemäß Art. 288 Abs. 3 AEUV für die Mitgliedstaaten, an die sie gerichtet sind, lediglich hinsichtlich des zu erreichenden Ziels verbindlich. Sie überlassen es aber den staatlichen Stellen, die Form und Mittel auszuwählen, die sie für die Erreichung des Ziels als verbindlich ansehen. Kennzeichnend für die Richtlinie ist daher ihre gestufte Verbindlichkeit (vgl. *Calliess/ Ruffert*, Europarecht, Art. 288 AEUV Rn. 23). Konkret handelt es sich um die Richtlinie 1999/44/EG des Europäischen Parlaments und des Rates vom 25. Mai 1999 zu bestimmten Aspekten des Verbrauchsgüterkaufs und der Garantien für Verbrauchsgüter ("Verbrauchsgüterkauf-Richtlinie").

650 Dabei handelt es sich um das so genannte „Quelle-Urteil". Dazu genauer bei § 5 B. II. 2. a) bb).

„…

(2) Bei Vertragswidrigkeit hat der Verbraucher entweder einen Anspruch auf die unentgeltliche Herstellung des vertragsgemäßen Zustands des Verbrauchsgutes durch Nachbesserung oder Ersatzlieferung nach Maßgabe des Absatzes 3 oder auf angemessene Minderung des Kaufpreises oder auf Vertragsauflösung in Bezug auf das betreffende Verbrauchsgut nach Maßgabe der Absätze 5 und 6.

(3) Zunächst kann der Verbraucher vom Verkäufer die unentgeltliche Nachbesserung des Verbrauchsgutes oder eine unentgeltliche Ersatzlieferung verlangen, sofern dies nicht unmöglich oder unverhältnismäßig ist.

…

Die Nachbesserung oder die Ersatzlieferung muss innerhalb einer angemessenen Frist und ohne erhebliche Unannehmlichkeiten für den Verbraucher erfolgen, wobei die Art des Verbrauchsgutes sowie der Zweck, für den der Verbraucher das Verbrauchsgut benötigte, zu berücksichtigen sind."

Die Nichtanrufung des EuGH hat im Schrifttum größtenteils Zustimmung gefunden.[651] Eine Anrufung des EuGH war im vorliegenden Fall aber nicht nur entbehrlich, sondern wäre sogar unzulässig gewesen. Zwar sind nach der europarechtskonformen Auslegung Normen grundsätzlich im Einklang mit dem EU-Recht auszulegen;[652] die Frage, ob ein Verstoß gegen europäisches Recht vorliegt, ist aber immer nur dann berechtigt, wenn eine gesetzesimmanente Auslegung keine abschließende Regelung enthält bzw. eine Rechtsfortbildung noch möglich erscheint. Einer richtlinienkonformen Rechtsanwendung steht also die Wortlautgrenze grundsätzlich nicht entgegen, wohl aber der eindeutige Wille des Gesetzgebers.[653] „Kann eine richtlinienkonforme Rechtsanwendung mit allen nach inländischem Recht zulässigen methodischen Mitteln nicht verwirklicht werden, so ist die Norm im Verhältnis zwischen den beteiligten Privatrechtssubjekten mit ihrem richtlinienwidrigen Inhalt anzuwenden. Der Anwendungsvorrang des EU-Rechts greift in diesen Fällen nicht ein, weil Richtlinien im Verhältnis zwischen den Bürgern keine unmittelbare Wirkung enthalten"[654], bringt es *Looschelders* auf den Punkt. Der benachteiligte Bürger kann daher nur Schadenersatzansprüche gegen den betreffenden Mitgliedstaat geltend machen.[655] Im vorliegenden Fall hat der Gesetzgeber eindeutig die Nacherfüllung der ursprünglichen Erfüllung gleichstellen wollen. Damit hat der Gesetzgeber gewollt, dass der Verkäufer im Rahmen der Nacherfüllung die Übergabe des Besitzes und die Verschaffung mangelfreien Eigentums an der Kaufsache schuldet – nicht weniger, aber auch nicht mehr. Damit hat sich der historische Gesetzgeber abschlie-

651 Vgl. *Ayad/ Hesse*, BB 2008, 1926.
652 Vgl. EuGH NJW 1994, 921 f.; BVerfGE 75, 223, 237.
653 Vgl. AnwK/ *Looschelders*, BGB, Anhang zu § 133 Rn. 33.
654 AnwK/ *Looschelders*, BGB, Anhang zu § 133 Rn. 34.
655 Vgl. *Looschelders*, Schuldrecht AT, Rn. 40; *Staudinger*, NJW 2002, 653, 655.

ßend über die in Streit stehende Konstellation Gedanken gemacht. Eine gesetzesimmanente Auslegung kann daher zu keinem anderen Ergebnis führen, als dass der Käufer die Einbaukosten nicht verlangen kann. Für eine Rechtsfortbildung[656] ist ebenfalls kein Raum. Eine teleologische Reduktion[657] des § 439 Abs. 1 BGB kommt nicht in Betracht. Auch hier steht der eindeutige gesetzgeberische Wille entgegen.[658]

bb) „Fliesen-Fall"

Im so genannten „Fliesen-Fall"[659] spielt die historische Gesetzesauslegung ebenfalls eine herausragende Rolle. Hier hatte der BGH die Frage zu klären, ob der Verkäufer im Zuge der Nachlieferung auch den Ausbau und die Rücknahme der mangelhaften Sache schuldet. Dieser Entscheidung lag folgender Sachverhalt zugrunde:

Ein Käufer kaufte von der Verkäuferin Bodenfliesen und ließ diese anschließend im gesamten Haus von einem anderen Unternehmer verlegen. Danach zeigten sich auf der Oberfläche Schattierungen, die mit bloßem Auge zu erkennen waren. Bei den Schattierungen handelte es sich um feine Mikroschleifspuren, die nicht beseitigt werden konnten, so dass Abhilfe nur durch einen kompletten Austausch der Fliesen möglich war. Nach vergeblicher Leistungsaufforderung mit Fristsetzung hat der Käufer die Verkäuferin auf Lieferung mangelfreier Fliesen und auf Zahlung der für den Ausbau der Fliesen entstandenen Kosten nebst Zinsen in Anspruch genommen.

Das Landgericht[660] hat die Verkäuferin zur Zahlung eines geringen Betrages verurteilt und die Klage im Übrigen größtenteils abgewiesen. Auf die Berufung des Käufers hat das Oberlandesgericht[661] die Verkäuferin zur Lieferung von mangelfreien Fliesen und zur Zahlung eines Teils des für den Ausbau erforderlichen Betrages verurteilt. Mit ihrer vom Berufungsgericht zugelassenen Revision wendet sich die Verkäuferin gegen ihre Verurteilung zur Zahlung dieses Teilbetrages. Der BGH setzte das Verfahren aus und beschloss, dem EuGH seine Vorabentscheidungsfragen – von denen an dieser Stelle nur die zweite problematisiert werden soll – vorzulegen:

> „1. Sind die Bestimmungen des Art. 3 Abs. 3 UnterAbs. 1 und 2 der Richtlinie 1999/44/EG des Europäischen Parlaments und des Rates vom 25. Mai 1999 zu be-

---

654 Dazu genauer bei § 5 B. II. 2.

657 Dazu genauer bei § 5 B. II. 2. a).

658 Dazu genauer bei § 5 B. II. 2. a). Damit wird bereits an dieser Stelle deutlich, dass gesetzesimmanente Auslegung und Rechtsfortbildung in engem Zusammenhang stehen.

659 BGH NJW 2009, 1660 ff.

660 LG Kassel, Urteil vom 24.11.2006, Az.: 4 O 1248/ 06, Juris.

661 OLG Frankfurt a.M. ZGS 2008, 315 ff.

stimmten Aspekten des Verbrauchsgüterkaufs und der Garantien für Verbrauchsgüter dahin auszulegen, dass sie einer nationalen gesetzlichen Regelung entgegenstehen, wonach der Verkäufer im Falle der Vertragswidrigkeit des gelieferten Verbrauchsgutes die vom Verbraucher verlangte Art der Abhilfe auch dann verweigern kann, wenn sie ihm Kosten verursachen würde, die verglichen mit dem Wert, den das Verbrauchsgut ohne die Vertragswidrigkeit hätte, und der Bedeutung der Vertragswidrigkeit unzumutbar (absolut unverhältnismäßig) wären?

2. Falls die erste Frage zu bejahen ist: Sind die Bestimmungen des Art. 3 Abs. 2 und Abs. 3 UnterAbs. 3 der vorbezeichneten Richtlinie dahin auszulegen, dass der Verkäufer im Falle der Herstellung des vertragsgemäßen Zustands des Verbrauchsgutes durch Ersatzlieferung die Kosten des Ausbaus des vertragswidrigen Verbrauchsgutes aus einer Sache, in die der Verbraucher das Verbrauchsgut gemäß dessen Art und Verwendungszweck eingebaut hat, tragen muss?“[662]

Im vorliegenden Fall hatte der BGH also darüber zu entscheiden, ob der Verkäufer im Zuge der Nachlieferung den Ausbau und die Rücknahme der mangelhaften Fliesen schuldet. Dies ist im Schrifttum und – zumindest im konkreten Fall – auch in der instanzgerichtlichen Rechtsprechung umstritten.[663] Gegen eine Rücknahme- und Ausbaupflicht spricht zunächst – zumindest auf den ersten Blick – der Wortlaut des § 439 Abs. 1 Alt. 2 BGB, in dem lediglich von der „Lieferung einer mangelfreien“ Sache die Rede ist. Angesichts der Rechtsprechung des EuGH und gemäß Art. 288 AEUV sind die nationalen Gerichte allerdings gehalten, den ihnen nach innerstaatlichem Recht zustehenden „Beurteilungsspielraum“ voll auszuschöpfen, um die Richtlinienkonformität zu gewähr-

662 BGH NJW 2009, 1660.

663 Für eine entsprechende Pflicht vgl. Bamberger/ Roth/ *Faust*, BeckOK BGB, 01.03.2011, § 439 Rn. 32; *Lorenz*, NJW 2005, 1889, 1995; *ders.*, NJW 2007 1, 5; *ders.*, ZGS 2004, 408, 410 f.; *Schneider/ Katerndahl*, NJW 2007, 2215, 2216; *Witt*, ZGS 2008, 369, 370; OLG Frankfurt a.M. ZGS 2008, 315, 318 f.; OLG Köln NJW-RR 2006, 677; LG Itzehoe, Urteil vom 27.04.2007, Az.: 9 S 85/ 06, Juris; dagegen *Ayad/ Hesse*, BB 2008, 1926; *Oetker/ Maultzsch*, Vertragliche Schuldverhältnisse, § 2 Rn. 189; *Skamel*, NJW 2008, 2820, 2822, Anmerkung zum Urteil des BGH vom 15.07.2008 – VIII ZR 211/07. Das LG Kassel erkennt zwar grundsätzlich die Ausbaupflicht als von der Nacherfüllung umfasst an, allerdings nicht in diesem konkreten Fall. In der Entscheidung heißt es: „Zu den zum Zweck der Nacherfüllung erforderlichen Aufwendungen, die gemäß § 439 Abs. 2 BGB der Verkäufer zu tragen hat, zählen auch die Kosten, die nur deshalb anfallen, weil der Verkäufer Veränderungen der Kaufsache, die im Zusammenhang mit deren ertragsgemäßen Verwendungen stehen, vorgenommen hat. … Zu den Aufwendungen im Sinne von § 439 Abs. 2 BGB zählen somit sowohl die Aus- wie die Einbaukosten für die Fliesen.“ An anderer Stelle heißt es dann jedoch: „Demgegenüber ist allerdings der Einwand der Unverhältnismäßigkeit begründet“ (vgl. Urteil vom 24.11.2006, Az.: 4 O 1248/06, Juris).

leisten.[664] Vor diesem Hintergrund wird wohl unter „Nacherfüllung" durchaus auch noch der Ausbau der mangelhaften Sache verstanden werden können, wenn man davon ausgeht, dass nach der Nacherfüllung die Sachlage sich so darstellt, wie sie bei einer ordnungsgemäßen Erfüllung vorliegen würde. Der größtmögliche Wortsinn als äußerste Grenze richterlicher Interpretation ist demnach noch nicht überschritten.[665]

Entscheidend ist also wiederum die Entstehungsgeschichte. Der Gesetzgeber hat die Nacherfüllung der ursprünglichen Erfüllung nachempfunden.[666] Es scheint daher so, als könne der Käufer gegenüber dem Verkäufer nach der gesetzgeberischen Konzeption lediglich eine nachträgliche Erfüllung der Verkäuferpflichten aus § 433 Abs. 1 BGB durchsetzen, mithin also die Übergabe des Besitzes und die Verschaffung des Eigentums an einer mangelfreien Sache. Auch § 439 Abs. 2 BGB, wonach der Verkäufer die zum Zwecke der Nacherfüllung erforderlichen Aufwendungen, insbesondere die Transport- und Materialkosten zu tragen hat, erweitert nicht das Pflichtenprogramm. § 439 Abs. 2 BGB setzt also eine Pflicht zur Nacherfüllung voraus, begründet selbst aber keine.

Dennoch bejaht die herrschende Meinung in Rechtsprechung und Literatur einen Anspruch des Käufers gegen den Verkäufer auf Ausbau der mangelhaften Kaufsache und stützt sich im Wesentlichen auf zwei Argumente[667]: Zum einen folge dies bereits aus Art. 3 Abs. 2 und 3 Unterabsatz 3 der Richtlinie und der dadurch gebotenen richtlinienkonformen Auslegung des § 439 Abs. 1 Alt. 2 BGB.[668] Zum anderen sei bei der richtlinienkonformen Auslegung zu beachten, dass in Art. 3 Abs. 2 der Richtlinie nicht wie in § 439 Abs. 1 BGB von „Nacherfüllung", sondern „Herstellung des vertragsgemäßen Zustands des Verbrauchsgutes" die Rede ist und das die Nacherfüllungsvariante „Lieferung einer mangelfreien Sache" mit den Worten „Ersatzlieferung nach Maßgabe des Absatzes 3" umschrieben ist.

Diese Argumente können indes nicht überzeugen. Es kommt nicht – bzw. nicht in einem ersten Schritt – darauf an, ob die Richtlinie 1999/44/EG so auszulegen ist, dass der Käufer auch die Ausbaukosten verlangen kann. Für diese Frage ist nämlich immer dann kein Raum, wenn nach deutschem Recht eine Norm nicht unterschiedlich interpretiert werden kann, es also nur eine mögliche Aus-

---

664 Vgl. EuGH 01. März 1984 – Metalgoi S. P.A./ Kommission Der Europäischen Gemeinschaften, 10/ 83 – Slg. 1984, 1891, 1909. Bei den Entscheidungen wird noch auf Art. 249 EG abgestellt. Inhaltlich hat dies allerdings keine Änderungen zur Folge.

665 Zum möglichen Wortsinn als äußerste Grenze zulässiger richterlicher Interpretation genauer bereits bei § 5 B. II. 1. a).

666 Vgl. dazu genauer bereits bei § 5 B. II. 1. e) aa).

667 Dazu bereits in Fn. 663.

668 Vgl. OLG Frankfurt a.M. ZGS 2008, 315, 319.

legung gibt.[669] Dies wiederum hängt nun wieder einmal an der Entstehungsgeschichte. Die gewollte Konzeption des § 439 BGB als modifizierter Erfüllungsanspruch spricht zunächst dagegen, dem Verkäufer auch noch den Ausbau bzw. die Kosten dafür aufzuerlegen.[670] Allerdings bürden die herrschende Meinung im Schrifttum und auch der BGH dem Verkäufer gleichwohl völlig zu Recht solche Pflichten auf. Dies folgt aus der teleologischen Gesetzesauslegung, die von der historischen Gesetzesauslegung häufig nicht zu trennen ist.[671] Aus der ursprünglichen Pflicht des Verkäufers, dem Käufer Eigentum und Besitz an der Sache zu verschaffen, ergibt sich nämlich, dass der Käufer nicht verpflichtet sein kann, neben der mangelfreien Sache auch noch die mangelhafte zu behalten. Aus der Verpflichtung des Verkäufers, dem Käufer das Eigentum an einer mangelfreien Sache zu verschaffen, kann daher auch eine Rücknahmeverpflichtung des Verkäufers hinsichtlich der mangelhaften Sache geschlussfolgert werden. Diese Sichtweise jedenfalls verstößt nicht gegen den eindeutigen Willen des Gesetzgebers und kann daher gut vertreten werden.[672] Da diese Auffassung aber auch nicht den Willen des Gesetzgebers eindeutig widerspiegelt, besteht ein Auslegungsspielraum. Vor diesem Hintergrund hat der BGH völlig zu Recht das Verfahren ausgesetzt und den EuGH gefragt, ob die Ausbaukosten unter den in der Richtlinie 1999/44/EG genannten Begriff der „Unentgeltlichkeit" fallen. Die Vorlagefrage beim EuGH war also keinesfalls unzulässig, sondern völlig richtig.

---

669 Zur Erinnerung: Die Frage, ob ein Verstoß gegen europäisches Recht vorliegt, ist immer nur dann berechtigt, wenn eine gesetzesimmanente Auslegung keine abschließende Regelung enthält bzw. eine Rechtsfortbildung noch möglich erscheint. Einer richtlinienkonformen Rechtsanwendung steht also die Wortlautgrenze grundsätzlich nicht entgegen, wohl aber der eindeutige Wille des Gesetzgebers. Kann eine richtlinienkonforme Rechtsanwendung mit allen nach inländischem Recht zulässigen methodischen Mitteln nicht verwirklicht werden, so ist die Norm im Verhältnis zwischen den beteiligten Privatrechtssubjekten mit ihrem richtlinienwidrigen Inhalt anzuwenden. Dazu genauer bereits bei § 5 B. II. 1. e) aa).

670 Dazu genauer bereits bei § 5 B. II. 1. e) aa).

671 Dazu genauer bereits bei § 5 B. II. 1. c).

672 Diese Auffassung stellt sich im Vergleich zu der zum „Parkett-Fall" vertretenen Auffassung auch nicht als Widerspruch dar. Zur Erinnerung: Dort verlangte der Käufer Schadenersatz für die notwendig gewordene zweite Verlegung der Parkettstäbe. Die unterschiedlichen Ergebnisse sind gerechtfertigt, weil der Wille des historischen Gesetzgebers im „Parkett-Fall" eindeutig zu bestimmen ist, während im „Fliesen-Fall" die teleologische Gesetzesanwendung dazu führt, dass eben dieser Wille nicht mehr klar erkennbar ist. Wenn der Gesetzgeber also die Nacherfüllung der ursprünglichen Erfüllung nachempfunden hat, dann schuldet der Verkäufer nicht den Einbau einer Sache, möglicherweise aber deren Ausbau. Der Käufer hat neben Eigentum und Besitz an der Ersatzsache eine eingebaute mangelhafte Sache. Diesbezüglich unterscheidet er sich vom Käufer einer mangelfreien Sache.

cc) Entscheidung durch den EuGH

Mit Datum vom 16.06.2011 hat der EuGH die Frage der Ausbaukosten im so genannten „Fliesen-Fall“[673] erwartungsgemäß zu Lasten des Verkäufers entschieden. Darüber hinaus hat der EuGH bestimmt, dass der Verkäufer auch die Kosten für den neuerlichen Einbau zu tragen hat, der durch das Entfernen der mangelhaften Sachen notwendig geworden ist.[674] Letzteres überrascht insofern, als dass der BGH ganz bewusst und völlig zu Recht die Frage der Kostentragungspflicht für den Einbau dem EuGH nicht vorgelegt hat.[675] Die Aussage des EuGH hinsichtlich der Einbaukosten geht denn auch auf einen Beschluss des Amtsgerichtes Schorndorf[676] zurück, das sich veranlasst sah – entgegen der Ansicht des BGH –, den Europäischen Gerichtshof anzurufen. Der EuGH hat beide Rechtssachen nach Art. 43 i.V.m. Art. 103 der Verfahrensordnung zu gemeinsamer Entscheidung miteinander verbunden, weil sie miteinander in Zusam-

---

673 Dazu genauer bereits bei § 5 B. II. 1. e) bb).

674 EuGH NJW 2011, 2269, 2271 f. Dort heißt es unter anderem: „Wenn aber der Verbraucher im Fall der Ersatzlieferung für ein vertragswidriges Verbrauchsgut vom Verkäufer nicht verlangen könnte, dass er den Ausbau des Verbrauchsguts aus der Sache, in die es gemäß seiner Art und seinem Verwendungszweck eingebaut wurde, und den Einbau des als Ersatz gelieferten Verbrauchsguts in dieselbe Sache oder die entsprechenden Kosten übernimmt, würde diese Ersatzlieferung für ihn zu zusätzlichen finanziellen Lasten führen, die er nicht hätte tragen müssen, wenn der Verkäufer den Kaufvertrag ordnungsgemäß erfüllt hätte. Wenn dieser nämlich von vornherein ein vertragsgemäßes Verbrauchsgut geliefert hätte, hätte der Verbraucher die Einbaukosten nur einmal getragen und hätte keine Kosten für den Ausbau des mangelhaften Verbrauchsguts tragen müssen. Würde Art. 3 der Richtlinie dahin ausgelegt, dass er den Verkäufer nicht verpflichtet, den Ausbau des vertragswidrigen Verbrauchsguts und den Einbau des als Ersatz gelieferten Verbrauchsguts oder die entsprechenden Kosten zu übernehmen, hätte dies somit zur Folge, dass der Verbraucher, um die ihm durch den genannten Artikel verliehenen Rechte ausüben zu können, diese zusätzlichen Kosten tragen müsste, die sich aus der Lieferung eines vertragswidrigen Verbrauchsguts durch den Verkäufer ergeben. In diesem Fall würde die Ersatzlieferung für das Verbrauchsgut entgegen Art. II und III der Richtlinie nicht unentgeltlich für den Verbraucher vorgenommen.“

675 Dazu genauer bereits bei § 5 B. II. 1. e) aa).

676 AG Schorndorf ZGS 2009, 525 ff. Das Amtsgericht formulierte die gleiche Frage wie der BGH zuvor im so genannten „Parkett-Fall“: „Sind die Bestimmungen des Art. 3 Abs. 2 und Abs. 3 UnterAbs. 3 der vorbezeichneten Richtlinie dahin auszulegen, dass der Verkäufer im Falle der Herstellung des vertragsgemäßen Zustands des Verbrauchsgutes durch Ersatzlieferung die Kosten des Ausbaus des vertragswidrigen Verbrauchsgutes aus einer Sache, in die der Verbraucher das Verbrauchsgut gemäß dessen Art und Verwendungszweck eingebaut hat, tragen muss?“ (S. 525 f.).

menhang stehen. Dem Vorabentscheidungsersuchen des Amtsgerichts Schorndorf lag folgender Sachverhalt zugrunde[677]:

Die Käuferin schloss mit der Verkäuferin, einer Unternehmerin, über das Internet einen Kaufvertrag über eine Spülmaschine. Die Verkäuferin lieferte die Spülmaschine vereinbarungsgemäß bis vor die Haustür. Die Käuferin zahlte den Kaufpreis. Anschließend ließ sich die Käuferin die Spülmaschine montieren. Dann musste sie einen nicht behebbaren Mangel feststellen, der durch die Montage nicht entstanden sein konnte. Sie verlangte von der Verkäuferin die Lieferung eines Ersatzgerätes sowie die Kosten für den erforderlichen Ausbau, als auch die Kosten für den nun notwendig gewordenen zweiten Einbau.

Die Frage, wer die Kosten für den Ausbau der mangelhaften Sache zu tragen hat, hat der EuGH zu Lasten des Verkäufers entschieden. Diese Entscheidung dürfte die nationalen Gerichte weder überrascht haben, noch vor größere Probleme stellen. Die Auslegung deutschen Rechts steht dem nicht entgegen.[678] Was die Einbaukosten betrifft, so hätte es durch das Amtsgericht Schorndorf gar kein Vorabentscheidungsersuchen geben dürfen.[679] Das Amtsgericht Schorndorf geht bei seiner Argumentation von einer völlig falschen Prämisse aus. Es verweist in seiner Begründung für die Vorlagefrage unter anderem auch auf die Rechtsprechung des BGH im so genannten „Parkett-Fall“: „Der BGH ist der Ansicht, auch die oben bezeichnete Richtlinie, die in Art. 3 den Verkäufer zur Herstellung des vertragsgemäßen Zustandes verpflichtet, verlange nicht, dass er den Einbau zu übernehmen (beziehungsweise dessen Kosten zu tragen) habe, da er nach dem Kaufvertrag hierzu gerade nicht verpflichtet sei ... Indes bestehen Zweifel daran, dass die oben bezeichnete Richtlinie den Einbau der mangelfreien Sache nicht verlangt, ...“[680] Dem Amtsgericht kommt es mithin entscheidend auf die Auslegung der Richtlinie an. Mit dieser Herangehensweise begeht es einen folgenschweren Fehler. Es kommt nicht bzw. nicht in einem ersten Schritt darauf an, wie eine Richtlinie auszulegen ist. Für eine derartige Auslegung ist nur dann Raum, wenn das nationale Recht hierzu Anlass gibt. Dies kann es aber nur, wenn das nationale Recht keine abschließende Regelung enthält. Dazu heißt es in einer weiteren Entscheidung des BGH: „Ein anderes Ergebnis ergibt sich auch nicht unter Berücksichtigung der Richtlinie ... Selbst wenn § 4 Abs. 1 Satz 4 Nr. 1 b Satz 2 VerbrKrG a.F. hinter den Vorgaben der Änderungsrichtlinie, die unter anderem auch die Angabe der zu entrichtenden Beträge für Zins und Tilgung verlangt, zurückbliebe, käme – um nicht gegen den fundamentalen Grund-

677 AG Schorndorf ZGS 2009, 525 ff.

678 Dazu genauer bereits bei § 5 B. II. 1. e) bb).

679 Dazu auch bei § 5 B. II. 1. e) aa).

680 AG Schorndorf ZGS 2009, 526.

satz der Rechtssicherheit zu verstoßen – eine richtlinienkonforme Auslegung nur dann in Betracht, wenn verschiedene Auslegungen dieser Norm möglich wären, nicht jedoch wenn diese – wie hier – absolut klar und eindeutig ist … ."[681]

Auch der EuGH stellt in diesem Zusammenhang entscheidend auf die der nationalen Rechtsprechung zur Verfügung stehenden Auslegungsmethoden ab und widerspricht damit einer richtlinienkonformen Auslegung contra legem. „Ermöglicht es das nationale Recht durch die Anwendung seiner Auslegungsmethoden, eine innerstaatliche Bestimmung unter bestimmten Umständen so auszulegen, dass eine Kollision mit einer anderen Norm innerstaatlichen Rechts vermieden wird, oder die Reichweite dieser Bestimmung zu diesem Zweck einzuschränken und sie nur insoweit anzuwenden, als sie mit dieser Norm vereinbar ist, so ist das nationale Gericht verpflichtet, die gleichen Methoden anzuwenden, um das von der Richtlinie verfolgte Ziel zu erreichen."[682] Reichen diese Methoden jedoch hierfür nicht aus, so genießt das nationale Recht gegenüber dem abweichenden Inhalt der Richtlinie Vorrang. *Canaris* formuliert hierzu: „Denn da danach ein Contra-legem-Judizieren im Wesentlichen dasselbe bedeutet wie eine Überschreitung der Grenze, welche die lex lata der Rechtsfindung zieht, enthält es ex praemissione einen Verstoß gegen das Prinzip, daß die Rechtsprechung an das Gesetz gebunden ist."[683]

Im Falle des Amtsgerichtes Schorndorf sowie im „Parkett-Fall" enthält das deutsche Recht bezüglich der Einbaukosten eine eindeutige Regelung, die auch nicht mit den allgemein anerkannten Mitteln der Methodenlehre umgangen werden kann. Dann aber kommt es auf die Auslegung der Richtlinie nicht mehr an. Dies hat das Amtsgericht Schorndorf nicht erkannt. Der BGH hat in diesem Zusammenhang absolut richtig entschieden, wenn seine Begründung auch nicht in allen Teilen überzeugend war.[684] Mit dem Vorabentscheidungsersuchen des Amtsgerichts Schorndorf und die nun durch den EuGH ergangene Entscheidung sollte die Rechtsprechung des BGH jedoch nicht ins Wanken geraten. Es ist zu erwarten, dass das Amtsgericht Schorndorf, welches die Auslegung der Richtlinie offensichtlich für streitentscheidend hält, im Sinne der Käuferin entscheiden wird. Die Frage, wer in zukünftig auftretenden Streitigkeiten die Einbaukosten zu tragen hat, ist mit dem Urteil des EuGH aber nicht endgültig zu Lasten des Verkäufers entschieden. Es bleibt bei dem Grundsatz, dass die nationale Rechtsprechung Richtlinien lediglich europarechtskonform auszulegen hat mit den ihr zur Verfügung stehenden Mitteln der Methodenlehre. Vorliegend kann weder

---

681 BGH BKR 2005, 63, 64 f.

682 EuGH NJW 2004, 3547, 3549.

683 *Canaris*, FS Bydlinski, 47, 95.

684 Dazu genauer bereits bei § 5 B. II. 1. e) aa).

eine gesetzesimmanente Auslegung, noch eine Rechtsfortbildung zu dem Ergebnis führen, das von der Richtlinie gewollt ist.

f) Zwischenfazit

Im Rahmen der Auseinandersetzung mit dem Wortlaut des § 993 Abs. 1 HS 2 BGB kommt der Entstehungsgeschichte bzw. dem Willen des historischen Gesetzgebers zu dieser Vorschrift eine überragende Bedeutung zu. Andernfalls wäre die im Schrifttum einheitlich geforderte Berücksichtigung des Gewaltenteilungsprinzips bei der gesetzesimmanenten Auslegung ein reines Lippenbekenntnis. Vor diesem Hintergrund ist insbesondere die im Schrifttum vertretene Ansicht, den im Ausgangsfall aufgetretenen Wertungswiderspruch mit Hilfe der Anwendung des Bereicherungsrechts zu lösen, nicht tragbar. Eine dogmatisch saubere, insbesondere sich mit dem Wortlaut des § 993 Abs. 1 HS 2 BGB auseinandersetzende Erklärung hierfür liegt bisher nicht vor. Lediglich *Canaris* erkennt das Problem.[685] Seine Begründung allerdings zielt ausschließlich auf teleologische Gesichtspunkte ab, berücksichtigt aber in keiner Weise den Willen des historischen Gesetzgebers. Dies überzeugt schon deshalb nicht, weil nach überzeugender Ansicht – nicht zuletzt des Bundesverfassungsgerichts – für die Interpretation eines Gesetzes der in ihm zum Ausdruck kommende objektivierte Wille des Gesetzgebers maßgebend ist.[686] Wenn dieser Wille aber nur dann berücksichtigt werden soll, wenn kein Wertungswiderspruch vorliegt und damit auch kein Verstoß gegen das Gebot der materiellen Gerechtigkeit, dann käme man nicht nur zu einer nachrangigen bzw. Ersatzberücksichtigung, sondern man würde den Anwendungsbereich der historischen Gesetzesauslegung auf ein Minimum reduzieren. Dass dies nicht sein kann, zeigt insbesondere die Auseinandersetzung mit aktuellen, teilweise noch nicht entschiedenen BGH-Fällen.[687] Gerade im Zeitalter eines zusammenwachsenden Europas und dem Streben nach immer mehr Vereinheitlichung insbesondere juristischer Belange werden europäische Richtlinien und nationale Vorschriften mehr und mehr aufeinander treffen. Dann aber ist es nahezu unmöglich, sowohl dem aus Art. 288 AEUV folgenden Grundsatz einer richtlinienkonformen Gesetzesauslegung Folge zu leisten, als auch dem Prinzip der materiellen Gerechtigkeit Rechnung zu tragen ohne die Rechtssicherheit zu vernachlässigen, wenn der Wille des historischen Gesetzgebers je nach Fall unterschiedlich bewertet wird. Es kann demnach keine gesetzesimmanente Auslegung gegen den Willen des historischen

685 Dazu genauer bereits bei § 5 B. II. 1. d).

686 Vgl. BVerfGE 1, 299, 312; 10, 234, 244; 11, 126, 130 f.; 20, 283 ,293; 79, 106, 121. Dazu genauer bereits bei § 5 B. II. 1.

687 Dazu genauer bereits bei § 5 B. II. 1. e).

Gesetzgebers geben. Im Übrigen ist die hier in Rede stehende Problematik ohnehin beim Punkt gesetzesimmanente Rechtsfortbildung zu verorten, weil es sich hier – wenn überhaupt – um eine teleologische Reduktion handelt, die immer dann vorliegt, wenn der Wortlaut des Gesetzes mehr Fälle erfasst, als vom Zweck des Gesetzes gewollt sind.[688]

2. Rechtsfortbildung

„Rechtsfortbildung allgemein meint eine über die gesetzesimmanente Auslegung hinaus gehende Form der angewandten Rechtswissenschaft, mit der geltendes Recht geschaffen wird"[689] und setzt voraus, dass eine Gesetzesauslegung im engeren Sinne ergebnislos geblieben ist. „Eine richterliche Rechtsfortbildung, die sich vom Gesetzeswortlaut entfernt, ist aber nur zulässig, wenn die Gründe des „Rechts", die für sie sprechen, schwerer wiegen als die Argumente der Gewaltenteilung und der Rechtssicherheit, die eine strikte Einhaltung des „Gesetzes" verlangen, und wenn ferner der Gesetzeswortlaut die Möglichkeit offen lässt, dass der Gesetzgeber den problematischen Fall nicht genügend bedacht und ihn deshalb in seiner Regelung nicht berücksichtigt hat."[690] An dieser Stelle sei nochmals an die Auffassung von *Canaris* erinnert, der den Wertungswiderspruch bereits auf der Ebene der Gesetzesauslegung im engeren Sinne zu beheben versuchte. Diese Vorgehensweise beachtet jedoch nur die so genannten Gründe der materiellen Gerechtigkeit, lässt hingegen die Gedanken des Gesetzgebers völlig unberücksichtigt und macht die – auch von *Canaris* als existierend anerkannte – gesetzesimmanente Rechtsfortbildung überflüssig.[691]

Canaris hat völlig Recht, wenn er die „Gesetzesauslegung und die richterliche Rechtsfortbildung nicht als wesensverschieden ansehen will, sondern nur als voneinander verschiedene Stufen desselben gedanklichen Verfahrens."[692] Demzufolge finden bei der Rechtsfortbildung dieselben Prinzipien Berücksichtigung, die auch bei der gesetzesimmanenten Auslegung Beachtung gefunden haben. Dabei unterscheidet *Canaris* sehr anschaulich zwei Arten von Rechtsfortbildungen: „Dabei wird methodisch geleitete Rechtsfortbildung über die Grenze des möglichen Wortsinns hinaus, aber noch im Rahmen der ursprünglichen Teleologie des Gesetzes selbst, als gesetzesimmanente Rechtsfortbildung bezeichnet. Man spricht insoweit auch von Lückenfüllung im engeren Sinne. Rechtsfortbildung noch über diese Grenze hinaus, aber noch innerhalb des Rahmens und der

688 Dazu genauer bei § 5 B. II. 2.
689 *Schmalz*, Methodenlehre, Rn. 417.
690 *Zippelius*, Methodenlehre, S. 67.
691 Zur Ansicht von *Canaris* genauer bereits bei § 5 B. II. 1. d).
692 *Larenz/ Canaris*, Methodenlehre, S. 187.

leitenden Prinzipien der Gesamtrechtsordnung ist gesetzesübersteigende Rechtsfortbildung."[693]

a) Gesetzesimmanente Rechtsfortbildung

Voraussetzung für eine gesetzesimmanente Rechtsfortbildung ist zunächst einmal das Bestehen einer Gesetzeslücke.[694] Dabei wird unterschieden zwischen der „offenen" und der „verdeckten" Gesetzeslücke.[695] Liegt eine so genannte „offene" Regelungslücke vor, dann erfolgt ihre Ausfüllung zumeist im Wege der Analogie. Darunter ist die Übertragung der für einen oder mehrere bestimmte Tatbestände im Gesetz vorgesehenen Regel auf einen anderen, aber rechtsähnlichen Tatbestand zu verstehen.[696] Sie überschreitet die Grenze des möglichen Wortsinns, die für die gesetzesimmanente Auslegung eine Schranke darstellt und setzt voraus, dass das Gesetz eine planwidrige Regelungslücke enthält.[697] Einzig eine analoge Anwendung des § 988 BGB könnte den Wertungswiderspruch beheben.[698]

Liegt eine so genannte „verdeckte" Lücke vor, erfasst der Wortlaut des Gesetzes also mehr Fälle, als vom Zweck des Gesetzes gewollt sind, so sind die nach dem Zweck des Gesetzes nicht erfassten Fälle entgegen dem Wortlaut von der Norm ausgenommen. Dies wird teleologische Reduktion genannt.[699] Fraglich ist, ob auch der im Ausgangsfall beschriebene Wertungswiderspruch durch eine teleologische Reduktion des § 993 Abs. 1 HS 2 BGB beseitigt werden kann. Die teleologische Reduktion ist der gesetzesimmanenten Auslegung nachgelagert und stellt das Gegenstück zur Analogie dar. Sie kommt also nur in Betracht, wenn eine Auslegung ausscheidet, weil der zu entscheidende Fall eindeutig vom Wortlaut der Rechtsnorm erfasst wird. Während bei der Analogie der zu entscheidende Fall zwar nicht vom Wortlaut der Norm, wohl aber von deren Normzweck erfasst wird, fällt bei der teleologischen Reduktion der Fall zwar unter den Wortlaut, wird jedoch vom Normzweck nicht erfasst.[700]

693 *Larenz/ Canaris*, Methodenlehre, S. 187.
694 Vgl. *Wank*, Auslegung, S. 94.
695 Vgl. *Wank*, Auslegung, S. 83.
696 Vgl. Palandt/ *Sprau*, Einleitung, Rn. 48.
697 Vgl. Palandt/ *Sprau*, Einleitung, Rn. 48.
698 Zur Lösung des Ausgangsfalles und zur Behebung des Wertungswiderspruches mittels einer analogen Anwendung des § 988 BGB genauer bereits bei § 5 A.
699 Vgl. *Larenz/ Canaris*, Methodenlehre, S. 210 f.
700 Vgl. *Schmalz*, Methodenlehre, Rn. 402.

aa) Typische Fallgruppen

Typische Konstellationen, in denen jeweils eine teleologische Reduktion diskutiert wird, sind die Schenkung an einen Minderjährigen durch die eigenen Eltern, der Fremdbesitzerexzess sowie die teleologische Reduktion des § 346 Abs. 3 S. 1 Nr. 3 BGB für den Fall, dass der Rücktrittsberechtigte sein gesetzliches Rücktrittsrecht kennt.

In der ersten Konstellation machen die Eltern ihrem minderjährigen Kind ein Geschenk. Beim Schenkungsvertrag (§ 516 BGB) stehen die Eltern als Schenker sowohl auf der einen, wie auch als gesetzliche Vertreter gemäß §§ 1626, 1629 BGB auf der anderen Seite des Rechtsgeschäfts. Ein solches Insichgeschäft ist grundsätzlich gemäß § 181 BGB verboten. Dabei stellt § 181 BGB im Interesse der Sicherheit des Rechtsverkehrs auf das formale Kriterium der Personenidentität ab.[701] An dieser Stelle ist § 181 BGB teleologisch zu reduzieren für solche Insichgeschäfte eines gesetzlichen Vertreters, die ihrer Art nach dem Vertretenen lediglich einen rechtlichen Vorteil bringen, insbesondere also für Schenkungen eines gesetzlichen Vertreters eines Geschäftsunfähigen an diesen selbst.[702] Zwar steht der Wortlaut des § 181 BGB der Gültigkeit eines solchen Rechtsgeschäfts entgegen, die Ungültigkeit eines derartigen Rechtsgeschäfts wäre indes nicht sachgerecht.[703] „Der Sinn und Zweck des § 181 BGB besteht darin, den Vertretenen davor zu schützen, dass aufgrund einer zwischen ihm und dem Vertreter bestehenden Interessenkollision der Vertreter mit Wirkung für den Vertretenen ein Rechtsgeschäft mit sich selbst vornimmt, das ihn begünstigt, den Vertretenen aber benachteiligt.“[704] Dies kann aber in der vorliegenden Konstellation ausgeschlossen werden, weil das Geschäft dem Minderjährigen nur einen lediglich rechtlichen Vorteil verschafft. Dass allein kann aber noch nicht den Anwendungsbereich einer teleologischen Reduktion eröffnen. Entscheidend ist, ob der Gesetzgeber den hier in Rede stehenden Fall gesehen und § 181 BGB dennoch so konzipiert hat, wie er heute noch existiert. Dann nämlich wäre für eine teleologische Reduktion kein Raum. Dies ergibt sich bereits daraus, dass „gesetzesimmanente Auslegung und Rechtsfortbildung nur verschiedene Stufen desselben gedanklichen Verfahrens sind“[705]. Die Gesetzesmaterialien geben keinen Hinweis auf eine mögliche Kenntnisnahme durch den Gesetzgeber. Es kann daher davon ausgegangen werden, dass der Gesetzgeber

701 Vgl. *Kroppholler*, BGB, § 181 Rn. 1.
702 Vgl. BGHZ 59, 236.
703 Vgl. *Larenz/ Canaris*, Methodenlehre, S. 211 f.
704 *Larenz/ Canaris*, Methodenlehre, S. 212.
705 *Larenz/ Canaris*, Methodenlehre, S. 187.

diesen Fall überhaupt nicht gesehen hat. Der Anwendungsbereich für eine teleologische Reduktion ist daher eröffnet.

Schließlich wird auch in den so genannten „Fremdbesitzerexzess-Fällen" mehrheitlich[706] das Recht „fortgebildet" und eine teleologische Reduktion angenommen – und zwar auch des § 993 Abs. 1 HS 2 BGB. In den hier diskutierten Fällen erhält der Besitzer vom Eigentümer selbst eine Sache, z.B. aufgrund eines nichtigen Leihvertrags, und weiß, dass er eine fremde Sache besitzt, die er zurückgeben muss und mit der er nicht nach Belieben verfahren darf.[707] Für diese Konstellation enthalten die §§ 987 ff. BGB keine Regelung – anders als im Drei-Personen-Verhältnis (§ 991 Abs. 2 BGB). „Die Einbeziehung der Fremdbesitzer in die Regelung der §§ 987 ff. BGB scheint angesichts der Terminologie des Gesetzes („Besitzer" ist der Fremdbesitzer genauso wie der Eigenbesitzer) und vor allem wegen der ausdrücklichen Erwähnung in § 991 Abs. 2 BGB gerechtfertigt"[708], formuliert *Gursky*. Allerdings könnte man genau diese ausdrückliche Erwähnung des Fremdbesitzers im Drei-Personen-Verhältnis auch gegen die Einbeziehung des Fremdbesitzers im Zwei-Personen-Verhältnis anführen – eben weil ausschließlich der Fremdbesitzer im Drei-Personen-Verhältnis explizit im Eigentümer-Besitzer-Verhältnis geregelt ist (§ 991 Abs. 2 BGB). Außerdem ergibt sich bereits aus der Gesetzessystematik, dass die §§ 987 ff. BGB in erster Linie auf den Eigenbesitzer hin konzipiert worden sind. Es ist also durchaus problematisch, ob der gutgläubige Fremdbesitzer, der nur aufgrund eines nichtigen Vertrages Besitzer ohne Recht zum Besitz ist, auch in den Genuss der Haftungsfreistellung kommen soll. Dagegen spricht ein teleologisches Argument. Diese weitgehende Haftungsfreistellung des redlichen und unverklagten unrechtmäßigen Besitzers ist für einen Fremdbesitzer dann unangemessen, wenn dieser in einer Weise mit einer Sache verfährt, die ihn auch bei Wirksamkeit seines angenommenen Besitzrechts schadenersatzpflichtig gemacht hätte.[709] Dafür spricht zunächst einmal der Wortlaut des § 993 Abs. 1 HS 2 BGB. Gemäß § 993 Abs. 1 HS 2 BGB soll der redliche und unverklagte unrechtmäßige Besitzer grundsätzlich nicht nach den allgemeinen Vorschriften haften.[710] Eine Ausnahme liegt nicht vor. Für eine Haftungsfreistellung spricht außerdem, dass die zweite Kommission hierzu eine Norm beschlossen hatte, wonach der Fremdbesitzer wegen schuldhafter Beschädigung der Sache nach den allgemeinen Vor-

706 Dazu bereits bei § 2 B. (hier allerdings nur zur Drei-Personen-Konstellation) sowie § 2 E. II.
707 Vgl. Fn. 147.
708 Staudinger/ *Gursky*, Vorbem zu §§ 987-993 Rn. 32.
709 Vgl. Staudinger/ *Gursky*, Vorbem zu §§ 987-993 Rn. 32.
710 Dazu genauer bereits bei § 2 D. III. und § 5 B. II. 1. a).

schriften haften sollte.[711] Dieser Entwurf ist allerdings bei der endgültigen Formulierung auf den Fall des Besitzmittlers eines Dritten eingeengt worden,[712] wahrscheinlich weil die Redaktionskommission die Vorschrift der in Protokoll III auf Seite 347 beigegebenen Begründung, in der nur vom Besitzmittler eines Dritten die Rede ist, anpassen wollte, wie *Dimopoulos-Vosikis* vermutet.[713] Das heißt, die Gesetzesverfasser haben die Diskrepanz zwischen Zwei- und Drei-Personen-Verhältnissen durchaus erkannt. Insoweit ist die Sachlage vergleichbar mit dem Problem des Ausgangsfalles und der Fallvariation. Hier wie dort kommt es darauf an, ob eine Norm (§ 993 Abs. 1 HS 2 BGB) gegen den Willen des historischen Gesetzgebers teleologisch reduziert werden kann.

bb) „Quelle-Fall"

Die Berücksichtigung des Willens des historischen Gesetzgebers bei der Rechtsfortbildung ist aber nicht nur in den so genannten Lehrbeispielen wichtig, sondern auch in aktuellen Fällen. In diesem Zusammenhang zeigt der Umgang mit dem „Quelle-Fall"[714] auf, wie schwierig es mitunter ist, den normativen Sinn eines Gesetzes zu ergründen. Bei dieser Entscheidung geht es im Kern um die Frage, ob im Wege der Rechtsfortbildung ein Gesetz richtlinienkonform interpretiert werden kann, obwohl die Auslegung im engeren Sinne ergibt, dass es im Widerspruch zu europäischen Richtlinienvorgaben steht. Konkret entschied der BGH, dass § 439 Abs. 4 BGB im Wege der richtlinienkonformen Rechtsfortbildung in Fällen des Verbrauchsgüterkaufs (§ 474 Abs. 1 S. 1 BGB) einschränkend anzuwenden sei. Die in § 439 Abs. 4 BGB in Bezug genommenen Vorschriften über den Rücktritt (§§ 346 bis 348 BGB) gelten in diesen Fällen nur für die Rückgewähr der mangelhaften Sache selbst, führen hingegen nicht zu einem Anspruch des Verkäufers gegen den Käufer auf Herausgabe der gezogenen Nutzungen oder auf Wertersatz für die Nutzung der mangelhaften Sache.

Es liegt auf der Hand, dass trotz der Annäherung vieler europäischer Staaten in wirtschaftlicher, aber auch in juristischer Hinsicht, ein dem Europarecht entgegen stehendes Gesetz nicht um jeden Preis fortgebildet werden kann. Andernfalls käme den deutschen Gerichten in den Fällen der so genannten „horizontalen Wirkung"[715] nur eine untergeordnete Bedeutung zu. Mit anderen Worten: das

---

711 Protokolle BGB III, S. 347.

712 Vgl. Staudinger/ *Gursky*, Vorbem zu §§ 987-993 Rn. 32.

713 Vgl. *Dimopoulos-Vosikis*, EBV, S. 172 f., Fn. 63.

714 BGHZ 179, 27 ff. = BGH NJW 2009, 427 ff. = JZ 2009, 518 ff.

715 In diesen Fällen ist es umstritten, ob Richtlinien unmittelbare Anwendung finden im Verhältnis Privater zueinander. „Eine solche umfassende Drittwirkung würde bedeuten, dass Richtlinien auch ohne einen innerstaatlichen Umsetzungsakt Verpflichtungen einzelner begründen könnten, die das Gegenstück zur Begünstigung anderer darstellen"

deutsche Recht wäre dort nichts wert, wo es dem europäischen Recht entgegen steht. Dies aber widerspräche wesentlichen Prinzipien des deutschen Zivilrechts, wie beispielsweise dem Verschuldensprinzip. Dieses findet sich insbesondere im Bürgerlichen Gesetzbuch wieder. Die saubere Auseinandersetzung mit der Methode hat daher eine immense Bedeutung insbesondere für den Erhalt essentieller Grundsätze des Bürgerlichen Gesetzbuches. Dieser Entscheidung, bei der es auch um Nutzungsersatz ging, lag folgender Sachverhalt zugrunde:

Das Versandhandelsunternehmen Quelle lieferte der Kundin ein „Herdset" für ihren privaten Gebrauch. Diese stellte fest, dass das Gerät vertragswidrig war. Da eine Reparatur nicht möglich war, gab die Kundin das Gerät an Quelle zurück. Quelle ersetzte dieses Gerät durch ein neues, verlangte jedoch von der Kundin die Zahlung von 67,97 Euro als Wertersatz für die Vorteile, die sie aus der Nutzung des ursprünglich gelieferten Geräts gezogen hatte. Die Kundin zahlte diesen Betrag zunächst. Der von der Kundin zur Durchsetzung ihrer Ansprüche ermächtigte Bundesverband der Verbraucherschutzzentralen und Verbraucherverbände verlangte unter anderem die Rückzahlung dieses Betrages an die Kundin.

Das Landgericht[716] hat dem Zahlungsantrag stattgegeben. Das Oberlandesgericht[717] hat die Berufung der Beklagten zurückgewiesen und die Revision zugelassen. In seinem Vorlagebeschluss[718] war der BGH zu dem Ergebnis gelangt, dass die Käuferin zumindest bei isolierter Betrachtung der nationalen Vorschriften in dem hier in Streit stehenden Fall Nutzungsersatz zu leisten habe. Der BGH vertrat die Auffassung, der Verkäufer habe im Falle der Ersatzlieferung einen Anspruch aus § 439 Abs. 4 BGB i.V.m. § 346 Abs. 1, 2 S. 1 Nr. 1 BGB

(*Herdegen*, Europarecht, § 8 Rn. 48). Nach ganz herrschender Meinung wird eine solche Drittwirkung abgelehnt (vgl. *Haratsch/ Koenig/ Pechstein*, Europarecht, Rn. 393 ff.; Geiger/ Khan/ *Kotzur*, Europarecht, Art. 288 AEUV Rn. 17; EuGH 12. März 1984 – M. H. Marshall/ Southampton and South-West Hampshire Area Health Authority, 152/84, – Slg. 1986, 723, 748, Rn. 47 f. Der EuGH hat in dieser Entscheidung ausgeführt: „Zu dem Argument, wonach eine Richtlinie nicht gegenüber einem einzelnen in Anspruch genommen werden könne, ist zu bemerken, daß nach Art. 189 EWG-Vertrag der verbindliche Charakter einer Richtlinie, auf dem die Möglichkeit beruht, sich vor einem nationalen Gericht auf die Richtlinie zu berufen, nur für „jeden Mitgliedstaat, an den sie gerichtet wird", besteht. Daraus folgt, daß eine Richtlinie nicht selbst Verpflichtungen für einen einzelnen begründen kann und daß eine Richtlinienbestimmung daher als solche nicht gegenüber einer derartigen Person in Anspruch genommen werden kann" (Rn. 48). Gleichwohl war in diesem speziellen Fall die Berufung auf die Richtlinie möglich, weil es sich um einen staatlichen Arbeitgeber gehandelt hat.).

716 LG Nürnberg-Fürth NJW 2005, 2558 ff.

717 OLG Nürnberg NJW 2005, 3000 ff.

718 BGH NJW 2006, 3200 ff.

auf Wertersatz für die Vorteile, die der Käufer aus dem Gebrauch der mangelhaften Sache bis zu deren Austausch gezogen hat. Dies ergäbe sich aus dem Wortlaut und dem Willen des Gesetzgebers. Der BGH verneinte auch die Möglichkeit einer teleologischen Reduktion, ohne zwischen den Begrifflichkeiten „Gesetzesauslegung" und „Rechtsfortbildung" zu unterscheiden. Der BGH hielt sein Ergebnis für so eindeutig, dass er sich an einer anderen Auslegung durch Art. 20 Abs. 3 GG gehindert sah. Umso erstaunlicher ist es, dass der BGH dennoch den EuGH angerufen hat. Nach den eigenen Ausführungen des BGH wäre eine richtlinienkonforme Auslegung ein Verstoß gegen Art. 20 Abs. 3 GG. Da auch eine richtlinienkonforme Auslegung „contra legem" vom Gemeinschaftsrecht nicht gefordert wird, war eine solche Vorlage nicht zulässig.[719] Dennoch legte der BGH dem EuGH zur Auslegung des Gemeinschaftsrechts folgende Frage zur Vorabentscheidung vor:

> „Sind die Bestimmungen des Art. 3 Abs. 2 in Verbindung mit Abs. 3 S. 1 und Abs. 4 oder des Art. 3 Abs. 3 S. 3 der Richtlinie 1999/44/EG des Europäischen Parlaments und des Rates vom 25.05.1999 zu bestimmten Aspekten des Verbrauchsgüterkaufs und der Garantien für Verbrauchsgüter dahin auszulegen, dass sie einer nationalen gesetzlichen Regelung entgegenstehen, die besagt, dass der Verkäufer im Falle der Herstellung des vertragsgemäßen Zustandes des Verbrauchsgutes durch Ersatzlieferung von dem Verbraucher Wertersatz für die Nutzung des zunächst gelieferten vertragswidrigen Verbrauchsgutes verlangen kann?"[720]

Hierzu tenorierte der EuGH in seiner Entscheidung wie folgt:

> „Art. 3 der Richtlinie 1999/44/EG des Europäischen Parlaments und des Rates vom 25. Mai 1999 zu bestimmten Aspekten des Verbrauchsgüterkaufs und der Garantien für Verbrauchsgüter ist dahin auszulegen, dass er einer nationalen Regelung entgegensteht, die dem Verkäufer, wenn er ein vertragswidriges Verbrauchsgut geliefert hat, gestattet, vom Verbraucher Wertersatz für die Nutzung des vertragswidrigen Verbrauchsguts bis zu dessen Austausch durch ein neues Verbrauchsgut zu verlangen."[721]

In den Entscheidungsgründen verweist der EuGH sowohl auf den Wortlaut, als auch auf die einschlägigen Vorarbeiten der Richtlinie. Er betont, dass der Gemeinschaftsgesetzgeber die Unentgeltlichkeit der Herstellung des vertragsgemäßen Zustands des Verbrauchsguts durch den Verkäufer zu einem wesentlichen Bestandteil des durch diese Richtlinie gewährleisteten Verbraucherschutzes habe machen wollen. Die dem Verkäufer auferlegte Verpflichtung, die Herstellung des vertragsgemäßen Zustands des Verbrauchsguts unentgeltlich zu bewirken, solle den Verbraucher vor drohenden finanziellen Belastungen schützen, die ihn

719 Vgl. *Gärtner*, ZGS 2006, 368, 369.
720 BGH NJW 2006, 3200.
721 EuGH NJW 2008, 1433.

in Ermangelung eines solchen Schutzes davon abhalten könnten, seine Ansprüche geltend zu machen. Der EuGH unterstreicht in seinen Entscheidungsgründen noch einmal das Ansinnen des Gemeinschaftsgesetzgebers. Dieser habe jegliche finanzielle Forderung des Verkäufers im Rahmen der Erfüllung seiner Verpflichtung zur Herstellung des vertragsmäßigen Zustands des Verbrauchsguts, auf das sich der Vertrag bezieht, ausschließen wollen.[722]

Auf die Entscheidung des EuGH hat der BGH mit Urteil vom 26.11.2008 die Revision von Quelle, mit der diese die Abweisung der Klage auch hinsichtlich des Rückzahlungsanspruchs begehrt hatte, zurückgewiesen.[723] Seiner Auf fassung nach sei § 439 Abs. 4 BGB im Falle eines Verbrauchsgüterkaufs (§ 474 Abs. 1 BGB) entgegen seinem Wortlaut einschränkend anzuwenden. Die durch § 439 Abs. 4 BGB in Bezug genommenen Vorschriften über den Rücktritt (§§ 346-348 BGB) würden nur für die Rückgewähr der mangelhaften Sache selbst greifen. Beim Verbrauchsgüterkauf würden sie hingegen nicht zu einem Anspruch des Verkäufers auf Wertersatz für die Nutzung der mangelhaften Sache führen. Eine Verpflichtung des Käufers zur Zahlung von Nutzungsersatz sei nach der Entscheidung des EuGH mit Art. 3 der Richtlinie 1999/44/EG nicht vereinbar. Der BGH begründete seine Entscheidung mit dem Umsetzungsgebot des Art. 249 Abs. 3 EG[724] und dem Grundsatz der Gemeinschaftstreue, das die nationalen Gerichte dazu verpflichtet, die Auslegung des nationalen Rechts unter voller Ausschöpfung des Beurteilungsspielraums, den ihnen das nationale Recht einräumt, so weit wie möglich am Wortlaut und Zweck der Richtlinie auszurichten. Zwar stünde der eindeutige Wortlaut der Richtlinie entgegen, der von der Rechtsprechung des EuGH geprägte Grundsatz der richtlinienkonformen Auslegung verlange von den Gerichten aber mehr als bloße Auslegung im engeren Sinne. Der Grundsatz der richtlinienkonformen Auslegung erfordere deshalb auch, das nationale Recht unter Umständen richtlinienkonform fortzubilden. Daraus folge hier das Gebot der richtlinienkonformen Auslegung im Wege der teleologischen Reduktion. Die für eine teleologische Reduktion notwendige Regelungslücke nahm der BGH erstaunlicherweise mit der Begründung an, dass der Gesetzgeber § 439 Abs. 4 BGB richtlinienkonform erschaffen habe wollen. Es habe eine konkrete Umsetzungsabsicht vorgelegen. Dies ergäbe sich bereits aus der amtlichen Begründung zum Schuldrechtsmodernisierungsgesetz[725] zu § 439 Abs. 4 BGB.[726] In der amtlichen Begründung heißt es:

---

722 EuGH NJW 2008, 1433, 1334 f.

723 BGHZ 179, 27 ff. = BGH NJW 2009, 427 ff. = JZ 2009, 518 ff.

724 Heute Art. 288 Abs. 3 AEUV.

725 BTDrucks 14/ 6040, S. 232 f.

726 Zu alledem BGH NJW 2009, 427 ff.

> „Ebenso wie bisher § 480 Abs. 1 Satz 2 in Verbindung mit § 467 Satz 1 steht dem Verkäufer ein Rückgewähranspruch nach den Vorschriften über den Rücktritt zu. Deshalb muss der Käufer ... gemäß der §§ 439 Abs. 4, 346 Abs. 1 BGB auch die Nutzungen, also gemäß § 100 BGB auch die Gebrauchsvorteile, herausgeben. Das rechtfertigt sich daraus, dass der Käufer mit der Nachlieferung eine neue Sache erhält und nicht einzusehen ist, dass er die zurückzugebende Sache in dem Zeitraum davor unentgeltlich nutzen können soll und so noch Vorteile aus der Mangelhaftigkeit ziehen soll. Von Bedeutung ist die Nutzungsherausgabe ohnehin nur in den Fällen, in denen der Käufer die Sache trotz der Mangelhaftigkeit noch nutzen kann.
>
> Mit der Verbrauchsgüterrichtlinie ist eine derartige Verpflichtung des Verbrauchers (Käufers) vereinbar. Zwar bestimmt deren Art. 3 Abs. 2 den Anspruch des Verbrauchers auf eine „unentgeltliche" Herstellung des vertragsgemäßen Zustands. (...) Der vertragsgemäße Zustand wird indes durch die Lieferung der neuen Ersatzsache hergestellt. (...) Zu den Kosten kann aber nicht die Herausgabe von Nutzungen der vom Verbraucher benutzten mangelhaften Sache gezählt werden. (...)"[727]

Der BGH zieht daraus den Schluss, dass § 439 Abs. 4 BGB planwidrig unvollständig sei. Der Gesetzgeber habe in der Gesetzesbegründung ausdrücklich seine Absicht kundgetan, hinsichtlich des Nutzungsersatzes eine richtlinienkonforme Regelung schaffen zu wollen, womit die konkrete Regelungsabsicht im Widerspruch zur konkreten Regelung des Gesetzgebers steht. Aus diesem Grund sei auch noch Raum für eine teleologische Reduktion, eben weil der Gesetzgeber – was die richtlinienkonforme Regelung betrifft – einem Irrtum unterlag.[728]

Das Abstellen des BGH auf einen konkreten Umsetzungswillen kann nicht überzeugen. „Es ist zwar anzunehmen, dass sich die Zahl der Fälle einer zulässigen Rechtsfortbildung senken lässt, es scheiden allerdings die Konstellationen aus, in denen sich ein konkretisierter Umsetzungswille nicht feststellen lässt"[729], kritisiert *Gsell* folgerichtig. Die Unterscheidung zwischen generellem und konkretem Umsetzungswillen überzeugt aber schon dem Grunde nach nicht. Aufgrund des Umsetzungsgebots des Art. 249 Abs. 3 EG[730] und des Grundsatzes der Gemeinschaftstreue ist davon auszugehen, dass sich ein nationaler Gesetzgeber bei der Verabschiedung eines Gesetzes grundsätzlich richtlinienkonform verhalten möchte. Es wird daher hierzu im Schrifttum auch vorgebracht, dass gerade wegen der konkreten Auseinandersetzung des Gesetzgebers mit der Richtlinie eine verdeckte und planwidrige Regelungslücke auf der Argumentationsgrund-

727 BTDrucks 14/ 6040, S. 232 f.

728 BGH NJW 2009, 427, 429.

729 *Gsell*, JZ 2009, 522, 523, Anmerkung zum Urteil des BGH vom 26.11.2008 – VIII ZR 200/05.

730 Heute Art. 288 Abs. 3 AEUV.

lage des BGH verneint werden könne,[731] eben weil sich der Gesetzgeber konkret mit der Richtlinie auseinander gesetzt hat.

Im Kern kann es darauf aber nicht ankommen. Entscheidend ist vielmehr, ob der Gesetzgeber den hier in Rede stehenden Fall gesehen und darüber entschieden hat. Dann kann es keinen Raum mehr für eine Rechtsfortbildung im Wege der teleologischen Reduktion geben. Genau das ist hier der Fall. Der Gesetzgeber hat ausweislich der Begründung zum Schuldrechtsmodernisierungsgesetz[732] geprüft, ob der Verbraucher im Falle des mangelbedingten „Umtausches" der Kaufsache nach deutschem Recht Nutzungsersatz für die mangelhafte Kaufsache leisten muss – und diese Frage bejaht. Damit hat sich der Gesetzgeber die Gedanken gemacht, die die Anwendung einer teleologischen Reduktion nicht mehr zulassen. Andernfalls würde eine eindeutige Vorgabe des Gesetzgebers nachträglich durch die Rechtsprechung unterlaufen. Dies aber würde gegen den Grundsatz der Gewaltenteilung verstoßen und wäre unseriöse Gesetzesauslegung. Daran können auch die neueren verfassungsrechtlichen Entwicklungen der Gewaltenteilungslehre – weg von der strikten Gewaltenteilungslehre und hin zu einer Gewaltenverschränkung[733] – nichts ändern. Fest steht, dass von der Rechtsordnung Verzahnungen zwischen den Gewalten durchaus gewollt sind. So übernimmt die Exekutive beispielsweise gesetzgeberische Aufgaben, indem sie materielle Gesetze in Form von Rechtsverordnungen und Satzungen erlässt. Auch Richter sind keine bloßen „Subsumtionsmaschinen". Ihnen fällt unter anderem die Aufgabe zu, das Recht fortzubilden. Dies gilt uneingeschränkt für die Fälle des gesetzeskonkretisierenden und des lückenfüllenden Richterrechts.[734] Es ist seit jeher Aufgabe des Richters, unbestimmte Rechtsbegriffe und Generalklauseln zu konkretisieren.[735] Ob hingegen darüber hinaus dem Richter die Aufgabe zufällt auch in denjenigen Fällen das Recht fortzubilden, in denen der Gesetzgeber bewusst eine bestimmte Regelung getroffen hat, erscheint äußerst fraglich. Dagegen spricht in erster Linie das detaillierte System, welches der methodischen Auslegung von Gesetzen zugrunde liegt. Das Bejahen einer richterlichen Rechtsfortbildung trotz eines entgegenstehenden Willens des historischen Gesetzgebers hieße, allein die teleologische Gesetzesauslegung ins Zentrum der Auslegung zu stellen. Dann aber bräuchte es der anderen, im Schrifttum und in

731 Vgl. *Gsell*, JZ 2009, 522, 523, Anmerkung zum Urteil des BGH vom 26.11.2008 – VIII ZR 200/05.

732 BTDrucks 14/ 6040, S. 232 f.

733 Vgl. *von Münch/ Mager*, Staatsrecht I, Rn. 656; *Görisch*, JuS 1997, 988, 989.

734 Vgl. *Jarass/ Pieroth*, GG, Art. 20 Rn. 42.

735 Vgl. Dreier/ *Schulze-Fielitz*, GG, Art. 20 Rn. 102; zum umstrittenen Begriff der Generalklausel insgesamt und insbesondere zu Begriff und Funktion der Gewaltenteilungslehre *Weber*, AcP 1992, 516, 540.

der Rechtsprechung gleichermaßen anerkannten, Auslegungskriterien nicht. Im Übrigen verstehen sich die insbesondere auf *Canaris* zurückgehenden Auslegungsmethoden nicht als Gegenstück zu den verfassungsrechtlichen Grundsätzen. Die Prinzipien des Grundgesetzes sind vielmehr das Fundament, auf denen sie aufbauen. Die Grenze der Gewaltenverschränkung ist aber dann erreicht, wenn eine Gewalt in den Aufgabenkernbereich der anderen übergreift.[736] Für die richterliche Rechtsfortbildung bedeutet das, dass die Grenze dann überschritten ist, wenn der Gesetzgeber eine eindeutige Regelung hat treffen wollen. In derartigen Konstellationen kann der Richter nicht die Position des Gesetzgebers einnehmen.

Ebenfalls ausschließlich ergebnisorientierte Überlegungen liegen der Ansicht zugrunde, die eine teleologische Reduktion auch dann annehmen will, wenn man die Frage der planwidrigen Lückenhaftigkeit des Gesetzes nicht allein nach dem Maßstab der konkreten Regelungsabsicht des Gesetzgebers bemisst, sondern darüber hinaus den Willen zu einer konsistenten Gesamtregelung mit einbezieht.[737] Diese Ansicht beruht im Wesentlichen auf dem Gedanken, dass der Käufer durch die Neulieferung der Kaufsache keinen Vorteil erlangt hat, die §§ 346 ff. BGB aber einen solchen ausgleichen sollen. Da der Gesetzgeber dies falsch gesehen bzw. übersehen habe, sei der Weg für eine teleologische Reduktion frei. Diese Ansicht erkennt zwar auch den Vorteil desjenigen Käufers an, der infolge der erst nachträglichen Ersatzlieferung die neue Ersatzsache voraussichtlich über das hypothetische Ende der Gebrauchserwartung der Sache hinaus nutzen kann, unterscheidet diese Bereicherung aber vom Vorteil der Nutzung der mangelhaften Sache.[738] Dies zeige sich insbesondere bei Gütern, die einem raschen technischen Fortschritt oder der Mode unterliegen würden. So würde der Vorteil der längeren Lebensdauer eines technisch neuwertigen, als Modell aber mittlerweile veralteten Handys, das dem Käufer im Wege der Ersatzlieferung nach anderthalb Jahren auf Null laufen, wenn der Käufer sich ohnehin alle zwei Jahre ein neues Handy kauft.[739]

Diese Argumentation kann nicht überzeugen. Es erscheint schon höchst fragwürdig, ob überhaupt zwischen der sich aus der längeren Nutzung der Ersatzsache ergebenden Bereicherung und dem Vorteil der Nutzung der mangelhaften Sache unterschieden werden kann. In jedem Falle aber stellt das Bekom-

736 Vgl. *Sodan/ Ziekow*, § 7 Rn. 12.; *von Münch/ Mager*, Staatsrecht I, Rn. 656.

737 Eine solche Konstruktion befürwortet *Gsell*, JZ 2009, 522, 525, Anmerkung zum Urteil des BGH vom 26.11.2008 – VIII ZR 200/05.

738 So *Gsell*, JZ 2009, 522, 525, Anmerkung zum Urteil des BGH vom 26.11.2008 – VIII ZR 200/05.

739 So *Gsell*, JZ 2009, 522, 525, Anmerkung zum Urteil des BGH vom 26.11.2008 – VIII ZR 200/05.

men einer neuen Sache für den Käufer einen Vorteil dar, es sei denn, er hätte sich der Sache unabhängig von ihrer Beschaffenheit ohnehin entledigt. Dann aber wäre ihm zumindest auch kein Nachteil erwachsen. Diesen Vorteil von der Nutzung der mangelhaften Sache zu unterscheiden, ist nicht sachgerecht, da beide Aspekte miteinander verwoben sind, im weiteren Sinne sogar zusammen gehören. So kann auch gesagt werden, dass die eine Sache ohne die andere Sache gar nicht existieren würde. Dann aber kann kein Raum für eine teleologische Reduktion sein. Der Gesetzgeber hat genau diesen Fall gesehen.

cc) Zwischenfazit

Wenn auch das Streben nach materieller Gerechtigkeit die treibende Kraft sowohl bei der gesetzesimmanenten Auslegung, als auch bei der gesetzesimmanenten Rechtsfortbildung ist, so darf es doch keinesfalls losgelöst vom Prinzip der Gewaltenteilung und dem damit einher gehenden Willen des historischen Gesetzgebers erfolgen. Dies ergibt sich bereits daraus, „dass gesetzesimmanente Auslegung und gesetzesimmanente Rechtsfortbildung verschiedene Stufen desselben gedanklichen Verfahrens sind“[740]. Zum anderen zeigt gerade der „Quelle-Fall“, wie teilweise nur schwer nachvollziehbare Lösungsvorschläge kreiert werden, um ein gewünschtes Ergebnis zu erzielen. Wenn aber ein Lösungsweg für den Rechtsanwender zu Beginn eines Verfahrens nicht einmal zu erahnen ist und bzw. weil obendrein die Gesetzesmaterialien eindeutig etwas anderes besagen, dann fehlt es an der notwendigen Rechtssicherheit.

Hinzu kommt, dass es selten bei einem oder nur wenigen Lösungsvorschlägen bleibt. Wenn aber diese zahlreichen Lösungsvorschläge nur mit Hilfe höchster Gedankenakrobatik nachzuvollziehen sind, wird der Konflikt zwischen Rechtssicherheit und Einzelfallgerechtigkeit um die Beantwortung der Frage erweitert, für wen denn tatsächlich diese Lösungsvorschläge überhaupt gemacht werden. Der Rechtsanwender selbst findet in den meisten Fällen Gefallen an einer zumindest grob vorhersehbaren Entwicklung im Prozess. Dass das nicht immer so sein kann, versteht sich von selbst. Deshalb sollte man insbesondere in den Fällen, in denen sich der Gesetzgeber eindeutig festgelegt hat, auch in seinem Sinne entscheiden. Im Übrigen spricht gegen die Anwendung einer teleologischen Reduktion, dass es sich hierbei um das Gegenstück zur Analogie handelt, die auch immer nur dann Anwendung findet, wenn eine Gesetzeslücke vorliegt, die planwidrig entstanden ist. Es wird also auch hier auf den Willen des historischen Gesetzgebers abgestellt. Damit kann man aber dann nicht aufhören, wenn andernfalls das gewünschte Ergebnis nicht erzielt wird.

740 *Larenz/ Canaris*, Methodenlehre, S. 187.

Seit dem 16.12.2008 hat § 474 BGB einen neuen Absatz 2. Darin heißt es nun in Satz 1 ausdrücklich: „Auf die in diesem Untertitel geregelten Kaufverträge ist § 439 Abs. 4 BGB mit der Maßgabe anzuwenden, dass Nutzungen nicht herauszugeben oder durch ihren Wert zu ersetzen sind." Der Gesetzgeber hat also reagiert und die Richtlinie 1999/44/EG in das deutsche Recht umgesetzt.

b) Gesetzesübersteigende Rechtsfortbildung

Der mögliche Wortsinn markiert die äußerste Grenze zulässiger richterlicher Interpretation.[741] Für eine gesetzesimmanente Rechtsfortbildung ist das Bestehen einer Gesetzeslücke im engeren Sinne Voraussetzung.[742] Daraus kann abgeleitet werden, dass die Grenze der Auslegung bzw. der Rechtsfortbildung stets der entgegenstehende Wille des historischen Gesetzgebers ist. Dennoch hat die Rechtsprechung das Recht in vielen Fällen immer wieder fortgebildet, in denen von einer „planwidrigen" Regelungslücke nicht die Rede sein konnte.[743] Sie hat neue Rechtsinstitute geschaffen, die in dem ursprünglichen Plan des Gesetzes nicht vorgesehen waren.[744] „Mit der Möglichkeit, das vom Gesetzgeber Gewollte auch gegen das vom Gesetzgeber Gesagte zur Geltung zu bringen, sind die Möglichkeiten, Rechtsfortbildungen zu begründen, also noch nicht erschöpft", formulieren *Koch/ Rüßmann* daher zu Recht[745]. Insoweit ist stets noch an die so genannte „gesetzesübersteigende Rechtsfortbildung"[746], von der *Canaris* zutreffend behauptet, „dass sie sich nicht mehr allein an der ratio legis des Gesetzes orientiert, sondern an einem darüber hinausgreifenden Rechtsgedanken."[747]

Es liegt auf der Hand, dass für eine solche „gesetzesübersteigende Rechtsfortbildung" eine Legitimation immer schwerer fällt. *Canaris* hat versucht, die gesetzesübersteigenden Rechtsfortbildungen unter drei Aspekten zu systematisieren. Er unterscheidet Rechtsfortbildungen mit Rücksicht auf die Bedürfnisse des Rechtsverkehrs[748] (Beispiel: Sicherungsübereignung), Rechtsfortbildungen mit Rücksicht auf die Natur der Sache[749] (Beispiel: Saldotheorie im Bereicherungsrecht) und Rechtsfortbildungen mit Rücksicht auf ein rechtsethisches Prin-

---

741 Dazu bereits bei § 5 A. I. 1. b) aa).

742 Dazu genauer bereits bei 5 B. II. 2.

743 Dazu genauer bereits bei 5 B. II. 2. a) aa).

744 Vgl. *Larenz/ Canaris*, Methodenlehre, S. 232.

745 *Koch/ Rüßmann*, Juristische Begründungslehre, S. 261.

746 Wenn auch dieser Begriff nicht immer einheitlich verwendet wird, so hat er sich doch insbesondere im Schrifttum durchgesetzt. Vgl. *Larenz/ Canaris*, Methodenlehre, S. 232 ff.; *Schmalz*, Methodenlehre, Rn. 419.

747 *Larenz/ Canaris*, Methodenlehre, S. 232.

748 *Larenz/ Canaris*, Methodenlehre, S. 233 ff.

749 *Larenz/ Canaris*, Methodenlehre, S. 236 ff.

zip[750] (Beispiel: Lehre von der Verwirkung). Dabei haben alle Rechtsfortbildungen gemeinsam, dass sie außerordentlich hohe Anforderungen an deren Anwendbarkeit stellen. Dies folgt bereits daraus, dass auch die gesetzesübersteigende Rechtsfortbildung nicht isoliert neben der Gesetzesauslegung und der gesetzesimmanenten Rechtsfortbildung steht, sondern eine weitere Stufe desselben gedanklichen Verfahrens darstellt. Die Anwendbarkeit der gesetzesübersteigenden Rechtsfortbildung muss daher zwangsläufig die absolute Ausnahme sein.

Vor diesem Hintergrund kann § 993 Abs. 1 HS 2 BGB auch nicht so verstanden werden, dass der redliche Besitzer ausnahmsweise auf Nutzungsersatz haftet gemäß § 812 Abs. 1 S. 1 Alt. 1 BGB. Die Anwendung des Bereicherungsrechts in Form der Leistungskondiktion kann nicht im Wege der gesetzesübersteigenden Rechtsfortbildung herbeigeführt werden. Zunächst einmal fällt es bereits schwer, den Ausgangsfall einer der oben genannten Fallgruppen zuzuordnen. Darauf kommt es aber im Ergebnis auch nicht an. Entscheidend ist vielmehr, dass eine gesetzesübersteigende Rechtsfortbildung mangels neu hinzugewonnener Aspekte ausscheidet. Es sind keine Argumente ersichtlich, die nicht schon auf den Ebenen der gesetzesimmanenten Auslegung und der gesetzesimmanenten Rechtsfortbildung berücksichtigt wurden. Dann aber kann das Bedürfnis nach Einzelfallgerechtigkeit mittels gesetzesübersteigender Rechtsfortbildung nicht befriedigt werden. Andernfalls könnte man jede unliebsame „Ungerechtigkeit" auf diesem Wege beseitigen.

III. Fazit

Die im Schrifttum bevorzugte Lösung des Ausgangsfalles mittels bereicherungsrechtlicher Vorschriften überzeugt nicht. Es kommt auch nicht auf die konkreten Abweichungen der dort vertretenen verschiedenen Theorien an, die sich ohnehin nur in einigen wenigen Punkten unterscheiden. Ausschlaggebend für die Ablehnung sämtlicher Theorien, die das Bereicherungsrecht zur Lösung des Ausgangsfalles anwenden wollen, ist der Umgang mit dem Wortlaut des § 993 Abs. 1 HS 2 BGB. Es hat sich gezeigt, dass kein Lösungsansatz der Bedeutung des Willens des historischen Gesetzgebers gerecht wird und damit der Ansicht des Bundesverfassungsgerichts[751] zuwider läuft. Dabei ist die historische Gesetzesauslegung auf allen Ebenen gleichermaßen zu beachten. Ansonsten würden das Rechtsstaatsprinzip und der daraus folgende Grundsatz der Gewaltenteilung unterlaufen. Dies gilt auch uneingeschränkt vor dem Hintergrund der neueren verfassungsrechtlichen Entwicklungen der Gewaltenteilungslehre. Wenngleich

---

750 *Larenz/ Canaris,* Methodenlehre, S. 240 ff.

751 Dazu genauer bereits bei § 5 B. II. 1.

der Wunsch nach einem „gerechten“ Ergebnis allzu verständlich ist, so darf zu dessen Erreichung nicht jedes Mittel recht sein. Dies gilt auch für die Beachtung der in Rechtsprechung und Literatur gleichermaßen anerkannten Regeln der Methodenlehre. Diese Regeln werden aber verletzt, wenn der redliche und unverklagte unrechtmäßige Besitzer mittels bereicherungsrechtlicher Vorschriften gegenüber dem Eigentümer auf Nutzungsersatz haftet. Überlegenswert ist außerdem, ob durch die Behebung des Wertungswiderspruches überhaupt ein „gerechteres“ Ergebnis erzielt würde. Dazu müsste man zunächst feststellen, welche Komponenten den Begriff der „Gerechtigkeit“ überhaupt ausmachen und wie viel Gewicht den einzelnen Teilen zukommt. Es ist offensichtlich, dass sich mehr dahinter verbirgt, als die Beseitigung von Wertungswidersprüchen. Sicher ist auch, dass die Wahrung der Rechtssicherheit, die eng mit der Wahrung des Gewaltenteilungsprinzips einhergeht, ebenso für ein „gerechtes“ Ergebnis notwendig ist. Es kann also mit Fug und Recht behauptet werden, dass die Anwendung bereicherungsrechtlicher Normen zur Lösung des Ausgangsfalles auch „ungerecht“ sei. Damit wird der herrschenden Ansicht im Schrifttum ihr wichtigstes Argument genommen.

C. Lösung im Wege der Angleichung des Bereicherungsrechts an das Vindikationsrecht

Einen interessanten Vorschlag zur Behebung des Wertungswiderspruches hat *Wieling* unterbreitet. Er möchte – entgegen der herrschenden Meinung – den Wertungswiderspruch durch eine vollständige Angleichung des Bereicherungsrechts an das Vindikationsrecht erreichen für den Fall, dass der Besitzer oder der Bereicherte die Sache aufgrund eines unwirksamen Vertrages erhalten hat. Nach seiner Lösung könnte der redliche Besitzer B im Ausgangsfall die Nutzungen behalten.[752]

I. Lösungsvorschlag

1. Ausgangslage

Auch *Wieling* geht davon aus, dass die Interessenlage zwischen Vindikations- und Bereicherungsschuldner hinsichtlich der Nutzungsherausgabepflicht identisch sei.[753] Im Gegensatz zur herrschenden Meinung ist er aber nicht der Ansicht, dass der Wertungswiderspruch auf einer Fehlleistung des Gesetzgebers beruht. *Wieling* vermutet, der Gesetzgeber habe die Haftung des Besitzers und die des Bereicherten auf Nutzungsersatz bewusst unterschiedlich regeln wollen, unabhängig von einem Hinweis zum Erbschaftsanspruch. Er meint, der Gesetzgeber habe beiden Schuldnern absichtlich zwei unterschiedliche Möglichkeiten gegeben, sich zu schützen.[754] In den Fällen, in denen der Besitzer oder der Bereicherte seine ihm vom Gesetzgeber zugedachte Vergünstigung nun verliert, also immer dann, wenn er die Sache aufgrund eines unwirksamen Vertrages erhalten hat, will *Wieling* dadurch einen Ausgleich schaffen, dass beide auch hinsichtlich der anderen Vergünstigung gleichgestellt werden.[755]

2. Untersuchung

Fraglich ist, wie diese Vergünstigungen konkret aussehen und ob sie tatsächlich gleichwertig sind. Offensichtlich ist der Vorteil, den der Besitzer gegenüber dem Bereicherten hat. Er darf die Nutzungen behalten. Nicht so eindeutig ist die Vergünstigung, die nur dem Bereicherten verbleibt. „Geht eine Sache beim Bereicherten unter, entfällt auch der Eigentumsanspruch gegen den Besitzer ersatz-

752 *Wieling*, AcP 169, 137 ff.
753 *Wieling*, AcP 169, 137, 144 f.
754 *Wieling*, AcP 169, 137, 145.
755 *Wieling*, AcP 169, 137, 148 ff.

los“[756], wie *Wieling* richtigerweise feststellt. Somit kommt eine Vergünstigung des Bereicherten auch dem Besitzer zugute.[757] Wenn das immer so wäre, dann hätte der Bereicherte gegenüber dem Besitzer aber nie einen Vorteil. Dann wäre jedoch die Aussage, der Gesetzgeber habe dem Besitzer und dem Bereichertem gleichwertige Vergünstigungen zukommen lassen, falsch. In der Tat verbleiben Fälle, in denen von einer Entreicherung nur der Bereicherungsschuldner, nicht aber der Vindikationsschuldner profitiert. Dabei handelt es sich um solche Fälle, in denen die Entreicherung nicht an der geschuldeten Sache selbst eintritt.[758] Der rechtsgrundlos besitzende Eigentümer kann sich außerdem in größerem Umfang als der Vindikationsschuldner auf Entreicherung berufen.[759]

Um eine vollständige Angleichung von Vindikations- und Bereicherungsrecht zu erreichen, will *Wieling* nicht nur beide Schuldner hinsichtlich der Nutzungsherausgabepflicht gleichstellen, sondern auch dem Kondiktionsschuldner die Berufung auf eine Entreicherung im Sinne des § 818 Abs. 3 BGB insoweit versagen, als dass diese über die Möglichkeiten hinaus geht, die ein Besitzer hat.[760] Die weiter gehende Einschränkung des § 818 Abs. 3 BGB ist nach seiner Auffassung möglich, weil der Bereicherungsanspruch, aber auch der Eigentumsanspruch und die Nebenansprüche des Eigentümers nach den §§ 987 ff. BGB als einseitige Ansprüche unter Beteiligten entworfen worden seien, zwischen denen kein wirksames Vertragsverhältnis bestehe[761] und damit nicht geeignet seien, einen Fall einer sachgerechten Lösung zuzuführen, bei dem der Besitzer oder der Bereicherte die Sache aufgrund eines unwirksamen Vertrages erhalten habe. Deshalb stellt *Wieling* bei seiner Argumentation auch den Willen der Vertragsparteien ins Zentrum.[762] Er möchte die gegenseitigen Rückgabeansprüche in eine Abhängigkeit setzen und sie nicht losgelöst voneinander behandeln. Anders als

756 *Wieling*, AcP 169, 137, 146.

757 Vgl. *Wieling*, AcP 169, 137, 146 f.

758 Vgl. *Wieling*, AcP 169, 137, 147. Beispielhaft führt *Wieling* an dieser Stelle den Fall an, dass der Bereicherte Erwerbsunkosten gehabt hat, wie z.B. Fracht und Zoll.

759 Vgl. *Wieling*, AcP 169, 137, 147. Beispielhaft führt *Wieling* an dieser Stelle den Fall an, dass der Bereicherte Verwendungen aller Art auf die Sache geltend machen kann, und zwar auch dann, wenn der Wert der Sache dadurch nicht erhöht wurde. Solche umfangreichen Möglichkeiten hat der Besitzer nicht. Er kann nach den §§ 994 ff. BGB nur die notwendigen und nützlichen Verwendungen ersetzt verlangen, und die nützlichen auch nur insoweit, als der Wert der Sache dadurch erhöht ist. Dies ergibt sich bereits aus dem Normtext des § 996 BGB (Nützliche Verwendungen): „... und der Wert der Sache durch sie noch zu der Zeit erhöht ist, zu welcher der Eigentümer die Sache wiedererlangt.“

760 *Wieling*, AcP 169, 137, 148 ff.

761 *Wieling*, AcP 169, 137, 148.

762 *Wieling*, AcP 169, 137, 149 ff.

die vom Reichsgericht entwickelte so genannte „Saldotheorie“[763], die grundsätzlich das gleiche Ziel verfolgt und deren Anknüpfungspunkt die Entreicherung ist, stellt *Wieling* auf den Parteiwillen ab, der dem Vertrag zugrunde liegt. Der Parteiwille soll es also sein, aus dem sich die Rechte und Pflichten bei einer Rückabwicklung eines unwirksamen Vertrages ergeben.[764] Dem gegenüber ergäbe sich aus der Saldotheorie vielfach keine sachgerechte Lösung. *Wieling* lehnt § 818 Abs. 3 BGB als tauglichen Anknüpfungspunkt für die Berücksichtigung der gegenseitigen Rückgabeansprüche schon deshalb ab, weil diese Norm nach seiner Auffassung auf einen einseitigen Anspruch zugeschnitten sei.[765] Zur Veranschaulichung führt er folgendes Beispiel[766] an:

E hat dem B ein Grundstück verkauft und aufgelassen. B hat die Beurkundungs- und Eintragungskosten gezahlt. Der Kaufvertrag ist unwirksam.

B ist um die Erwerbsaufwendungen entreichert. Wenn man § 818 Abs. 3 BGB anwendet, dann kann B ein Zurückbehaltungsrecht geltend machen, bis E ihm die Kosten ersetzt hat. E müsste in diesem Fall die Kosten tragen. Hätte E hingegen vereinbarungsgemäß die Kosten getragen, dann könnte er sie nach § 818 Abs. 3 BGB vom zu erstattenden Kaufpreis abziehen. In diesem Fall müsste dann B die Kosten tragen. Man käme somit zu dem Ergebnis, dass jeweils der Gegner dessen, der die Aufwendungen nach dem Vertrag zu erbringen hatte, die Kosten dafür zu tragen hätte. Diese zufällige Verteilung der Kostentragungspflicht ist für *Wieling* ein weiteres Indiz für die unsachgerechte weitreichende Anwendung des § 818 Abs. 3 BGB durch die herrschende Meinung.[767] Einen Hinweis auf die richtige Kostenverteilung kann nach seiner Meinung deswegen nur der Vertrag geben. Es habe demnach derjenige die Kosten zu tragen, der dafür nach dem Vertrag vorgesehen sei, unabhängig von dessen (Un-) Wirksamkeit. Entscheidend sei somit der Wille der Parteien.[768]

763 Zur Saldotheorie allgemein bereits genauer bei § 5 A. I. 1. b) bb) (2) (b).

764 Dazu führt *Wieling* aus: „Heute ist es dagegen allgemein anerkannt, daß es der Interessenlage widerspricht, die gegenseitigen Rückgabeansprüche als voneinander unabhängig zu behandeln. Die Erkenntnis setzt sich durch, es müsse der Wille der Parteien berücksichtigt werden, daß die Leistungen im Rahmen eines Austauschverhältnisses, eines do ut des erfolgen sollen, auch wenn dieser Wille rechtlich unwirksam sei“ (AcP 169, 137, 149).

765 *Wieling*, AcP 169, 137, 149 ff.

766 *Wieling*, AcP 169, 137, 150.

767 *Wieling*, AcP 169, 137, 150.

768 *Wieling*, AcP 169, 137, 151.

Hinsichtlich der weitreichenden Möglichkeit des Kondiktionsschuldners, Verwendungsersatzansprüche im Rahmen des § 818 Abs. 3 BGB geltend zu machen, führt *Wieling* folgendes Beispiel[769] an:

E verkauft und übereignet dem B ein Grundstück. B lässt das Gebäude in seinen Lieblingsfarben anstreichen, obwohl E es kurz vorher hatte streichen lassen. Der Kaufvertrag ist nichtig.

Auch hier erscheint es *Wieling* nicht sachgerecht, wenn B dem Kondiktionsanspruch des E die Entreicherung entgegenhalten könnte, die in den Kosten für den Anstrich liegt. *Wieling* meint, E habe die Kosten der Verwendung nicht zu tragen, weil er gar kein Interesse daran hat. Die Entreicherung des B beruhe auf seiner persönlichen Entscheidung. Auch hier sei wieder der Gedanke anzuwenden, der auch der Saldotheorie zugrunde liegt. Danach seien die Vertragsparteien so lange für die Sachen verantwortlich, wie sie sie in Besitz haben. Somit habe B die Kosten der Verwendung selbst zu tragen. Aber auch hier gelte, dass B selbstverständlich diejenigen Verwendungen geltend machen könne, die auch ein Besitzer ersetzt verlangen könnte. Hätte B das Haus anstreichen lassen, weil es notwendig war, dann hätte er dies dem E entgegenhalten können. Er darf also nur Verwendungen im Rahmen der §§ 994 ff. BGB auf die Sache als Entreicherung absetzen.[770]

Schließlich stellt *Wieling* fest, dass Besitzer und Bereicherter auch hinsichtlich der Nutzungen gleich zu stellen sind. Aus diesem Grund will er entgegen dem Wortlaut des § 818 Abs. 1 BGB dem Bereicherten die Nutzungen belassen.[771]

II. Kritik

Wieling's Lösungsansatz überzeugt schon aus methodischer Sicht nicht. Das Zusprechen eines Nutzungsbehaltungsrechts für den Bereicherten stellt ebenso einen Verstoß gegen den Wortlaut des § 818 Abs. 1 BGB dar, wie das Verbot, sich in weitestem Umfang auf Entreicherung zu berufen, gegen § 818 Abs. 3 BGB. *Wieling* hat es auch nicht unternommen, diese Missachtungen des Wortlauts mit den zur Verfügung stehenden und in Rechtsprechung und Lehre glei-

769 *Wieling*, AcP 169, 137, 151.

770 *Wieling*, AcP 169, 137, 151.

771 *Wieling*, AcP 169, 137, 155 f. Entgegen den Ausführungen zu den Vorteilen des Bereicherungsschuldners fasst sich *Wieling* an dieser Stelle erstaunlich kurz. Er stellt lediglich auf den nicht hinnehmbaren Wertungswiderspruch hinsichtlich der Nutzungsherausgabe ab und behebt ihn, indem er auch dem Bereicherungsschuldner die Nutzungen belassen möchte. Eine nähere Begründung liefert er nicht. Stattdessen setzt er sich mit dem Lösungsweg der herrschenden Meinung auseinander und lehnt ihn ab.

chermaßen anerkannten Mitteln der Methodenlehre zu rechtfertigen.[772] Einzig positiv fällt auf, dass *Wieling* auch die Vorteile des Bereicherten aufgreift und bemüht ist, beide Schuldner auch diesbezüglich gleichzustellen. Der von ihm hierfür eingeschlagene Lösungsweg ist jedoch nicht gangbar. Nach § 818 Abs. 3 BGB ist die Verpflichtung zur Herausgabe oder zum Ersatz des Wertes ausgeschlossen, soweit der Empfänger nicht mehr bereichert ist. „§ 818 Abs. 3 BGB eröffnet seinem Wortlaut nach folglich dem gutgläubigen Bereicherungsschuldner die fast unbegrenzte Möglichkeit, den Bereicherungsanspruch des Gläubigers durch Berufung darauf abzuwenden, er sei nicht mehr bereichert."[773] Eine Einschränkung hat das Berufen auf eine Entreicherung lediglich durch die Saldotheorie erfahren und zwar dort, wo die beiderseitigen Leistungen nicht mehr ungeschmälert beim jeweiligen Vertragspartner vorhanden waren. Diese vom Reichsgericht entwickelte Theorie basierte ursprünglich auf der Überlegung, „dass unter dem nach § 812 Abs. 1 BGB herauszugebenden „Etwas" nur die Gesamtheit des Hinübergelangten unter gleichzeitiger Berücksichtigung der dafür gegebenen Werte und der auf dem Empfangenen ruhenden Lasten verstanden wird"[774]. Danach hatte der Käufer im Sinne der §§ 812 ff. BGB nicht Eigentum und Besitz an der Sache erlangt, sondern den Vermögenswert, der sich aus dem objektiven Wert der Kaufsache abzüglich des gezahlten Kaufpreises ergab.[775] Auf diese Weise gelang es dem Reichsgericht, unbillige Ergebnisse der bis zu diesem Zeitpunkt vorherrschenden Zweikondiktionenlehre[776] zu vermeiden. Der BGH führte die Rechtsprechung zur Saldotheorie im Wesentlichen fort, differenzierte aber – anders als noch das Reichsgericht – zwischen dem Erlangten im Sinne des § 812 Abs. 1 BGB und einer möglicherweise nicht mehr vorhandenen Bereicherung im Sinne des § 818 Abs. 3 BGB und formulierte in einer Entscheidung[777]:

> „Nach § 818 Abs. 3 BGB ist der Bereicherungsschuldner von der Verpflichtung zur Herausgabe des Erlangten oder seines Wertes frei, soweit er nicht mehr bereichert

---

772 Dazu genauer bereits bei § 5 B. II.

773 MünchKomm/ *Schwab*, BGB, § 818 Rn. 111.

774 RGZ 54, 137, 141. Zur Erinnerung: Das Reichsgericht äußerte sich auch im Zusammenhang mit dem hier in Rede stehenden Problem bei seiner 2. grundlegenden Entscheidung zur Saldotheorie (RGZ 129, 307, 310; vgl. § 4 B. I. 2.) und verwies auf das Urteil des V. Zivilsenats vom 14. März 1903 (RGZ 54, 137, 141).

775 Vgl. MünchKomm/ *Schwab*, BGB, § 818 Rn. 210.

776 Nach der Zwei-Kondiktionen-Theorie stehen sich die jeweiligen Ansprüche aus § 812 BGB einzeln gegenüber und werden auch entsprechend durchgesetzt. Eine Saldierung findet nicht statt, weshalb ein etwaiger Wegfall der Bereicherung zulasten des jeweiligen Bereicherungsgläubigers geht (dazu bereits bei § 5 A. I. 1. b) bb) (2) (b).

777 BGHZ 57, 137, 150.

ist. Bei der Rückabwicklung eines nichtigen Kaufvertrages verschafft die Saldotheorie dem Verkäufer die Vorteile dieser Bestimmung auch insoweit, als die Kaufsache beim Käufer untergegangen oder verschlechtert worden ist. Soweit der Käufer bei der Rückabwicklung die Sache in ihrem ursprünglichen Zustand dem Verkäufer nicht mehr bieten kann, ist auch dieser nicht mehr als bereichert anzusehen."

Diese Differenzierung zwischen Erlangtem und Bereicherung ist sachgerecht. Das Gesetz selbst nennt erstmals in § 818 Abs. 3 BGB den Begriff der Bereicherung. Es ist nicht einzusehen, diesen Begriff schon an früherer Stelle zu gebrauchen. Dies wäre ein Verstoß gegen die Gesetzessystematik. Hierfür besteht keine Notwendigkeit. Durch die Anwendung der Saldotheorie bei der Rückabwicklung unwirksamer Verträge wird eine Vielzahl von Fällen einer sachgerechten Lösung zugeführt. Dabei trägt diese Vorgehensweise insbesondere dem Prinzip der Eigenverantwortlichkeit Rechnung. Dass an die Anwendung der Saldotheorie mitunter verschiedene Anforderungen gestellt werden, steht ebenso außer Frage wie die Tatsache, dass auch mit Hilfe dieser Theorie nicht alle in Betracht kommenden Widersprüche gelöst werden können. Insofern ist *Wieling's* Kritik durchaus berechtigt. Allerdings hat die von der Rechtsprechung entwickelte Saldotheorie gegenüber *Wieling's* Lösung einen entscheidenden Vorteil. Die Saldotheorie, so wie sie der BGH versteht, beachtet den Gesetzeswortlaut. § 818 Abs. 3 BGB gibt dem Kondiktionsschuldner ausweislich des Wortlauts sowie der Entstehungsgeschichte die Möglichkeit, sich der Haftung auf Wertersatz nach § 818 Abs. 2 BGB zu entziehen, wenn er nicht mehr „bereichert" ist, so auch in den – von *Wieling* selbst angeführten – Fällen, in denen der Bereicherungsschuldner gegenüber dem Vindikationsschuldner bevorteilt ist. Ein Anhaltspunkt für eine beschränkte Möglichkeit der Berufung auf die nicht mehr vorhandene Bereicherung findet sich im Gesetz nicht wieder und widerspricht auch der Entstehungsgeschichte zu dieser Norm. Eine weiter reichende Einschränkung findet sich erst wieder in § 818 Abs. 4 BGB, der nach Bös- und Gutgläubigkeit differenziert. Wenn man *Wieling* folgt und annimmt, dass jede Partei die Folgen der während ihrer Besitzzeit getroffenen persönlichen Entscheidungen selbst zu tragen habe, dann „würde der Anwendungsbereich des § 818 Abs. 3 BGB beträchtlich reduziert"[778]. Diese Norm dient in erster Linie jedoch dem Vertrauensschutz und dieser „bezweckt nicht, nur das objektiv verständige Wirtschaften mit einem Gut zu begünstigen, sondern allgemein den Bereicherten vor Schaden zu bewahren."[779] Im Übrigen sind die §§ 812 ff. BGB zwar nicht auf die Gegenseitigkeit der Rückabwicklungsverhältnisse hin entworfen, die vielen Anknüpfungen der §§ 812 ff. BGB an den Inhalt eines Rechtsge-

778 *Köbl*, EBV, S. 230.
779 *Köbl*, EBV, S. 230.

schäftes oder den Zweck einer Leistung machen aber deutlich, dass die Gesetzesverfasser zumindest auch an Beteiligte gedacht haben, zwischen denen ein rechtsunwirksames Vertragsverhältnis durchgeführt wurde.[780]

Die Gleichstellung von Vindikations- und Bereicherungsschuldner hinsichtlich der Haftung auf Nutzungsersatz erfolgt indes ohne jede Begründung, lediglich mit einem flüchtigen Hinweis auf den sonst entstehenden Wertungswiderspruch. *Wieling* belässt dem redlichen Besitzer die Nutzungen und beachtet insoweit den Wortlaut des § 993 Abs. 1 HS 2 BGB. Dies hat er vielen Vertretern im Schrifttum voraus. Allerdings missachtet er den Wortlaut des § 818 Abs. 1 BGB. Nach dieser Vorschrift haftet der Kondiktionsschuldner auf Nutzungsersatz. Im Übrigen ist es angesichts des deutlichen Hinweises in den Protokollen zum Bürgerlichen Gesetzbuch, wonach sich die Kommission zum Bürgerlichen Gesetzbuch mit einem Hinweis auf den Erbschaftsanspruch durchsetzte, der eine Pflicht zur Herausgabe von Nutzungen vorsah (heute § 2020 BGB),[781] entgegen *Wieling's* Ansicht von einer Fehlleistung des Gesetzgebers auszugehen.

III. Fazit

Dieser Lösungsansatz kann in keiner Weise überzeugen. *Wieling's* Vorschlag ist ausschließlich von dem Gedanken geprägt, den Wertungswiderspruch zu beheben und verstößt dabei sowohl gegen allgemein anerkannte dogmatische, als auch methodische Grundsätze. Es ist durchaus positiv zu bewerten, wie präzise *Wieling* die Vorteile des jeweiligen Schuldners herausarbeitet und darum bemüht ist, auch dem Bereicherungsschuldner seine Vorteile zu nehmen. Dies hat er allen anderen Vertretern im Schrifttum und auch der Rechtsprechung voraus. Umso erstaunlicher ist es, dass er zu den Vorteilen des Besitzers keine schlüssige Lösung formuliert. In diesem Fall verweist er lediglich auf die stärkere Rechtsposition des Eigentümers gegenüber dem Besitzer und den entstehenden Wertungswiderspruch – und versagt auch dem Bereicherungsgläubiger einen Anspruch auf Nutzungsersatz. Dabei setzt sich *Wieling* über den eindeutigen Wortlaut des § 818 Abs. 1 BGB wie selbstverständlich hinweg. Eine nähere Begründung gibt er nicht. Diese Ansicht hat daher im Schrifttum zu Recht keinen Anklang gefunden, weil sie sich mehr als jeder andere Lösungsansatz über allgemein anerkannte Grundsätze hinweg setzt. Der Ausgangsfall kann also auch nicht mittels Angleichung der vindikatorischen an die bereicherungsrechtlichen Regeln gelöst werden.

---

780 Vgl. *Köbl*, EBV, S. 230.

781 Dazu genauer bereits bei § 4 A.

D. Ausschließlichkeitstheorie

Die Vertreter der Ausschließlichkeitstheorie sehen in den §§ 987 ff. BGB eine abschließende Regelung, wenn es um die Nutzungsherausgabe geht. Ein Rückgriff auf Vorschriften des Bereicherungsrechts wird nach dieser Ansicht ausnahmslos abgelehnt.[782] Hiernach haftet der redliche und unverklagte unrechtmäßige Besitzer nur dann auf Nutzungsherausgabe, wenn er den Besitz unentgeltlich erlangt (§ 988 BGB) oder übermäßig Früchte gezogen hat (§ 993 Abs. 1 HS 1 BGB). Nach diesem Lösungsansatz kann der redliche und unverklagte unrechtmäßige Besitzer B im Ausgangsfall die gezogenen Nutzungen behalten.

I. Kritik

Gegen die Ausschließlichkeitstheorie spricht, dass der Wertungswiderspruch nicht behoben wird. Die Vertreter dieser Theorie wollen dem Vindikationsschuldner die Nutzungen belassen, dem Bereicherungsschuldner hingegen nicht. Dies wird insbesondere im Schrifttum mit dem Hinweis auf die stärkere Rechtsposition des Bereicherungsschuldners scharf kritisiert. Diese Kritik ist zumindest insoweit berechtigt, als dass die Vertreter der Ausschließlichkeitstheorie es in den allermeisten Fällen unterlassen, ihre Sichtweise näher zu begründen. In der Regel erfolgt lediglich ein Hinweis auf den Wortlaut des § 993 Abs. 1 HS 2 BGB, der eine Haftung des redlichen und unverklagten unrechtmäßigen Besitzers nach den allgemeinen Vorschriften nicht zulässt. Aus welchen Gründen die teleologische Gesetzesauslegung weder bei der gesetzesimmanenten Auslegung, noch bei der Rechtsfortbildung, nicht die allein ausschlaggebende Rolle spielt, wird nicht dargelegt.

II. Fazit

Die Kritik der herrschenden Meinung im Schrifttum setzt an der falschen Stelle an – nämlich am Ergebnis. Der Lösungsweg wird nicht kritisiert. Eine ausschließlich das Ergebnis betreffende Kritik überzeugt aber nur dann, wenn ein anderes Ergebnis mit den zur Verfügung stehenden Gesetzen, gegebenenfalls unter Zuhilfenahme der allgemein anerkannten Mitteln der Methodenlehre, erreichbar ist. Dies ist jedoch nicht der Fall. Weder der Lösungsweg der Rechtsprechung, noch die im Schrifttum vertretenen Lösungswege sind gangbar.[783]

782 Vgl. *Weber*, Sachenrecht I, § 16 Rn. 53 ff.; *Brehm/ Berger*, Sachenrecht, § 8 Rn. 33; *Windscheid/ Kipp,* Pandektenrecht Bd. 2, S. 879.

783 Dazu genauer bereits bei § 5 A., B., C.

Die Rechtsprechung hat es nicht vermocht, eine Lösung mit Hilfe der analogen Anwendung des § 988 BGB überzeugend darzulegen. Der Lösungsweg der Rechtsprechung konnte schon in methodischer Hinsicht nicht überzeugen. Insoweit fehlte es bereits an den Voraussetzungen einer Analogie. Es lag weder eine planwidrige Regelungslücke, noch eine vergleichbare Interessenlage vor. Hinzu kommt, dass die analoge Anwendung des § 988 BGB unterschiedliche Ergebnisse in Zwei- und Drei-Personen-Konstellationen nicht vermeiden kann und auch gegen den Regelungszweck der §§ 987 ff. BGB verstößt.

Die herrschende Ansicht im Schrifttum verstößt durch die Anwendung bereicherungsrechtlicher Vorschriften – unabhängig davon, in welchem Umfang dies erfolgt – gegen den Wortlaut des § 993 Abs. 1 HS 2 BGB. Dies wird stereotypisch mit einem Hinweis auf den Wertungswiderspruch in Kauf genommen. Mit Ausnahme von *Canaris* hat es auch niemand unternommen, diesen Wertungswiderspruch sauber zu lösen. Aber auch ihm ist dies nicht gelungen.[784] *Canaris* hat es nicht verstanden, einen plausiblen Vorschlag zur Umgehung des Wortlauts des § 993 Abs. 1 HS 2 BGB dazulegen. Letztlich konnte er dies auch nicht. Das Gesetz selbst bietet hierfür keine Möglichkeiten. § 993 Abs. 1 HS 2 BGB verbietet eine Haftung des redlichen und unverklagten unrechtmäßigen Besitzers nach den allgemeinen Vorschriften. Der Wortlaut ist insoweit eindeutig. Auf eine explizite Klarstellung, wonach die §§ 987 ff. BGB die Anwendung der §§ 812 ff. BGB bezüglich der Nutzungen ausschließen, verzichteten die Gesetzesverfasser nur deshalb, weil sie sie wegen des eindeutigen Wortlauts des § 993 Abs. 1 HS 2 BGB für überflüssig hielten.[785] Die Gesetzesmaterialien sind insoweit eindeutig. Aber auch mit den allgemein anerkannten Mitteln der Methodenlehre gelingt es nicht, sich über den Wortlaut des § 993 Abs. 1 HS 2 BGB hinweg zu setzten. Weder eine gesetzesimmanente, noch eine gesetzesübersteigende Rechtsfortbildung sind hierfür die geeigneten Mittel. Gegen die jeweilige Anwendung spricht der eindeutige gesetzgeberische Wille. Der historische Gesetzgeber hat den Wertungswiderspruch erkannt – und dennoch hingenommen, wenn auch aufgrund eines Denkfehlers. Damit aber fehlt es an dem Spielraum, den auch eine teleologische Gesetzesauslegung braucht.

Das Hinwegsetzen über den eindeutigen Willen des historischen Gesetzgebers, sei es durch die analoge Anwendung des § 988 BGB oder die Anwendung bereicherungsrechtlicher Vorschriften, hat zur Folge, dass das Gewaltenteilungsprinzip unterlaufen wird und damit nicht zuletzt auch das Gebot der

---

784 Dazu genauer bereits bei § 5 B. II. 1. d).

785 Eine andere Sichtweise wäre schlichtweg absurd. Dem historischen Gesetzgeber eine andere Intention „unterschieben" zu wollen, würde ihm nicht gerecht werden. Dazu genauer bereits bei § 2 D. III.

Rechtssicherheit. Dies aber ist unstreitig auch Teil jener „Gerechtigkeit", um die doch alle Vertreter in Rechtsprechung und Schrifttum gleichermaßen bemüht und besorgt sind. Damit spricht für die Ausschließlichkeitstheorie nicht nur, dass es auf der Grundlage unserer Rechtsordnung keinen seriösen Vorschlag dahingehend gibt, den Vindikations- und Bereicherungsschuldner hinsichtlich der Nutzungsherausgabepflicht gleich zu stellen, sondern auch, dass es vor dem Hintergrund des Gewaltenteilungsprinzips dem Gebot der „Gerechtigkeit" sogar widersprechen würde. Der Ausschließlichkeitstheorie ist daher beizupflichten. Der redliche und unverklagte unrechtmäßige Besitzer haftet demnach nicht auf Nutzungsersatz. Der Wertungswiderspruch bleibt bestehen.

§ 6 Zusammenfassung der Erkenntnisse und Ausblick

Die vorstehenden Untersuchungen zum Ausgangsfall haben gezeigt, dass der redliche und unverklagte unrechtmäßige Besitzer im Ergebnis nicht auf Nutzungsersatz haftet. Die Diskrepanz zur Lösung der Fallvariation folgt aus den unterschiedlichen Regelungskomplexen, die den jeweils einschlägigen und für das Ergebnis verantwortlichen Normen zugrunde liegen.

Das Eigentümer-Besitzer-Verhältnis hat im Anspruchssystem des Bürgerlichen Gesetzbuches die Aufgabe, den redlichen und unverklagten unrechtmäßigen Besitzer zu privilegieren,[786] was sich im Wesentlichen aus den Gesetzesmaterialien zum Bürgerlichen Gesetzbuch und § 993 Abs. 1 HS 2 BGB ergibt. Dieser Schutz erfolgt in unterschiedlich großem Umfang und orientiert sich an der jeweiligen Qualität des Besitzes.[787] Die §§ 987 ff. BGB sind mehr als jeder andere Normenkomplex fähig, tragfähige Lösungen für die Interessenlagen des Eigentümers und des Besitzers zu schaffen für die Fälle, in denen der Besitzer entweder nie ein Recht zum Besitz hatte oder dieses Recht später verloren hat, mithin § 986 BGB nicht (mehr) einschlägig sein kann. Dabei weist das Eigentümer-Besitzer-Verhältnis als Teil des Sachenrechts zahlreiche deutsch-rechtliche Züge auf. Es ist geprägt vom Grundsatz der Publizität und dem daraus folgenden Gedanken des Rechtsscheins. An dieser Stelle sei nochmals an *Krause* erinnert, der in diesem Zusammenhang formulierte, „dass eine offenkundige äußere Lage das Vorhandensein eines Herrschaftsbereichs andeuten kann, obwohl es ihn in Wirklichkeit gar nicht gibt, weshalb das Vertrauen auf den äußeren Befund für den rechtsgeschäftlichen Erwerb genügt"[788]. In gewisser Weise spiegelt sich diese „handfeste" Betrachtungsweise in § 993 Abs. 1 HS 2 BGB wider. Diese Norm, durch die das Eigentümer-Besitzer-Verhältnis seiner Bestimmung überhaupt nur gerecht werden kann, ist so konkret formuliert, dass sie zumindest auf den ersten Blick nur die Schlussfolgerung zu erlauben scheint, dass der redliche und unverklagte unrechtmäßige Besitzer nach den allgemeinen Vorschriften nicht auf Nutzungsersatz hafte. Gleichwohl sind – hauptsächlich im Schrifttum – die unterschiedlichsten Versuche unternommen worden, diese Norm zu umgehen.[789]

---

786 Dazu genauer bereits bei § 2 D.

787 Dazu genauer bereits bei § 2 B.

788 *Krause*, JuS 1970, 313, 320. Dazu bereits bei § 2 A.

789 Dazu genauer bereits bei § 5 B.

Das Bereicherungsrecht hat im Anspruchssystem des Bürgerlichen Gesetzbuches die Aufgabe, dem Bereicherungsgläubiger dort einen Anspruch auf Abschöpfung des bei dem Bereicherungsschuldner vorhandenen Vermögensüberschusses zu gewähren, wo die ursprünglich bewirkte Güterzuordnung nicht bestehen bleiben kann. Hierbei ist letztlich nicht der Eigentumserwerb entscheidend, sondern die Beantwortung der Frage, ob das Eigentum mit Rechtsgrund erworben wurde.[790] Damit dient das Bereicherungsrecht auch der Stütze des Abstraktionsprinzips.[791] Die §§ 812 ff. BGB sind sehr knapp und abstrakt formuliert und stellen alleine deshalb ganz andere Anforderungen an den Rechtsanwender als die §§ 987 ff. BGB, wenn es darum geht, einen Sachverhalt unter eine bestimmte Norm zu subsumieren. Die knappen und abstrakten Formulierungen in den §§ 812-822 BGB haben das Bereicherungsrecht zu einem der umstrittensten Normenkomplexe überhaupt werden lassen, wobei insbesondere der Streit zwischen den Vertretern der so genannten Einheitslehre und den Vertretern der so genannten Trennungslehre nicht enden zu wollen scheint,[792] wenngleich die besseren Argumente dafür sprechen, die in den §§ 812 ff. BGB geregelte Vielzahl von Bereicherungstypen in die Leistungs- und die Nichtleistungskondiktion zu unterteilen. Eng verbunden mit diesem Streit ist der Begriff der „Leistung", wobei insbesondere fraglich ist, wie viel dieser Begriff aus sich selbst heraus zu leisten imstande ist. Das Arbeiten allein mit dem Begriff der Leistung genügt sicher nicht, um jede erdenkliche Fallkonstellation einer sachgerechten Lösung zuzuführen. Dies hat speziell die Auseinandersetzung mit den so genannten Drei-Personen-Konstellationen gezeigt. Gleichwohl verlangt das Bereicherungsrecht mehr als jeder andere Normenkomplex nach festen Anhaltspunkten. Eine solche Stütze kann der Begriff der Leistung mit Sicherheit sein. Die abstrakten Formulierungen gehen im Wesentlichen auf römischrechtliche Regelungen zurück und machen den wohl offensichtlichsten Unterschied zu den konkreten Formulierungen im Eigentümer-Besitzer-Verhältnis aus.

Beide Normenkomplexe weisen aber auch Gemeinsamkeiten auf. So liegt dem Bereicherungsrecht ebenfalls ein Haftungsgefälle zugrunde. Der Bereicherungsschuldner kann sich in großem Umfang auf Entreicherung berufen (§ 818 Abs. 3 BGB), während er von dem Eintritt der Rechtshängigkeit an nach den allgemeinen Vorschriften haftet (§ 818 Abs. 4 BGB). Hinzu kommt, dass die Unterscheidung nach Eigentum und Besitz in den §§ 987 ff. BGB auf römisch-

790 Dazu genauer bereits bei § 3 D.

791 Dazu genauer bereits bei § 3 D.

792 Dazu genauer bereits bei § 3 B.

rechtliche Regelungen zurückgeht.[793] Damit hat auch das Eigentümer-Besitzer-Verhältnis ein Stück weit jene Abstraktion erfahren, die im Grunde für das Bereicherungsrecht charakteristisch ist. Nicht zuletzt deswegen wird das Eigentümer-Besitzer-Verhältnis als legislatives Mischprodukt[794] bezeichnet. Und genau diese Abstraktion gepaart mit dem konkreten Wortlaut des § 993 Abs. 1 HS 2 BGB ist es, die die §§ 987 ff. BGB mit anderen Normenkomplexen, wie z.B. dem Bereicherungsrecht, in Konflikt geraten lässt. Ein solcher Konflikt ist eben auch jener Wertungswiderspruch, der entsteht, wenn man das Ergebnis der Lösung des Ausgangsfalles mit dem Ergebnis der Lösung der Fallvariation vergleicht.

In diesem Fall hat der Gesetzgeber den Wertungswiderspruch sogar gesehen – und hingenommen, wenngleich er einem Irrtum unterlag.[795] Trotzdem hat es in der Rechtsprechung und im Schrifttum immer wieder Versuche gegeben, den Wertungswiderspruch zu beheben, was in den meisten Fällen zur Folge hatte, dass auch der redliche und unverklagte unrechtmäßige Besitzer Nutzungsersatz leisten sollte. In der Rechtsprechung und im Schrifttum sucht man allerdings vergeblich nach einer gründlichen Auseinandersetzung mit dem eindeutigen gesetzgeberischen Willen. Es wird überwiegend lediglich auf den Wertungswiderspruch abgestellt, dessen Überwindung „mit aller Macht" realisiert werden soll. Die Rechtsprechung favorisiert dabei eine Lösung mit Hilfe der analogen Anwendung des § 988 BGB, die herrschende Literatur sucht eine Lösung mittels der durch § 993 Abs. 1 HS 2 BGB eigentlich ausgeschlossenen bereicherungsrechtlichen Vorschriften. Nur vereinzelt[796] wird unter Hinweis auf den Wortlaut des § 993 Abs. 1 HS 2 BGB eine Haftung des redlichen Besitzers auf Nutzungsersatz gänzlich abgelehnt. Hier bleibt mangels weiterer Ausführungen nur zu vermuten, dass jedenfalls auch der eindeutige gesetzgeberische Wille zu dieser Auffassung geführt hat. Dies ist umso erstaunlicher, da der Wille des historischen Gesetzgebers bzw. die historische Gesetzesauslegung neben der Auslegung nach dem Wortlaut, der teleologischen Auslegung sowie der Gesetzessystematik ein Teil jener vier Auslegungskriterien ist, die in Rechtsprechung und Literatur gleichermaßen anerkannt und für die Ermittlung des normativen Sinns eines Gesetzes verantwortlich ist. In diesem Zusammenhang sei nochmals an die Ansicht des Bundesverfassungsgerichts erinnert, das insoweit formulierte:

---

793 Dazu genauer bereits bei § 2 A.

794 Dazu genauer bereits bei § 2 A.

795 Dazu genauer bereits bei § 4 A.

796 Dazu genauer bereits bei § 5 D.

> „Maßgebend für die Interpretation eines Gesetzes ist der in ihm zum Ausdruck kommende objektivierte Wille des Gesetzgebers."[797]

Stattdessen wird immer wieder stereotypisch vorgebracht, dass die Nichtbeachtung des Willens des historischen Gesetzgebers unseriöse Gesetzesauslegung sei. Gleichwohl kann man sich des Eindrucks nicht entziehen, dass die historische Gesetzesauslegung nur dort die Beachtung erfährt, wie sie der teleologischen Gesetzesauslegung nicht entgegensteht. Dies zeigt sich nicht nur in den hauptsächlich vom Schrifttum entwickelten Lösungsansätzen zur Bewältigung des Ausgangsfalles, sondern insbesondere auch in den teilweise vertretenen Ausführungen zum Fremdbesitzerexzess[798], im „Fliesen[799]- und Parkett-Fall"[800] sowie im „Quelle-Fall"[801]. Wenn aber die historische Gesetzesauslegung nur dann als Auslegungskriterium herangezogen wird, wenn sie dem gewünschten Ergebnis entspricht, der Gesetzesauslegung nach dem Sinn und Zweck gewissermaßen ergänzend zur Seite steht, dann ist sie nichts mehr wert. Dabei ist die Suche nach einer gerechten Lösung keinesfalls zu kritisieren. Sie muss immer am Anfang aller Überlegungen stehen, was nichts anderes heißt, als dass eine ergebnisorientierte Argumentation durchaus legitim ist. Sie muss sich aber – wenn sie nicht unseriös sein will – in bestimmten Grenzen bewegen. Diese Grenzen sind verfassungsrechtlicher Natur und werden zumindest auch durch das Rechtsstaatsprinzip festgelegt. Daran bestehen weder in der Rechtsprechung, noch in der Literatur Zweifel. Ausfluss des Rechtsstaatsprinzips ist das Gewaltenteilungsprinzip, das seine verfassungsrechtliche Grundlage in Art. 20 Abs. 2 S. 2 GG hat und streng zwischen Rechtssetzung und Rechtsprechung unterscheidet. Bereits aus diesem Grund muss dem Willen des historischen Gesetzgebers eine nicht unerhebliche Bedeutung zukommen.

Die Arbeit hat gezeigt, dass der Gesetzgeber bei einer Gesetzesverabschiedung nicht jeden einzelnen Fall abschließend vorausahnen kann, für den das Gesetz Anwendung finden soll. Dies widerspräche auch der Natur unseres Rechtssystems, das sich gerade dadurch auszeichnet, dass möglichst viele Fallkonstellationen unter abstrakte Normen subsumierbar sind. Gesetzeslücken und Wertungswidersprüche, die durch sich wandelnde gesellschaftliche Anschauungen, später verabschiedete Gesetze sowie schlichtweg übersehene Konstellationen entstehen, sind daher Teil unseres Rechtssystems, was nicht heißt, dass sie nicht zu korrigieren sind. Eine Korrektur einer gesetzlichen Wertung, die mit den all-

797 Vgl. BVerfGE 1, 299, 312; 10, 234, 244; 11, 126, 130 f.; 20, 283 ,293; 79, 106, 121. Dazu genauer bereits bei § 5 B. II. 1.

798 Dazu genauer bereits bei § 2 E. II.

799 Dazu genauer bereits bei § 5 B. II. 1. e) bb).

800 Dazu genauer bereits bei § 5 B. II. 1. e) aa).

801 Dazu genauer bereits bei § 5 B. II. 2. a) bb).

gemein anerkannten Mitteln der Methodenlehre nicht mehr zu erreichen ist, darf aber jedenfalls nicht durch die Rechtsprechung vorgenommen werden. Dies ist die Aufgabe des Gesetzgebers durch die Schaffung einer neuen Regelung, so wie er es z.B. auch im „Quelle-Fall" getan hat.[802] Fehlleistungen des Gesetzgebers dürfen durch die Rechtsprechung also nicht durch eine völlig abwegige Interpretation einer eindeutigen Regelung[803] oder das bloße Hinwegsetzen über eine solche korrigiert werden. Dies wäre ein Verstoß gegen das Gewaltenteilungsprinzip. Der gesetzgeberische Wille ist aber nicht nur bei der gesetzesimmanenten Auslegung zu beachten, sondern auch bei der Rechtsfortbildung. Dies folgt bereits daraus, dass „gesetzesimmanente Auslegung und Rechtsfortbildung verschiedene Stufen desselben gedanklichen Verfahrens sind"[804]. Im Übrigen wäre die Berücksichtigung des Willens des historischen Gesetzgebers lediglich bei der gesetzesimmanenten Auslegung wenig sinnvoll. Dann nämlich könnte die Rechtsprechung durch eine großzügige Anwendung von Analogien und teleologischen Reduktionen auch auf der Ebene der Rechtsfortbildung vom Gesetzgeber eindeutig getroffene Entscheidungen korrigieren. Eine Berücksichtigung des Willens des historischen Gesetzgebers nur auf der Ebene der gesetzesimmanenten Auslegung liefe ins Leere. Dies kann nicht richtig sein. Gesetzesauslegung und Rechtsfortbildung sind Teil desselben Systems, das nur mit Hilfe der in Literatur und Rechtsprechung gleichermaßen anerkannten Mitteln der Methodenlehre ungerecht erscheinende Ergebnisse zu korrigieren erlaubt.

Die zwingend erforderliche Beachtung des Willens des historischen Gesetzgebers kann einerseits den Nachteil unliebsamer, aber hinzunehmender Wertungswidersprüche mit sich bringen. Andererseits steuert die konsequente Berücksichtigung der historischen Gesetzesauslegung in den Fällen, in denen der Gesetzgeber eine eindeutige Entscheidung gefällt hat, einer Entwicklung in Rechtsprechung und Literatur entgegen, an dessen Ende oftmals ein im Einzelfall gerechtes, auf jeden Fall aber nicht vorhersehbares Ergebnis steht. Die insbesondere vom Schrifttum entwickelten Theorien zur Überwindung eindeutiger Gesetzeswortlaute und Wertungswidersprüche sind mitunter weder von einem Laien, noch von einem Rechtsexperten nachvollziehbar.[805] Diese Theorien abs-

---

802 Zur Erinnerung: Dort hatte der Gesetzgeber durch die Einführung des § 474 Abs. 2 BGB die Richtlinie 1999/44/EG in das deutsche Recht umgesetzt.

803 Beispielhaft sei an dieser Stelle noch einmal an die Meinung *Gsell's* im „Quelle-Fall" erinnert. Dazu genauer bereits bei § 5 B. II. 2. a) bb).

804 *Larenz/ Canaris*, Methodenlehre, S. 187.

805 Beispielhaft sei an dieser Stelle noch einmal an die unterschiedlichsten und mitunter komplexen Versuche zur Begründung des „gewollten" Ergebnisses in den so genannten „Fremdbesitzerexzess-Fällen" (dazu genauer bei § 2 E. II.) oder dem „Parkett-Fall" (dazu genauer bei § 5 B. II. 1. e) aa)) erinnert.

trahieren teilweise so weit von der Wirklichkeit, wie die Unterscheidung nach Eigentum und Besitz im Eigentümer-Besitzer-Verhältnis. Die Berücksichtigung des Willens des historischen Gesetzgebers trägt demnach maßgeblich zur Rechtssicherheit bei. Der Wille des historischen Gesetzgebers muss also sowohl bei der gesetzesimmanenten Auslegung, als auch bei der Rechtsfortbildung Beachtung finden und zwar insbesondere dann, wenn es darum geht, ein „gewünschtes“ Ergebnis zu erzielen.

Die historische Gesetzesauslegung ist insbesondere bei der europarechtskonformen Auslegung von enormer Bedeutung, der sich deutsche Gerichte mehr und mehr ausgesetzt sehen, weil der europäische Gesetzgeber durch Verordnungen[806] und Richtlinien[807] zunehmend Einfluss auf das deutsche Recht nimmt.[808] Speziell das neue Schuldrecht beruht in großen Teilen auf Richtlinien.[809] Hier stellt sich häufig das Problem der „horizontalen“ Wirkung, also die Frage, ob Richtlinien in diesen Fällen unmittelbar gelten. Die besseren Argumente sprechen gegen eine horizontale Wirkung,[810] weil sich Richtlinien ausschließlich an den Mitgliedstaat richten und der Bürger selbst nicht unmittelbarer Adressat einer Richtlinie ist. Dies hat auch der EuGH[811] so gesehen und auf die Pflicht zur richtlinienkonformen Auslegung sowie auf die Möglichkeit, vom Staat, der pflichtwidrig eine Richtlinie nicht rechtzeitig umgesetzt hat, Schadenersatz zu verlangen, verwiesen. Die Gerichte haben ein Gesetz nach der Umsetzungsfrist richtlinienkonform auszulegen. Dabei wird aber auch die europarechtskonforme Gesetzesauslegung insbesondere durch den klaren Willen des Gesetzgebers begrenzt.[812] Nach der Rechtsprechung des EuGH sind die nationalen Gerichte je-

---

806 Verordnungen sind abstrakt-generelle Rechtssätze des sekundären Gemeinschaftsrechts, die gemäß Art. 288 Abs. 2 AEUV allgemeine Geltung haben, in allen Teilen verbindlich sind und unmittelbar in jedem Mitgliedstaat gelten (vgl. *Hobe*, Europarecht, § 10 Rn. 23 ff.).

807 Dazu genauer bereits bei § 5 B. II. 1. e) aa).

808 Beispielhaft sei an dieser Stelle noch einmal an die Verbraucherschutzrichtlinie 1999/44/EG erinnert, die insbesondere im „Parkett-Fall“ besondere Bedeutung erlangte (dazu genauer bereits bei § 5 B. II. 1. e) aa)).

809 Dabei handelt es sich insbesondere um solche, die auf den Schutz des Verbrauchers abzielen, wie z.B. die Verbraucherschutzrichtlinie 1999/44/EG (dazu genauer bereits bei § 5 B. II. 1. e) aa)).

810 Dazu genauer bereits bei § 5 B. II. 2. a) bb).

811 Vgl. EuGH 13. November 1990 – Marleasing/ La Comercial International de Alimentac´on, C-106/ 89, – Slg. 1990, I - 4135, I - 4146 Rn. 6; EuGH, 14. Juli 1994 – Faccini-Dori/ Recreb, C-91/ 92, – Slg. 1994, I – 3325 f., Rn. 24 ff.; EuGH 12. März 1984 – M. H. Marshall/ Southampton and South-West Hampshire Area Health Authority, 152/84, – Slg. 1986, 723, 748, Rn. 47 f. Zu letzterer Entscheidung bereits bei § 5 B. II. 2. a) bb).

812 Dazu genauer bereits bei § 5 B. II. 2. a) bb).

doch gehalten, mit den ihr nach innerstaatlichem Recht zur Verfügung stehenden und allgemein anerkannten Mitteln der Methodenlehre, dass der Richtlinie entsprechende Ergebnis zu erreichen. Hier kommt insbesondere der Rechtsfortbildung eine immense Bedeutung zu. Die Gerichte sind also angehalten, die Möglichkeiten von Analogien, Reduktionen, usw. zu nutzen, wenn es darum geht, eine Norm europarechtskonform auszulegen. Wichtig ist dabei nur, dass der eindeutige Wille des historischen Gesetzgebers nicht übergangen wird. Damit liegen der europarechtskonformen Gesetzesauslegung auch die Prinzipien zugrunde, die bei der Auslegung von Normen gelten, die nicht mit Richtlinien harmonisiert werden sollen, sondern zur Beseitigung von Wertungswidersprüchen innerhalb der nationalen Gesetze dienen. Zukünftig werden sich die nationalen Gerichte daher immer öfter der Aufgabe ausgesetzt sehen, „europäische" Wünsche und nationale Gegebenheiten in Einklang zu bringen. Dabei ist eine klare Struktur vorteilhaft, die die Beachtung des Willens des historischen Gesetzgebers zweifellos mit sich bringt.

Das Ergebnis dieser Arbeit ist eindeutig. Der redliche Besitzer B darf die Nutzungen behalten. Dies entspricht dem Sinn und Zweck des Eigentümer-Besitzer-Verhältnisses. Der rechtsgrundlose Eigentümer B muss die Nutzungen herausgeben. Dies folgt aus §§ 812, 818 Abs. 1, 2 BGB. Der Wertungswiderspruch kann nicht aufgehoben werden – und zwar weder durch eine Angleichung des Bereicherungsrechts an das Vindikationsrecht, noch umgekehrt. Die im Schrifttum und von der Rechtsprechung entwickelten Lösungswege sind nicht gangbar. Die Lösung der Rechtsprechung produziert letzten Endes zahlreiche Wertungswidersprüche, welche die Überwindung dieses einen hier in Rede stehenden Wertungswiderspruches nicht rechtfertigt. Der im Schrifttum favorisierte Lösungsweg mittels bereicherungsrechtlicher Vorschriften ist aus methodischer Sicht nicht vertretbar. Er verstößt gegen den eindeutigen Wortlaut des Gesetzes. Diese Übertretung ist auch nicht mit den in Rechtsprechung und Literatur gleichermaßen anerkannten Mitteln der Methodenlehre plausibel begründet worden.

Dennoch handelt es sich nicht um ein unbefriedigendes Ergebnis. Es ist vielmehr die logische Konsequenz einer schlüssigen Prüfung am Gesetz. Das Ergebnis steht am Ende eines Lösungsweges, der für den Rechtsanwender gut nachvollziehbar ist. Dies kann man von den in der Rechtsprechung und in der Literatur größtenteils entwickelten Lösungsansätzen nicht behaupten. Im Zentrum der dort entwickelten Lösungsansätze steht fast ausschließlich die Behebung des Wertungswiderspruches, mithin das gewünschte Ergebnis. Die Orientierung an einem „gerechten" Ergebnis ist grundsätzlich nicht zu verurteilen, sondern lobenswert. Sie gibt das Ziel der Auslegung vor – aber unter dem Vorbehalt, dass es mit den anerkannten Mitteln der Methodenlehre erreichbar ist.

Das bedingungslose Ringen um ein „gerechtes Ergebnis" führt vielfach zu Rechtsunsicherheit und nicht zuletzt zu Rechtsverstößen, wie beispielsweise im „Quelle-Fall". Dort hatte der BGH entschieden, dass § 439 Abs. 4 BGB im Wege der richtlinienkonformen Rechtsfortbildung in Fällen des Verbrauchsgüterkaufs (§ 474 Abs. 1 S. 1 BGB) einschränkend anzuwenden sei. Dies ist ein nachweislich falsches Ergebnis.[813] Der BGH hat in diesem Fall eine Entscheidung gefällt, die er fällen wollte, das Gesetz aber nicht hergab.

Die in dieser Arbeit entwickelte Lösung ist daher auch ein Stück weit eine Lösung gegen den „Trend" zu einer Einzelfallrechtsprechung. Mit dem in dieser Arbeit herausgearbeiteten Lösungsansatz schwingt gleichzeitig der Wunsch nach Vereinfachung und Rechtsklarheit mit. Dabei ist ein solcher Wunsch nicht neu. In vielen Rechtsgebieten, insbesondere im Bereicherungsrecht,[814] ist das Verlangen nach Rechtsklarheit enorm. So verlangt das Bereicherungsrecht mit seinen wenigen Vorschriften, aber unzähligen, mitunter höchst abstrakten Theorien, mehr als jedes andere Rechtsgebiet nach „Eckpfeilern". Diesem Bedürfnis nach ein wenig mehr Sicherheit und besserer Orientierung trägt der Leistungsbegriff Rechnung. Wenngleich auch dieser Begriff aus sich selbst heraus nicht imstande ist, alle denkbaren Konstellationen zu lösen, so ist er doch von der Rechtsprechung und den Vertretern im Schrifttum gleichermaßen dankbar aufgenommen worden und stellt seither eine verlässliche Orientierungsgröße dar. Nicht zuletzt erfährt auch das Eigentümer-Besitzer-Verhältnis selbst seit Jahrzehnten eine solch große Wertschätzung, weil es sich durch eine klare und einfache, mithin gut zu handhabende, Struktur auszeichnet. Die einzelnen Regelungen machen es dem Rechtsanwender – wenn auch nicht immer[815] – ungleich einfacher als es die mitunter sehr abstrakten Regelungen des Bereicherungsrechts tun. Insofern ist es auch nicht überraschend, dass das Bereicherungsrecht nahezu an keiner Stelle unumstritten ist. Dennoch sollen dessen Vorzüge nicht vergessen werden. Es ist vielmehr so, dass beide Normenkomplexe unterschiedliche Aufgaben wahrnehmen und sich insoweit in den meisten Fällen gut ergänzen.

Es bleibt zu hoffen, dass die Gesetzgebung den Versuch unternimmt, den Wertungswiderspruch sachgerecht zu beheben. Währenddessen muss der Wertungswiderspruch aufrecht erhalten bleiben. Alle anderen Lösungsansätze können nicht überzeugen. Bis zur Neuregelung durch den Gesetzgeber entspricht der in dieser Arbeit vertretene Lösungsansatz dem geltenden Recht, insbesondere der Charakteristik des Eigentümer-Besitzer-Verhältnisses sowie den allge-

813 Dazu genauer bereits bei § 5 B. II. 2. a) bb).

814 Dazu genauer bereits bei § 3 B.

815 Dies ist letztendlich der „Preis", der gezahlt werden muss und den jede Vereinfachung mit sich bringt.

meinen Anforderungen der Dogmatik und Methodik. Der Wille des historischen Gesetzgebers, der hauptsächlich von vielen Vertretern im Schrifttum oftmals nur unzureichend berücksichtigt wird, ist es schließlich, der eine Nutzungsherausgabepflicht des redlichen und unverklagten unrechtmäßigen Besitzers verhindert und damit einerseits als störend empfunden wird, andererseits aber für die Rechtsklarheit verantwortlich ist, die dieses Ergebnis als einzig richtiges erscheinen lässt.

Literaturverzeichnis

Anders, Monika/ Gehle, Burkhard, Das Assessorexamen im Zivilrecht, 10. Auflage, München 2010

Ayad, Patrick/ Hesse, Silke, Finanzielle Entlastung für den Verkäufer bei der Nacherfüllung, BB 2008, Seite 1926

Bamberger, Heinz Georg/ Roth, Herbert, Beck'scher Online-Kommentar zum Bürgerlichen Gesetzbuch, Band 1: §§ 1- 610, Allgemeiner Teil, Schuldrecht, Stand 01.08.2012

Band 2: §§ 611-1296, AGG, Erbbau VO, WEG, Stand 01.07.2012

Baur, Fritz/ Baur, Jürgen/ Stürner, Rolf, Sachenrecht, 18. Auflage, München 2009

Bayreuther, Frank/ Arnold, Bastian, Der praktische Fall – Bürgerliches Recht: Rückabwicklung einer rechtsgrundlosen Verfügung durch einen minderjährigen Nichtberechtigten, JuS 2003, Seite 769

Berg, Hans, Ansprüche aus dem Eigentümer – Besitzer – Verhältnis: 15 Fälle und 9 Regeln zu §§ 985-1003 BGB, JuS 1971, Seite 636

ders., Die unbefugte Untervermietung, JuS 1971, Seite 310

ders., Der Verwendungsanspruch des Werkunternehmers bei Reparatur einer bestellerfremden Sache – *BGHZ 51, 250,* JuS 1970, Seite 12

Beuthien, Volker, Leistung und Aufwendung im Dreiecksverhältnis – Grenzen des Handelns im Doppelinteresse, JuS 1987, Seite 841

Brehm, Wolfgang/ Berger, Christian, Sachenrecht, 2. Auflage, Tübingen 2006

Brox, Hans, Die Haftung des Besitzers für Zufallsschäden, JZ 1965, Seite 516

Bydlinski, Franz, Juristische Methodenlehre und Rechtsbegriff, 2. Auflage, Wien - New York 1991

Calliess, Christian/ Ruffert, Matthias, EUV/ AEUV, Das Verfassungsrecht der Europäischen Union mit Europäischer Grundrechtecharta, 4. Auflage, München 2011

Canaris, Claus-Wilhelm, Die richtlinienkonforme Auslegung und Rechtsfortbildung im System der juristischen Methodenlehre, Festschrift für Franz Bydlinski zum 70. Geburtstag, Wien - New York 2002, Seite 47

ders., Das Verhältnis der §§ 994 ff. BGB zur Aufwendungskondiktion nach § 812 BGB, JZ 1996, Seite 344

ders., Der Bereicherungsausgleich im bargeldlosen Zahlungsverkehr, WM 1980, Seite 354

ders., Der Bereicherungsausgleich im Dreipersonenverhältnis, Festschrift für Karl Larenz zum 70. Geburtstag, München 1973, Seite 799

Coester-Waltjen, Dagmar, Nicht zustimmungsbedürftige Rechtsgeschäfte beschränkt geschäftsfähiger Minderjähriger, Jura 1994, Seite 668

Creifelds, Carl, Rechtswörterbuch, 20. Auflage, München 2011

Deckert, Martina R., Die Methodik der Gesetzesauslegung, JA 1994, Seite 412

Deutsch, Erwin, Das Recht der ungerechtfertigten Bereicherung und der unerlaubten Handlungen nach 100 Jahren, VersR 1996, Seite 1309

Diederichsen, Uwe, Das Recht zum Besitz aus Schuldverhältnissen, Hamburg 1965

Dimopoulos-Vosikis, Haralambos, Die bereicherungs- und deliktsrechtlichen Elemente der §§ 987-1003 BGB, Köln [u.a.] 1966

Dreier, Horst, Grundgesetz Kommentar, 2. Auflage, Tübingen 2006

Eckert, Jörn, Sachenrecht, 4. Auflage, Baden-Baden 2005

Erman, Walter, Bürgerliches Gesetzbuch: Handkommentar mit AGG, EGBGB (Auszug), ErbbauRG, HausratsVO, LPartG, ProdHaftG, UKlaG, VAHRG und WEG, Band 1, 13. Auflage, Köln 2011

Band 2, 13. Auflage, Köln 2011

Band 2, 12. Auflage, Köln 2008

Esser, Josef/ Weyers, Hans-Leo, Schuldrecht, Zweiter Band: Besonderer Teil, Teilband 2, 8. Auflage, Heidelberg 2000

Flume, Werner, Die ungerechtfertigte Bereicherung eine Rechtsfigur der Bereicherung, 50 Jahre Bundesgerichtshof: Festgabe aus der Wissenschaft, Band I: Bürgerliches Recht, München 2000, Seite 525

Foerste, Ulrich, Insolvenzrecht, 5. Auflage, München 2010

Gärtner, Anette, Keine Freude mit dem Herd – Neues zur Nutzungsherausgabe bei Ersatzlieferung, ZGS 2006, Seite 368

Geiger, Rudolf/ Khan, Daniel-Erasmus/ Kotzur, Markus, EUV/ AEUV, Vertrag über die Europäische Union und Vertrag über die Arbeitsweise der Europäischen Union, 5. Auflage, München 2010

Giesen, Dieter, Grundsätze der Konfliktlösung im Besonderen Schuldrecht: Die ungerechtfertigte Bereicherung (Teil 1: Leistungskondiktion), Jura 1995, Seite 169

ders., Grundsätze der Konfliktlösung im Besonderen Schuldrecht: Die ungerechtfertigte Bereicherung (Teil 2: Nichtleistungskondiktion), Jura 1995, Seite 234

Gmür, *Rudolf/ Roth*, *Andreas*, Grundriss der deutschen Rechtsgeschichte, 12. Auflage, Neuwied 2008

Görisch, Christoph, Die Inhalte des Rechtsstaatsprinzips, JuS 1997, Seite 988

Gursky, Karl-Heinz, 20 Probleme aus dem BGB (Sachenrecht): Das Eigentümer-Besitzer-Verhältnis, 8. Auflage, Neuwied 2010

Hager, Günter, Grundfälle zur Systematik des Eigentümer-Besitzer-Verhältnisses und der bereicherungsrechtlichen Kondiktionen, JuS 1987, Seite 877

Halfmeier, Axel, Inhalt des Kondiktionsanspruchs und Wegfall der Bereicherung, JA 2007, Seite 492

Haratsch, Andreas/ Koenig, Christian/ Pechstein, Matthias, Europarecht, 7. Auflage, Tübingen 2010

Harder, Manfred, Das Ende des bereicherungsrechtlichen Leistungsbegriffs, JuS 1979, Seite 76

Haymann, Franz, Zuwendung aus fremden Vermögen, JherJb 1927, Seite 188

Heck, Philipp, Grundriss des Schuldrechts, 3. Neudruck der Ausgabe Tübingen 1929, Aalen 1994

Herdegen, Matthias, Europarecht, 14. Auflage, München 2012

Hobe, Stephan, Europarecht, 5. Auflage, Köln 2010

Hönn, Günter, Nutzungsherausgabe und Verwendungsersatz im Eigentümer-Besitzer-Verhältnis, JA 1988, Seite 529

Hommelhoff, Peter/ Stüsser, Rolf, Die unterschlagenen Tanzmäuse – Verfügungen eines Minderjährigen Nichtberechtigten –, Jura 1985, Seite 654

Huber, Ullrich, Bereicherungsansprüche beim Bau auf fremdem Boden, JuS 1970, Seite 515

Hütte, Felix/ Helbron, Marlena, Sachenrecht I, Mobiliarsachenrecht, 4. Auflage, Grasberg bei Bremen 2008

Jarass, Hans/ Pieroth, Bodo, Grundgesetz für die Bundesrepublik Deutschland, 12. Auflage, München 2012

Jauernig, Ottmar, Bürgerliches Gesetzbuch mit Allgemeinem Gleichbehandlungsgesetz (Auszug), 14. Auflage, München 2011

Jung, Erich, Die Bereicherungsansprüche und der Mangel des "rechtlichen Grundes", Tübingen 1907

Kaehler, Christian-Michael, Bereicherungsrecht und Vindikation: Allgemeine Prinzipien der Restitution – dargestellt am deutschen und englischen Recht, Bielefeld 1972

Kamionka, Jürgen, Der Leistungsbegriff im Bereicherungsrecht, 1. Teil. Einleitung und Grundlagen, JuS 1992, Seite 845

ders., Der Leistungsbegriff im Bereicherungsrecht, 3.Teil. Bereicherungsrechtliche Drei-Personen-Verhältnisse, JuS 1992, Seite 929

Kaser, Max, Das Römische Privatrecht, Zweiter Abschnitt: Die nachklassischen Entwicklungen, 2. Auflage, München 1975

ders., Das Römische Privatrecht, Erster Abschnitt: Das Altrömische, das vorklassische und klassische Recht, 2. Auflage, München 1971 *ders.*, Der römische Anteil am deutschen bürgerlichen Recht, JuS 1967, Seite 337

ders./ Knütel, Römisches Privatrecht: ein Studienbuch, 19. Auflage, München 2008

Kindl, Johann, Das Eigentümer-Besitzer-Verhältnis: Schadensersatz und Nutzungen, JA 1996, Seite 115

Klauser, Karl-August, Aufwendungsersatz bei Neubauten und werterhöhenden Verwendungen auf fremden Grund und Boden, NJW 1965, Seite 513

Koch, Hans-Joachim/Rüßmann, Helmut, Juristische Begründungslehre, München 1982

Köbl, Ursula, Das Eigentümer-Besitzer-Verhältnis im Anspruchssystem des BGB, Berlin 1971

Kohler, Jürgen, Die gestörte Rückabwicklung gescheiterter Austauschverträge, Köln u.a. 1989

Krause, Hermann, Der deutschrechtliche Anteil an der heutigen Privatrechtsordnung, JuS 1970, Seite 313

Kropholler, Jan, Bürgerliches Gesetzbuch – Studienkommentar, 12. Auflage, München 2010

Kupisch, Berthold, Leistungskondiktion bei Zweckverfehlung – Teil 2, JZ 1985, Seite 163

ders., Einheitliche Voraussetzungen des Bereicherungsanspruchs – ein Mißgriff des Gesetzgebers?, De iustitia et iure: Festgabe für Ulrich von Lübtow, Berlin 1980, Seite 501

ders., Gesetzespositivismus im Bereicherungsrecht: zur Leistungskondiktion im Drei-Personen-Verhältnis, Berlin 1978

Lange, Knut Werner, Der praktische Fall – Bürgerliches Recht: Die nicht bestellten Weihnachtskarten, JuS 1997, Seite 431

Larenz, Karl/ Canaris, Claus Wilhelm, Methodenlehre der Rechtswissenschaften, 3. Auflage, Berlin u.a. 1995

Larenz, Karl/ Canaris, Claus-Wilhelm, Lehrbuch des Schuldrechts, Zweiter Band: Besonderer Teil, Teilband 2, 13. Auflage, München 1994

Lege, Joachim, Pragmatismus und Jurisprudenz, Tübingen 1999

Liebisch, Arnold, Das Wesen der unentgeltlichen Zuwendungen unter Lebenden im bürgerlichen Recht und im Reichssteuerrecht, Leipziger rechtswissenschaftliche Studien, Heft 27, Leipzig 1927

Loewenheim, Ulrich, Bereicherungsrecht, 3. Auflage, München 2007

Looschelders, Dirk, Schuldrecht Allgemeiner Teil, 10. Auflage, München 2012

Lorenz, Stephan, Fünf Jahre „neues“ Schuldrecht im Spiegel der Rechtsprechung, NJW 2007, Seite 1 *ders.*, Schuldrechtsreform 2002, Problemschwerpunkte drei Jahre danach, NJW 2005, Seite 1889

ders., Nacherfüllungskosten und Schadensersatz nach „neuem“ Schuldrecht – was bleibt vom „Dachziegel“-Fall?, ZGS 2004, Seite 408

Medicus, Dieter/ Petersen, Jens, Bürgerliches Recht, 23. Auflage, München 2011

Michalski, Lutz, Anwendungsbereich, Funktion und dogmatische Einordnung des Eigentümer-Besitzer-Verhältnisses, Festschrift für Wolfgang Gitter, Wiesbaden 1995

Motive zu dem Entwurfe eines Bürgerlichen Gesetzbuches für das Deutsche Reich, Band II. – Recht der Schuldverhältnisse, Berlin 1896
Band III. – Sachenrecht, Berlin 1896

Müller, Klaus, Deliktsrechtliche Haftung im Eigentümer-Besitz-Verhältnis, JuS 1983, Seite 516

Münchener Kommentar, Bürgerliches Gesetzbuch, Band 1: Allgemeiner Teil, 1. Halbband: §§ 1-240, ProstG, 5. Auflage, München 2006
Band 4: Schuldrecht Besonderer Teil 2 (§§ 611-704, EFZG, TzBfG, KSchG), 5. Auflage, München 2009
Band 5: Schuldrecht Besonderer Teil 3 (§§ 705-853, Partnerschaftsgesellschaftsgesetz, Produkthaftungsgesetz), 5. Auflage, München 2009
Band 5: Schuldrecht Besonderer Teil 3 (§§ 705-853, Partnerschaftsgesellschaftsgesetz, Produkthaftungsgesetz), 4. Auflage, München 2004
Band 6: Sachenrecht (§§ 854-1296, Wohnungseigentumsgesetz, Erbbaurechtsgesetz), 5. Auflage, München 2009
Band 6: Sachenrecht (§§ 854-1296, Wohnungseigentumsgesetz, Erbbaurechtsgesetz), 4. Auflage, München 2004

Mugdan, Benno, Die gesamten Materialien zum Bürgerlichen Gesetzbuch für das Deutsche Reich, Band 2: Recht der Schuldverhältnisse, Berlin 1899
Band 3: Sachenrecht, Berlin 1899

Nicht Nominiert, Die Vindikationslage und ihre Nebenfolgen, JA 1969, Seite 65

Oetker, Hartmut/ Maultzsch, Felix, Vertragliche Schuldverhältnisse, 3. Auflage, Berlin Heidelberg 2007

Palandt, Otto, Bürgerliches Gesetzbuch, 71. Auflage, München 2012

Pinger, Winfried, Was leistet der Leistungsbegriff im Bereicherungsrecht?, AcP 179 (1979), Seite 301

ders., Die Rechtsnatur der §§ 987-1003 BGB, MDR 1974, Seite 184

ders., Die Nebenfolgen der Vindikation im Anspruchssystem des BGB, JR 1973, Seite 268

ders., Funktion und dogmatische Einordnung des Eigentümer-Besitzer-Verhältnisses, 1973

Planck, Gottlieb, Planck's Kommentar zum Bürgerlichen Gesetzbuch nebst Einführungsgesetz, Band 3,1: Sachenrecht, erste Hälfte (§§ 854-1112), Nachdruck der 5. völlig neubearbeiteten Auflage Berlin 1933, Frankfurt am Main 1981

Protokolle der Kommission für die zweite Lesung des Entwurfs des Bürgerlichen Gesetzbuchs, Band II – Recht der Schuldverhältnisse, Berlin 1898 Band III – Sachenrecht, Berlin 1899

Prütting, Hanns/ Wegen, Gerhard/ Weinreich, Gerd, BGB Kommentar, 7. Auflage, Köln 2012

Prütting, Hanns, Sachenrecht, 34. Auflage, München 2010

Raiser, Ludwig, Die Subsidiarität der Vindikation und ihrer Nebenfolgen, JZ 1961, Seite 529

Reuter, Dieter/ Martinek, Michael, Handbuch des Schuldrechts: Ungerechtfertigte Bereicherung, Tübingen 1983

RGRK, Das Bürgerliche Gesetzbuch mit besonderer Berücksichtigung der Rechtsprechung des Reichsgerichts und des Bundesgerichtshofes, Drittes Buch, Sachenrecht, Band III, 1. Teil (§§ 854-1011), 12. Auflage, Berlin - New York 1979

RGRK, Das Bürgerliche Gesetzbuch mit besonderer Berücksichtigung der Rechtsprechung des Reichsgerichts, Drittes Buch, Sachenrecht, Band III (§§ 854-1296), 9. Auflage, Berlin 1939

Roth, Herbert, Das Eigentümer-Besitzer-Verhältnis, JuS 2003, Seite 937

ders., Grundfälle zum Eigentümer-Besitzer-Verhältnis, JuS 1997, Seite 518

ders., Grundfälle zum Eigentümer-Besitzer-Verhältnis, JuS 1997, Seite 897

Rückert, Joachim, Savignys Einfluß auf die Jurisprudenz in Deutschland nach 1900, JuS 1991, Seite 624

Savigny, Friedrich Karl von, System des heutigen römischen Rechts, Band 1, 2. Neudruck der Ausgabe Berlin 1840, Aalen 1981

ders., System des heutigen römischen Rechts, Band 5, 2. Neudruck der Ausgabe Berlin 1841, Aalen 1981

Schapp, Jan/ Schur, Wolfgang, Sachenrecht, 4. Auflage, München 2010

Schiemann, Gottfried, Das Eigentümer-Besitzer-Verhältnis, Jura 1981, Seite 631

Schmalz, Dieter, Methodenlehre für das juristische Studium, 4. Auflage, Baden-Baden 1998

Schmid, Dieter, Bürgerliches Recht: Ärger um einen Jahreswagen, JuS 1988, Seite 289

Schneider, David/ Katerndahl, Christoph, Ein- und Ausbaukosten mangelhafter Kaufsachen im unternehmerischen Rechtsverkehr, NJW 2007, Seite 2215

Schreiber, Klaus, Sachenrecht, 5. Auflage, Stuttgart 2008

ders., Neutrale Geschäfte Minderjähriger (§ 107 BGB), Jura 1987, Seite 221 *ders.*, Das Eigentümer-Besitzer-Verhältnis, Teil 2: Herausgabe von Nutzungen; Verwendungsersatz, Jura 1992, Seite 534

Schulz, Fritz, System der Rechte auf den Eingriffserwerb, AcP 105 (1909), Seite 1

Schwintowski, Hans-Peter, Juristische Methodenlehre, Frankfurt am Main 2005

Siber, Heinrich, Eigentumsanspruch und schuldrechtliche Herausgabeansprüche vom Standpunkte der Rechtsneuordnung, JherJb 1941, Seite 1

ders., Die Passivlegitimation bei der Rei vindicatio als Beitrag zur Lehre von der Aktienkonkurrenz, Leipzig 1907

Sodan, Helge/ Ziekow, Jan, Grundkurs Öffentliches Recht, 4. Auflage, München 2012

Soergel, Hans Theodor, Bürgerliches Gesetzbuch mit Einführungsgesetz und Nebengesetzen, Band 15/1, Sachenrecht 2/1 (§§ 985-1017), 13. Auflage, Stuttgart 2007

Band 1, Allgemeiner Teil 1 (§§ 1-103), 13. Auflage, Stuttgart 2000

Staudinger, Ansgar, Der Widerruf bei Haustürgeschäften: eine unendliche Geschichte?, NJW 2002, Seite 652

Stolte, Wilhelm, Der Leistungsbegriff: Ein Gespenst des Bereicherungsrechts?, JZ 1990, Seite 220

Strutz, Eberhard, Die Abzugsfähigkeit von Aufwendungen für den Erwerb der Sache im Rahmen des § 818 Abs. 3 BGB, NJW 1968, Seite 141

Vieweg, Klaus/ Werner, Almuth, Sachenrecht, 5. Auflage, Köln 2011

von Caemmerer, Ernst, Bereicherung und Unerlaubte Handlung, Festschrift für Ernst Rabel, Rechtsvergleichung und Internationales Privatrecht Band I, Tübingen 1954, Seite 333

von Gierke, Otto, Kritik am ersten Entwurf des Bürgerlichen Gesetzbuches, Frankfurt am Main u.a. 1997

von Münch, Ingo/ Mager, Ute, Staatsrecht I, 7. Auflage, Stuttgart 2009

von Staudinger, Julius, Kommentar zum Bürgerlichen Gesetzbuch mit Einführungsgesetz und Nebengesetzen, Zweites Buch, Recht der Schuldverhältnisse - §§ 812-822, Berlin 2007

Drittes Buch, Einleitung zum Sachenrecht - §§ 854-882, 12. Auflage, Berlin 2007

Drittes Buch, Sachenrecht - §§ 985-1011 (Eigentum 3), Berlin 2006

ders., J. v. Staudingers Kommentar zum Bürgerlichen Gesetzbuch und dem Einführungsgesetze, III. Band., Sachenrecht, 1. Teil (§§ 854-1017), 10. Auflage, München u.a. 1935

von Thur, Andreas, Der Allgemeine Teil des Deutschen Bürgerlichen Rechts, Zweiter Band, Zweite Hälfte, München - Leipzig 1918

Wagner, Eberhard, 100 Jahre Bürgerliches Gesetzbuch – ein Überblick zu Entstehung, Grundlagen und Entwicklung des BGB, Jura 1999, Seite 505

Waltjen, Dagmar, Das Eigentümer-Besitzer-Verhältnis und Ansprüche aus ungerechtfertigter Bereicherung, AcP 175 (1975), Seite 109

Wank, Rolf, Die Auslegung von Gesetzen, 5. Auflage, München 2011

Weber, Ralph, Sachenrecht I, Bewegliche Sachen, 2. Auflage, Baden-Baden 2010

ders., Einige Gedanken zur Konkretisierung von Generalklauseln durch Fallgruppen, AcP 192 (1992), Seite 516

Weimar, Wilhelm, Für den juristischen Nachwuchs: Der Nutzungserwerb und die Herausgabepflicht, MDR 1959, Seite 268

Wieling, Hans Josef, Sachenrecht, 5. Auflage, Berlin 2007

ders., Bereicherungsrecht, 4. Auflage, Berlin 2007

ders., Die Nutzungen des gutgläubigen Besitzers, insbesondere in fehlgeschlagenen Vertragsverhältnissen, AcP 169 (1969), Seite 137

Wilburg, Walter, Die Lehre von der ungerechtfertigten Bereicherung nach österreichischem und deutschem Recht, Graz 1934

Wilhelm, Jan, Sachenrecht, 4. Auflage, Berlin 2010

ders., Die Lehre vom Fremdbesitzerexzess, JZ 2004, Seite 650

ders., Das Merkmal „auf Kosten“ als notwendiges Kriterium der Leistungskondiktion, JuS 1973, Seite 1

Windscheid, Bernhard/ Kipp, Theodor, Lehrbuch des Pandektenrechts, Band 2, 2. Neudruck der Ausgabe Frankfurt am Main 1906, Aalen 1984

Witt, Carl-Heinz, Ausbau und Einbau im Rahmen der kaufrechtlichen Mängelgewährleistung, ZGS 2008, Seite 369

Wolf, Manfred, Die Verwendungsersatzansprüche des Besitzers im Anspruchssystem, AcP 166 (1966), Seite 188

ders./ Wellenhofer, Marina, Sachenrecht, 26. Auflage, München 2011

Wolff, Martin/ Raiser, Ludwig, Sachenrecht, 10. Auflage, Tübingen 1957

Zeuner, Albrecht, Zum Verhältnis zwischen Vindikation und Besitzrecht, Festschrift für Wilhelm Felgentraeger: zum 70. Geburtstag, Göttingen 1969, Seite 423

Zippelius, Reinhold, Juristische Methodenlehre, 10. Auflage, München 2006

FSC
www.fsc.org
MIX
Papier | Fördert gute Waldnutzung
FSC® C083411

Kolibri 360 GmbH
Ferdinand-Jühlke-Straße 7
99095 Erfurt, Deutschland
produktsicherheit@kolibri360.de